Kohlhammer

Kurt-Ulrich Jäschke

Europa und das römisch-deutsche Reich um 1300

Verlag W. Kohlhammer

Die Deutsche Bibliothek – CIP-Einheitsaufnahme

Jäschke, Kurt-Ulrich:
Europa und das römisch-deutsche Reich um 1300 / Kurt-Ulrich
Jäschke. – Stuttgart ; Berlin ; Köln : Kohlhammer, 1999
ISBN 3-17-015684-5

Umschlagbilder:
Kaiser Heinrich VII. (vorne) und Erzbischof Balduin von Trier
auf Chorwangen von ca. 1340 aus der ehemaligen Trierer Kartause St. Alban.
Umzeichnung von Raimund Zimmermann, Saarbrücken

Stuttgart Berlin Köln
Verlagsort: Stuttgart
Umschlag: Data Images GmbH
Gesamtherstellung:
W. Kohlhammer Druckerei GmbH & Co. Stuttgart
Printed in Germany

Inhalt

Heutige Sicht und Probleme der Zeit um 1300

Die allgemeine Lage um 1300

Aus der Vogelperspektive der modernen Forschung war Europa um 1300 vor allem gekennzeichnet durch den spektakulären Zusammenstoß zweier grundsätzlich unterschiedlicher Anschauungen von der Ordnung dieser Welt: Aus geistlicher Sicht war alle weltliche Herrschaft nur geliehen und letztlich dem Vertreter Christi auf Erden als dem einen Haupt der einen Kirche untergeordnet. Diesem Universalismus des Papsttums, das seit dem Sturz der Staufer kein konkurrierendes Kaisertum mehr zu fürchten gehabt hatte und die Einbeziehung der Ostkirchen betrieb, standen Einzelreiche zwar geistlich untergeordnet, aber mit je eigener Herrschaftstradition gegenüber; deren Könige und manchmal sogar schon deren Große wie beispielsweise ein Graf von Luxemburg[1] urkundeten selbstbewußt „von Gottes Gnaden“: dieser allerdings anscheinend erst dann, als seine Kandidatur für ein Königsamt Erfolg versprach. Es signalisierte die schließlichen Machtverhältnisse, daß Vertreter des französischen Königshofs und italienischer Papstgegner 1303 zu Anagni das Oberhaupt der westlichen Christenheit straflos gefangennehmen konnten, wenn vielleicht auch nur für zwei Tage.[2]

Parallel dazu läßt sich für die Zeit um 1300 eine Neuorientierung abendländischen Staatsdenkens konstatieren, die mit Stichwörtern wie Aristotelesrezeption und Thomismus, Aushöhlung universalstaatlicher Konzeptionen und Praktizieren territorialer Souveränität verbunden,[3] anderseits aber auch mit der verstärkten Anwendung des römisch-rechtlichen Grundsatzes zusammengesehen werden kann, alle bei demjenigen mitentscheiden oder wenigstens zustimmen zu lassen, was alle ähnlich berührt: *Quod omnes similiter tangit, ab omnibus comprobetur.*[4] Im ersten Teil der folgenden Darstellung wird dem nachzugehen sein, was sich als irgendwie geartete politische Mitwirkung um 1300 in Europa fassen läßt.

1303 fehlte dem Papst sein früh- und hochmittelalterlicher Schutzherr. Zwar führt die Behauptung, Karls des Großen Herrschertitel „König der Langobarden“ und „Kaiser“ habe „für Jahrhunderte die Verbindung des deutschen [!] Kaisers mit Italien aufrecht[erhalten]“,[5] in mehrfacher Hinsicht irre, da Karls des Großen natürlich auch frankenbezogene Intitulatio[6] schon mit ihm ins Grab gesunken war; aber inzwischen sprach man in Italien und Deutschland offiziell vom „Römerkaiser“[7] oder zumindest vom Römerkönig, für den jene Würde anzustreben sei.[8] Doch die Zeitgenossen nahmen wahr, daß sich das römisch-deutsche Reich, seit dem 2.II.962 vor allen Nachbarn ausgezeichnet durch Trägerschaft der römischen Kaiserwürde in der erklärten Nachfolge nicht nur fränkischer, sondern sogar antiker Imperatoren, endgültig von der europäischen Bühne zu verabschieden schien. Zwar hatte die Königszeit Rudolfs I. von Habsburg noch einmal eine sowohl restaurative als auch weiterentwickelnde Bündelung von Kräften dieser Zentralgewalt gebracht; aber was schon diesem betagten König – er war im 56. Lebensjahr, also auffällig spät, zu seiner Würde gelangt und starb im 74.[9] – nicht gelungen war, schien nach dem Speyrer Königstod von Mitte Juli 1291 in noch weitere Ferne zu rücken: Seine beiden nächsten Nachfolger fanden erst recht nicht den Weg zur Kaiserweihe in Rom; die Westgrenze des Reichs kam zugunsten französischer Königsherrschaft in Bewegung; deutsche Fürsten bis hin zum König wirkten wie Söldner in den Kämpfen zwischen Kapetingern und Plantagenets, die auf den sogenannten Hundertjährigen Krieg hinsteuerten.

Doch wer um 1300 Bilanz zu ziehen suchte, wußte von dem Erfolg neuer Orden und besserer Pastorisierung zu berichten, von gehobener Moral im Klerus aller Stufen, von gestiegener und weiter verbreiteter Gelehrsamkeit; Städte hatten ansehnliche Mauern erhalten, der Häuserbau war belebt worden, große Kirchen entstanden – und am Ende mochte nun doch trotz leidenschaftlichem Widerstand aus Anjou-Italien die Wiedergewinnung des Kaisertums für den Römerkönig in Deutschland stehen, und zwar durch das Grenzgrafenhaus der Luxemburger und als vielleicht sogar päpstliche Planung für die 350. Wiederkehr der Kaisererhebung Ottos des Großen am 2.II.1312.

Die Spanne um 1300 ist für das römisch-deutsche Reich Spätzeit und unmerkliche Inkubationsperiode für Neues zugleich. Im staatlichen Bereich ist dies schlagartig an dem luxemburgischen Brüderpaar Kaiser Heinrich VII. und Erzbischof Balduin abzulesen, so sehr sie einander auch in den Reliefs auf zwei Chorstuhlwangen aus der Kartause St. Alban zu Trier, jetzt im Madonnenraum des Bischöflichen Dom- und Diözesanmuseums, Trier, ähneln mögen. Die beiden ganzfigurigen Darstellungen werden um 1340 datiert; denn
1) dendrochronologisch ist mit 1323/35 als Fälldatum des Holzes zu rechnen
2) die Balduin-Stiftung St. Alban von 1330/31 wurde erst 1338 zu bauen begonnen und 1344 geweiht.[10]

Kaiser Heinrich VII., durch den Florentiner Exulanten Dante als ersehnter Friedenskaiser begrüßt, steht letztlich für die unmißverständliche Behauptung seiner von Zypern bis England verbreiteten Enzyklika vom Kaiserweihetag 1312 in Rom, gemäß Gottes Schöpfungsordnung und der Gottabbildlichkeit des Menschen seien „alle Menschen trotz ihrer Unterscheidung durch Königreiche und Trennung durch Provinzen einem einzigen Monarchen untergeordnet, damit der Weltenbau sich dadurch um so strahlender erhebe, daß er, aus einem einzigen Schöpfergott hervorgehend, unter einem einzigen Fürsten verwaltet, sowohl in sich Vermehrung von Friede und Einheit empfange als auch zu dem einen Gott und Herrn durch schrittweises Gehen in der Liebe und durch die Stützen demütigen Glaubens zurückkehre."[11] Dieses Imperium sei mit Christi Geburt auf die Römer übergegangen, und nunmehr sei der Welt die neue Freude wiederfahren, daß das römische Imperium mit seiner, Heinrichs VII., Salbung und Krönung wiedergeboren sei, wie lange in brennender Sehnsucht gewünscht: zumindest von denen, die zu seiner Weihe in Rom so zahlreich zusammengekommen seien.[12] Am Rande sei bemerkt, daß neben einer unverbindlich gratulierenden Antwort vom englischen Königshof[13] eine postwendende Reaktion von Frankreichs König Philipp IV., dem Schönen, einging, mit der dieser sich unter Vorschieben der Fürsten und Mächtigen seines Königreichs jedes Hineinregieren in sein Reich verbat und dem Römerkaiser nahelegte, sich um einen Kreuzzug ins Heilige Land zu kümmern.[14] Schon gar nicht dürfe der Kaiser die Bürger der Stadt Lyon als kaiserliche Getreue und Untergebene behandeln.

Nun war zwar Lyon keineswegs erst seit 1307 französisch;[15] königlich-französischer „garde" hatten sich Lyons Bürger in Auseinandersetzung mit Erzbischof und Domkapital schon 1271 und 1292 unterstellt. Aber 1312 wurden Lyon und das Lyonnais gerade in den königlich-französischen Verwaltungsbezirk („bailliage") Mâcon einbezogen, und man konnte die Lyon-Adresse der Kaiserenzyklika anscheinend als nicht ungeschickten Protest dagegen[16] werten. Das stempelte den Kaiser zum lediglich territorialen Konkurrenten. Als die Enzyklika von Rom aus versandt wurde, war der Kaiserbruder Erzbischof Balduin von Trier noch bei Hofe. Und doch steht auch er, der den Bruder um mehr als Generationenlänge überlebte († 1354), gerade für das Ausscheren der römisch-deutschen Kurfürsten aus der weltlichen Gehorsamsbindung an eine universale Gewalt wie das Papsttum und, bei allem reichspolitischen Engagement, gerade für landeshoheitliche Konzentrierung auf den werdenden Kurstaat Trier. Solch tendenzieller Verdichtung der hochadligen Landesherrschaft zur fürstlichen Landeshoheit widerstritten überterritoriale Handelsverbindungen sowie städtische und höfische Konsumbedürfnisse derart, daß sich schon Ende des 13. Jahrhunderts im Geldumlauf eine Umbruchphase durchgesetzt hat: Heimische Münzsorten wurden durch überregional akzeptierte Nominale verdrängt. Während Deutschland von Süden aus weitgehend zum Hellergebiet wurde, gelangten im Westen des Reichs französische Gepräge zur Anerkennung: bis um 1300 der Turnospfennig, danach der Turnosgroschen.[17] Beides wird im folgenden nicht zu erörtern sein; lediglich einige Umstände von Balduins Aufstieg zum Erzbischof und damit Kurfürsten von Trier werden in den Blick kommen.

Daß dieser Erzbischof ein untadeliger Priester war,[18] verbindet ihn mit der praktizierenden kirchlichen Religiosität von Bruder und Schwägerin. Ihnen fehlte allerdings spektakuläres Eintreten für die um 1300 umkanalisierte Kreuzzugsbewegung. Im gesamteuropäischen religiösen Leben bedeutete der Fall von Akkon 1291 lediglich das spektakuläre Ende der Kreuzfahrerstaaten; die Kreuzzugsbewegung ging weiter, wenngleich die Vernichtung des Ritterordens der Templer durch die französische Zentralgewalt mit Duldung von abendländischer Kirche und Papsttum 1307–1312/14 hier ein „Aus" hätte signalisieren können. Kreuzzugspläne fürs Heilige Land – gegebenenfalls ohne Ritterorden – wurden weiterhin geschmiedet und spielten auch in der politischen Argumentation auf höchster Ebene eine Rolle. Anderseits war die Attraktivität des Deutschen Ritterordens mit der Rücknahme seines Hochmeistersitzes nach Venedig keineswegs geschwunden: So nahmen beispielsweise drei Brüder der Grafen von Arnstein, als sie 1292–96 in den deutschen Ritterorden eintraten, keine Rücksicht darauf, daß damit die Stammlinie ihres Hauses erlosch und ihre auffällig große und nahezu uneinnehmbare Burganlage im Mansfelder Gebirgskreis an die Grafen von Falkenstein überging.[19] Aus den Litauenfahrten des europäischen Adels zur Hilfe für den Deutschen Ritterorden und unter dessen Leitung wurde gar ein Dauerphänomen des längeren 14. Jahrhunderts. Nur selten war noch ein König mit von der Partie, wie es der Name Königsbergs (in Altpreußen) bald nach 1255 signalisierte. Anderseits hat man, nun für das kurze 14. Jahrhundert,[20] Preußenfahrer aus Städten des römisch-deutschen Reichs in weiter Streuung auflisten können: nicht solche aus französischen und englischen Städten, während französische und englische (Land-)Adlige natürlich stets mit von der Partie gewesen sind, wenn letztere auch in Schüben.[21]

Waren Preußenfahrten so etwas wie die ritterliche Kavalierstour des Spätmittelalters, so läßt sich auch ein Blick auf die Höfe nicht umgehen. Im römisch-deutschen Reich dünnten sie zu Lasten der ganz Großen aus. Fürsten kamen immer seltener und für immer kürzere Zeit, bis gar auf Reichsversammlungen immer häufiger nichtfürstliche Teilnehmer bis hin zu Stadtbürgern eine Selbstverständlichkeit wurden. Im Bereich der höfischen Literatur denkt man an den Ausklang des Minnesangs: einer bisweilen königlich genannten Kunst. An ihr hatten sich auch fürstliche Sänger beteiligt wie die Kaiser Heinrich VI. († 1197) und Friedrich II. († 1250), Markgraf Heinrich III., der Erlauchte, von Meißen († 1288), Herzog Heinrich IV. von Breslau († 1290), Markgraf Otto IV., „mit dem Pfeil", von Brandenburg († 1308) und vielleicht ein Fürst Wizlaw von Rügen. Meist wird dieser mit Wizlaw III. (* um 1265, † 1325), Sohn Wizlaws II. (* um 1240, † 1302), identifiziert, und über seine Schwester Eufemia (†1312) wird gar königliche Literaturpflege greifbar: Als Gattin König Hákons V. Magnússon (1299–1319) war sie Norwegens Königin und ließ höfische Romane ins Altschwedische übersetzen. Gelegentlich werden diese „Eufemiavisorna", nämlich drei zusammen überlieferte reimende Knittelvers-Epen von 1303 bis wohl 1312, auf eine Hákon-Gattin Eufemia von Arnstein zurückgeführt;[22] doch hier handelte es sich sicher um eine Tochter Wizlaws II.; dessen Mutter „Eufemia, Tochter Herzog Swantopolks von Pommerellen", hatte den Namen in jenes rügische Haus gebracht,[23] das um 1300 auch innenpolitisch aktiv war: Es suchte seine Einkünfte durch hufenstabilisierende und steuerfixierende Agrar- und Verwaltungsreformen zu festigen.

Sollte der *Witzlau* des einschlägigen Einschubs in die Jenaer Liederhandschrift von 1330/40, der aber noch im 14. Jahrhundert vorgenommen wurde, nicht mit Fürst Wizlaw III. von Rügen personengleich sein – und dafür spricht einiges –, dann wäre Markgraf Otto „mit dem Pfeil" der letzte jener dichtenden Fürsten aus dem römisch-deutschen Reich seit Kaiser Heinrich VI., die sich mit „königlichem" Minnesang produktiv beschäftigt hätten. Die Eufemiavisorna gelten als ein Kuriosum ohne Nachfolge; literarisch aufgeschlossene Höfe mit eigenem Impetus waren aber keineswegs am Ende. Ihre Erzeugnisse reichten von den Eufemiavisorna bis zu vier Chanson-de-geste-Übersetzungen der Elisabeth von Lothringen († 1456) am Grafenhof zu Saarbrücken in deutsche Prosa.

Die zeitliche Erstreckung der behandelten Periode

Mit dem Hinweis auf den Speyrer Königstod von 1291 wäre aus römisch-deutscher Sicht eine Ausgangssituation gegeben. Dem könnte die Zeit unmittelbar nach dem Tod Kaiser Heinrichs VII. gegenüberstehen, da die Nachfolge erst durch 14 Monate spätere Wahl zu regeln versucht wurde. Ergebnis waren jedoch zwei Wahlen in Tagesabstand und in räumlicher Nachbarschaft, nämlich zugunsten des Habsburgers Friedrich des Schönen am 19. und zugunsten des Wittelsbachers Ludwig des Baiern am 20. Oktober 1314. Dies geschah beiderseits des Mains zu Sachsenhausen bzw. vor Frankfurt, wenn auch nicht ganz so, wie in jüngerer Zeit emphatisch dargestellt.[24] Bisweilen erscheinen die beiden Konkurrenzkönige Friedrich der Schöne und Ludwig der Baier nicht mit ihren unterschiedlichen Wahldaten, sondern gleichsam mit demselben Antrittstag fünf Wochen später. Mit diesem 25. November 1314 ist denn auch tatsächlich ein anderes Ereignis – eigentlich zwei andere Vorgänge – gemeint, nämlich die jeweilige Königsweihe zu Bonn für den Habsburger bzw. in Aachen für den Wittelsbacher. Seither herrschte gleichsam Bürgerkrieg im römisch-deutschen Reich, und erst mit dem Schlachtensieg der wittelsbachischen Seite bei Mühldorf am Inn 1322 neigte sich die Waagschale endgültig zugunsten Ludwigs des Baiern.

Verblüffenderweise wird neuerdings eben diese Kampfzeit parallelisierbar mit der sogenannten nordeuropäischen Hungersnot von 1315–22. Sie setzte mit Mißernten in drei aufeinanderfolgenden Jahren ein, und diese wiederum signalisierten das Umkippen des vegetationsgeschichtlichen Optimums im Mittelalter seit ungefähr 1300. Seither verstärkten sich Klimaschwankungen, und deren verheerende Wirkung in Deutschland wurde noch dadurch erhöht, daß sich wegen hoher Bevölkerungszunahme, die eigentlich vom 7. Jahrhundert an konstatiert werden kann, sich aber im 12. und 13. Jahrhundert beschleunigt hatte, zu Anfang des 14. Jahrhunderts immer mehr Krisenmomente gerade im ländlichen Wirtschafts- und Sozialgefüge angesammelt hatten. Stichwörter sind Bodenzersplitterung oder doch Kleingüterbildung, Erschöpfung von Bodenreserven und deshalb stagnierende Flächenerträge, so daß vom Nahrungsspielraum nahe der kritischen Grenze die Rede ist. Wenn darin Indizien für Überbevölkerung gesehen werden, so entspricht das der Schätzung des Bevölkerungswachstums: Zwar soll Europa vom 10. bis 13. Jahrhundert nur eine Verdoppelung seiner Menschenzahl erfahren haben; aber Deutschlands rund drei Millionen Bewohner von ca. 900 hatten sich bis um 1300 mindestens vervierfacht, beides bezogen auf den Gebietsumfang von 1937. Diese Zunahme entspricht ungefähr der Verdreifachung für England mit seinen geschätzten zwei Millionen um 1086 und den fünf bis sechs Millionen um 1300. Es überrascht nicht, daß solche Hypothesen in weiterer Parallele zu rund sechs Millionen um 1000 und den knapp 20 Millionen Bewohnern von ca. 1300 auf dem Gebiet des heutigen Frankreich die Spitzen der jeweiligen mittelalterlichen Gesamtbevölkerungszahlen angeben, also von Land und Stadt. Hungersnöte und Viehseuchen verhinderten weiteres Wachstum.

Schon die ältere Forschung hatte die Hungersnot seit 1315 besonders herausgestrichen, allerdings nicht nur in der Darstellung, sondern auch in chronologisch geordneten Quellenregesten Wert auf die Feststellung gelegt, das entsprechende Darben habe schon 1317 „in den meisten betroffenen Gebieten aufgehört".[25] Dagegen hat die jüngere Forschung in sprechender Analogie zu den sieben mageren Jahren von Genesis XLI 1–32 und 54–57 darlegen können, daß sich in weiten Gebieten Europas die Hungersnot von 1315 bis 1322 fortsetzte, und ausgerechnet aus dem Spektrum der Zeugnisse für 1317 ergab sich hierfür ein sprechender, die Ausweitung in geographischer Hinsicht betreffender Beleg: Ein zeitgenössischer Samländischer Kanoniker hielt in seinen Annalen zu diesem Jahr fest, Hunger habe damals in den sieben Klimata der Erde geherrscht, jüngst anschaulich wiedergegeben mit den „sieben bewohnten Regionen der Welt".[26] Im Zusammenhang der samländischen Ereignismitteilungen mochte das zunächst nicht besonders gewichtig wirken; schien es dem Annalisten doch mehr auf eine erfolgreiche Litauen-Fahrt dieses Jahres anzukommen, zu der auch – wie er formulierte – Adlige vom Rhein und aus Böhmen eingetroffen waren. Die zunächst genannten Grafen von Berg, von Hohenlimburg und von Neuenahr haben in der modernen Untersuchung der „Preußenreisen des europäischen Adels" keine Beachtung für das chronologische Spektrum gefunden,[27] illustrieren den überregionalen Einzugsbereich dieser Unternehmungen aber noch besser als die aus demselben Zeugnis berücksichtigten zwei adligen Böhmen, so aufsehenerregend den Zeitgenossen auch der siegreiche Zweikampf des Böhmen Plisk mit einem Litauer gewesen sein mag. Die unmittelbar anschließende Nachricht über die weitverbreitete Hungersnot ging gleichsam zusätzlich unter in der gleich anschließenden Mitteilung, der Königsberger Kathedralbau sei ebenfalls in diesem Jahr errichtet worden.[28]

Zugehörige Daten hat die kritische Forschung zwar erst für die Jahre seit 1325 oder 1330 mit Doppelturmanlage im Westen von 1333 ermittelt; aber der Samländer teilte immerhin mit, daß am 1. Juli 1325 eine große Glocke – wohl in Königsberg – gegossen worden ist.[29] Dadurch wird ein früherer Baubeginn bestätigt. Obgleich jener Annalist mit allgemeinen Jahresberichten zur Kirchen- und Reichsgeschichte seit dem herodianischen Kindermord von [angeblich] dem Jahr 3 nach Christi Geburt begonnen hatte, lieferte er für die Berichtszeit nach 1269 kein chronologisch stetig fortschreitendes Geschichtswerk mehr, sondern sachlich bestimmte Annalen in jeweils erneuten chronologischen Anläufen zu verschiedenen Themen namentlich der Kirchen- und Ordensgeschichte, bis er mit einer ebenfalls annalistischen Liste altpreußischer Städte- und Burgengründungen bis 1337 zu seinen heimischen Anliegen überleitete. Er fühlte sich eigentlich als „Kanoniker des Samlands", wie er für seine entsprechende Promotion zu 1313 festhielt, war zu genau diesem Jahr auf das Gerücht von Kaiser Heinrichs VII. Gift-Tod von der Hand eines Dominikaners aufmerksam geworden und hatte auch sonst gemäß den Nachweisen des kritischen Editors mehrere Quellen exzerpiert, war also ein ernsthafter Nachrichtensammler. Entsprechend schließt sich die Argumentationskette, wenn man sich vor Augen führt, daß der Samländische Kanoniker bereits zu 1315 von so großer Hungersnot in Liv- und Estland berichtet hatte, daß Mütter sich von ihren Kindern ernährt, und zwar sie regelrecht aufgegessen hätten.[30] Ausführlichere Lübecker Annalen weisen in dieselbe Richtung. Als zeitlicher Rahmen für „Europa und das römisch-deutsche Reich um 1300" bietet sich somit „um 1292 bis um 1315" an.

Fragt man nach der Ausfüllung dieses Rahmens im nicht-deutschen Bereich Europas, so empfiehlt sich ein geographischer Rundblick von Schottland über West- und Südeuropa bis nach Osteuropa und Skandinavien. Trotz Individualitäten von Reichen und Regionen bedarf es dazu eines Gesichtswinkels. Zu den Erträgen von Westeuropas Geschichte gehört jene parlamentarische Demokratie, die den Grundgedanken einer ausgewogenen Verteilung von Einfluß und politischer Herrschaft zu verwirklichen sucht, ohne Lebenschancen Machtloser oder in Machtkämpfen Unterlegener zu verbauen. Bereits während des Mittelalters vorbereitet wurde die breite Streuung von Macht durch volkssouveräne Tendenzen von Stadtbürgern, noch ehe sich Denker des 13. und 14. Jahrhunderts mit der Autonomie der weltlichen gegenüber der geistlichen Sphäre beschäftigten. 1127 suchten die Brügger Bürger nach dem Mord an Flanderns Grafen Karl dem Guten der Gefahr zu entgehen, mit den Mördern, die herrschaftliche Positionen in der Stadt bekleideten, identifiziert zu werden. Als sich in der Person des Karl-Gefolgsmanns Gervasius ein kleiner Adliger an die Spitze des Kampfs gegen die Grafenmörder stellte, paktierten einige führende Bürger mit ihm, und als sich weitere Adlige von den Mördern abwandten, schlossen sich viele weitere Bürger den Rächern an, und das griff auf die Genter Bürgerschaft über. Schließlich traten die Brügger wie gleichberechtigte Partner der flämischen Großen auf und unterstellten, sie hätten zusammen mit den gleichrangig Führenden der Grafschaft das Recht, den künftigen Grafen von Flandern frei zu wählen und einzusetzen.

Formuliert wurde dies in Abwehr des königlich-französischen Anspruchs, den Grafen des Landes zu bestimmen.[31] Unserem Wissen hiervon liegt der Bericht jenes Galbert von Brügge aus den Jahren 1127/28 zugrunde, der als erstes bekanntes Zeugnis für eine geplante Versammlung der Drei Stände in Europa gilt und von den oben angedeuteten Ereignissen nach dem Grafenmord vom 2.III.1127 in der Burgkirche St. Donatian zu Brügge ausgeht. Zusammen mit dem als Rat fungierenden Grafenhof (*curia*) sollten gleichrangig Führende (*compares*) und die Angesehenen (*meliores*) aus Klerus und Laien über politische Handlungen des neuen Grafen befinden und ihn gegebenenfalls im Sinne von Volkssouveränität absetzen.[32]

Ausgerechnet zu 1127 wird nun aber für die Polozker berichtet, daß sie mit Unterstützung des mächtigen Kiever Großfürsten Mstislav I. Vladimirovič sogar für einen Herrscherwechsel über ihre Stadt mit ihrem Umland sorgten: „[...] die Polocker [...] vertrieben David mit seinen Söhnen, und nachdem sie Rogvolod empfangen hatten, gingen sie zu Mstislav und baten sich einen Fürsten aus, und Mstislav handelte nach ihrem Willen, und nachdem sie Rogvolod angenommen hatten [!], führten sie ihn nach Polock."[33] Solche Einzelheiten sprechen bereits für die Existenz einer Volksversammlung, auch wenn verifizierende Einzelheiten nicht überliefert sind und hier lediglich die Ausnutzung einer günstigen Situation vorgelegen haben mag. 1132 vertrieben sie sogar den Mstislav-Sohn Svjatopolk „und [...] setzten Vasil'ko Svjatoslavič ein"; dieser war Enkel eines Voevoden. Weitere Fürstenwechsel werden zu 1151 und 1159 für Polozk berichtet, jetzt mit ausdrücklicher Erwähnung der Volksversammlung in der Stadt, und wohl vergleichbare Herrscherwechsel datierten von 1161 und 1167.[34]

Nicht an das Dreistände-Modell, sondern an Delegiertenversammlungen von Städten und an herzogliche Landesprivilegien seit 1248 knüpften die weiteren

Machtverteilungsregelungen in den mittelalterlichen Niederlanden an, und die burgstädtischen Volksversammlungen bei den Ostslaven erlebten spätestens im 14. Jahrhundert ihre totale Makulierung oder eine oligarchische Umwertung. Im deutschen Teil des römisch-deutschen Reichs tauchte nordwesteuropäisches *parlamentum* um 1300 vorübergehend auf. Aus dieser Sicht empfiehlt es sich, die Zeit um 1300 genauer ins Visier zu nehmen und dabei Osteuropa nicht ganz aus dem Blick zu verlieren.

Vielheit und Repräsentanz: Deutschlands Nachbarn um 1300

Schottland und England um 1300

Für Schottland ist es die Zeit König Alexanders III. (1249–86), die als entscheidend für die Ausbildung der Institutionen des mittelalterlichen Königreichs gilt, und zwar einschließlich regelmäßig einberufener Parlamente, wohl nach englischem Vorbild und seit spätestens 1326 auch mit städtischen Vertretern, seit 1328 gar sechs pro Gemeinde![35] Für Schottlands Unabhängigkeit von den Engländern jedoch, deren Herrschaftsbereich nie am Hadrianswall geendet hatte,[36] bedeutete Alexanders III. Ableben eine harte Prüfungszeit: Als Erbin des Throns, wenn wohl auch nicht als Königin, galt Alexanders III. knapp dreijährige Enkelin Margarete, die „Maid von Norwegen", und die schottischen Großen fanden sich im Vertrag von Birgham 1290 tatsächlich bereit, sie mit dem voraussichtlichen englischen Thronfolger Eduard II. zu vermählen. Doch Margaretes Zustimmung dazu wurde nicht mehr wirksam, da sie noch im selben Jahr starb, ohne ihr schottisches Reich gesehen zu haben, und jetzt wirkte sich – angesichts von 13 Prätendenten – das königliche Machtvakuum nachhaltig aus: Man könnte von einem einzigen Unabhängigkeitskrieg der Schotten gegen England sprechen, der noch die Niederlage des Schottenkönigs David II. von 1346 bei Neville's Cross und die siebenjährige Gefangenschaft dieses Königs einschloß. Aber in unserem Zusammenhang empfiehlt sich, dies bereits einem „Second War of Independence" zuzuordnen. Denn nach zwei Interregna und drei Invasionen aus England beendete Schottlands unabhängiger König Robert I. Bruce den „1. Unabhängigkeitskrieg" eindrucksvoll mit seinem militärischen Sieg über englische Truppen unter König Eduard II. 1314 bei Bannockburn, und tatsächlich hat sich Schottland seine Unabhängigkeit bis zum Ende des Mittelalters bewahrt.

Parallel dazu war die Periode König Eduards I., der so mächtig nach Schottland ausgegriffen hatte, eigentlich schon im Jahrzehnt vor seinem Tod 1307 zu Ende gegangen. Seine Amtszeit von 1272–1307 gilt als Höhepunkt königlicher Gewalt im mittelalterlichen England, und dem wird man mit der Einschränkung zustimmen können, daß Gipfel meist kleine Erstreckungen haben, daß also das machtvolle Auftreten und der Erfolg nicht die gesamte Regierungszeit angehalten haben. Immerhin war schon sein Amtsantritt in politischer und verfassungsrechtlicher Hinsicht auffällig genug gewesen: Nach schließlich siegreichen Kämpfen der königlichen Seite mit Englands Großen hatte der voraussichtliche Thronfolger

Karte 1: England, Wales und Schottland mit Nordost-Irland.

Eduard trotz dem hohen Alter seines Vaters Heinrich III. (* 1207) sich 1270 dem zweiten Kreuzzug König Ludwigs IX., des Heiligen, von Frankreich anscheinend ohne Sorge um seine Sukzession angeschlossen. Vor Tunis, wo Ludwig der Heilige gelandet war, raffte diesen und seinen jüngeren Sohn zwar noch 1270 eine Malaria-Epidemie hinweg; aber um so erfolgreicher kämpfte sein Bruder Karl I. von Anjou, damals noch König von Neapel-Sizilien, gegen den zeitweisen Kalifen al-Mustansir, und lediglich die Sturmschäden an der Flotte des Anjou-Königs mochten dessen politischen, finanziellen und wirtschaftlichen Gewinn beeinträchtigen: Seinem Neffen Philipp III., dem Kühnen, der diesen Beinamen wohl seinem Auftreten vor Tunis verdankte, ermöglichte er ohnehin die wohlbehaltene Frankreich-Rückkehr, so daß dieser am Mariä-Himmelfahrts-Fest 1271 in Reims zum König geweiht wurde.

Wohl durch jenen Erfolg beflügelt und kaum trotz der angeblichen Niederlage bei Tunis,[37] reiste der Plantagenet Eduard I. weiter nach Akkon, richtete allerdings hier in Syrien gegen den Mamlūken-Sultan Baibars wenig aus und brach bereits 1271 wieder nach Europa auf. Die Reise über Sizilien, Italien und Frankreich seit des Vaters Ableben 1272 diente allerdings auch der Sicherung seiner Herrschaft in der Gascogne. Daß er bereits vier Tage vor dem Ableben des Vaters in England zum König proklamiert worden sei,[38] ist moderne Fehlinformation. Man hat für die Nachfolgeregelung in England damals tatsächlich nicht vor die englischen Verhältnisse von 1066 oder die französischen von 1223 zurückgelenkt.

Die Ausbildung der konstitutionellen Monarchie mit Parlament erfuhr während der Eduard-Zeit insofern starke Förderung, als nicht nur „von Zeit zu Zeit" Parlamente und parlamentsähnliche Versammlungen einberufen wurden, sondern lediglich die beiden Jahre 1277 und 1304 keine derartigen Zusammenkünfte erlebten, dagegen manche Jahre sogar zwei bis drei Versammlungen. Vertreten waren in wechselnden Zusammensetzungen Grafschaften, Städte und Marktflecken bei den Gemeinen („commons", von *communitates* „Gemeinden") und regelmäßiger die beiden Erzbischöfe sowie 18 Bischöfe und einige Äbte als Kronvasallen. Im sogenannten Modell-Parlament von 1295, das hinsichtlich seiner Zusammensetzung nur mittelbar Schule machte, sollte laut Einladungsschreiben an den Klerus der Betroffenheitsgrundsatz des römischen Rechts befolgt werden: *Quod omnes tangit, ab omnibus approbetur*. Entsprechend waren Ende September zum November 1295 Prälaten, Magnaten, Ritter, Stadtbürger und Grafschaftsvertreter geladen worden. In Verwendung dieses Beispiels hat eine schriftliche Anweisung zum Abhalten des Parlaments (*Modus tenendi parliamentum*) vielleicht noch im 13. Jahrhundert folgende Zusammensetzung festgehalten: 7 Grafen, 41 Barone, alle laikalen und geistlichen Mitglieder des Königsrats, alle Bischöfe, 77 Äbte oder Prioren der wichtigsten Konvente, die Großmeister der Templer und des Ordens von Sempringham, je 2 Ritter aus jeder Grafschaft und je 2 Bürger aus jeder Stadt: für die Wahl dieser vier hatte der Sheriff zu sorgen. Neben möglicher Entstehung des *Modus* erst in den zwanziger Jahren des 14. Jahrhunderts verblüfft die Hypothese, der Text sei einer irischen Vorlage nachgestaltet: Hinweis zumindest auf die schließlich weite Verbreitung solcher Vorstellungen über ständische Vertretung in Nordwesteuropa.

Da König Eduards I. Kriegführung hohe Summen verschlang, konnten die Parlamente sich für die Steuerbewilligungen Rechte sichern. Ökonomische

Grundlagen bot eine landwirtschaftlich-grundherrliche Blütezeit. Erstreckte sich über das 13. Jahrhundert und in die erste Hälfte des 14. Jahrhunderts doch in England die Periode landwirtschaftlicher Intensivkultur, des „high farming". Damals wurde das einträgliche Gedeihen großer Grundherrschaften durch mehrere Wirtschaftsfaktoren begünstigt:

1) Bevölkerungswachstum
2) niedrige Arbeitslöhne
3) hohe Agrarpreise, die durch zeitweises Zurückhalten der Waren vom Markt noch gesteigert werden konnten
4) Spezialisierungsmöglichkeiten für Herrenhöfe auf bestimmte Arten von Viehhaltung, insbesondere die Freilandbeweidung des Woll-, Milch- und Fleisch-Schafs. Damit gingen einher
   a) verschiedene Arten der Buchhaltung, um Unterschlagungen zu verhindern
   b) die Ausbildung von Verwaltungsstrukturen mit dem *senescallus* („steward"), unter dem *ba(i)llivi* („bailiffs") standen, sowie mit einem *serviens* („peasant reeve") für den einzelnen Herrenhof.

Erst seit dem Schwarzen Tod von 1348/49 ging dieses System seinem Ende entgegen. Seine Erträge boten gute Verdienstmöglichkeiten auch in der Stadt, beispielsweise für Bäckerinnen, die ihre Erzeugnisse aus *Nuetone* oder Stratford in Mengen nach London brachten und dort gelegentlich wegen zu geringen Brotgewichts auffielen – nur so gelangten sie 1298 und 1310 in unsere Quellen.[39] Das besondere Gewicht der *communitates* bei der Steuerbewilligung kam allerdings erst zur Geltung, als sich seit ca. 1341 Ober- und Unterhaus zwar gleichzeitig, aber getrennt versammelten: die Lords bzw. die später so genannten Commons.

Auch für Frankreich um 1300 ist vornehmlich eine einzige Königszeit charakteristisch:

Das Königreich Frankreich zur Zeit Philipps IV., des Schönen

Im Frankreich Philipps des Schönen, eines Enkels Ludwigs des Heiligen, tendierte das Königtum zu zentraler Kanzlei, zum Parlament als zentralem Königsgericht und zur Rechnungskammer als Fiskalbehörde, darüber hinaus zu „bailliages" und „sénéchaussées" als regionalen Verwaltungseinheiten. Dem König mochten allmählich Steuern aus zwei Dritteln des Gesamtreichs zufließen, und Frankreichs Militärmacht stand sogar ganz hinter ihm; denn auch Apanagen und Lehnfürstentümer schickten ihre Truppen. Erreicht wurden diese Ziele allerdings erst um 1320–40, und die Realisierungsschwierigkeiten unter Philipp dem Schönen wurden sprechend offenbar, als nach seinem Ableben (1314) gleich jahrs darauf regionale Aufstände losbrachen: Adelsfronden noch unabhängig von den Hungerkatastrophen seit 1315.

Ohnehin hatte auch das Königtum seit 1285 mit herkömmlich ausgestatteten Grund- und Bannherren (*seigneurs*) als faktischen Inhabern königlicher Prärogativen zu rechnen, und mit ihnen mußten königsfreundliche Änderungen im Finanz- und Militärgebaren ausgehandelt werden – bis hin zur Beteiligung von Baronen am neuen Steueraufkommen, wenn diese königliche Steuereinnehmer in ihren Herrschaftsbereich hereinlassen sollten. Nutznießer des eingangs erwähnten Vegetationsoptimums bis ungefähr 1300 dürften bislang vor allem die Grundherren gewesen sein. Nördlich der Loire neu eingeführte Zeitpacht gegen Geldzins und südlich des Flusses neu verbreiteter Teilbau in Baumfeld- und Weinwirtschaft hatten während der zweiten Hälfte des 13. Jahrhunderts Preisauftrieb und Produktionssteigerungen möglich gemacht. Dadurch konnten die Grundherren ihre Einkommen jeweiligen Konjunkturtendenzen anpassen, anderseits in urbanisierten Regionen wie Flandern, dem Toulousin und im Lyonnais Gutsherrschaften herausbilden: wiederholt in der Hand von Stadtadel oder sonstigen Stadtbürgern und ohne in den Einzelgrößen ostdeutsche oder italienische Ausmaße zu erreichen.

Wie bereits angedeutet, war in Frankreichs Bevölkerungsentwicklung um 1300 der mittelalterliche Höchststand erreicht. Bei einer damaligen geschätzten Bewohnerzahl von knapp 20 Millionen, von denen trotz Urbanisierung des Pariser Beckens im Durchschnitt rund 90% auf dem Land lebten, war die Wirtschaftskraft erheblich und reizte die adlige und die königlich-fiskalische Abschöpfungsmentalität. Darüber hinaus steigerten Repräsentationsbedürfnis, Geldlehenpolitik und Kriegführung, gegebenenfalls mit Rüstungen auf teuren Kredit, König Philipps des Schönen Geldbedürfnisse ständig. Entsprechende Münzpolitik hat ihm gar das Odium des Falschmünzerkönigs eingetragen.

Frankreichs relativ hohe Bevölkerungszahl erhält nicht nur im Vergleich mit den geschätzten 5–6 Millionen Menschen in England, höchstens 3 Millionen in den alten Niederlanden, den höchstens 12–14 Millionen in Deutschland und den rund 600 000 in der Schweiz, sondern auch mit den rund 6–7,5 Millionen im Spanien heutiger Ausdehnung Profil. Erst für das Ende des 16. Jahrhunderts liegt eine Schätzung für Portugals Bevölkerung auf rund eine Million vor, und die so unsicher geschätzten 6–8, 9,3 oder 10,5 Millionen Bewohner Italiens für ca. 1340 wagt man kaum noch dazuzustellen. Daß gleichwohl ein Potential unterstellt werden darf, daß französische Aktivitäten auch über des Königsreichs politische Grenzen hinaus zu tragen bereit war, liegt auf der Hand.

Angesichts der relativ hohen Bevölkerungszahl in Frankreich und gerade auch im urbanisierten Pariser Becken verdient das Phänomen der Frauenzünfte Beachtung, die seit dem späten 13. Jahrhundert im Pariser Seidengewerbe zu fassen sind. Hier handelt es sich sichtlich nicht um die in der Neuzeit wiederholt mobilisierte Reservetruppe des Arbeitsmarkts, wenn die Männer Militärdienst zu leisten hatten. Zusammen mit den Kölner Garnmacherinnen und Goldspinnerinnen noch des 14. Jahrhunderts sowie den Seidmacherinnen und Seidspinnerinnen[40] des 15. Jahrhunderts gelten sie in Westeuropas Wirtschaftsgeschichte als auffällige Erscheinung; in diesen hochspezialisierten Textilgewerben waren auch sonst besonders viele Frauen tätig: ein Phänomen, das in den grundherrlichen Gynäceen des Früheren Mittelalters bestenfalls in gewerblicher Analogie vorbereitet gesehen werden kann, aber gerade das hohe Spezialistentum erst in der städtischen Umwelt erreichte. Im muselmanischen Lucera hatten für Kaiser Friedrich II. († 1250) Sarazenenmädchen unter anderem spezialisierte Webarbeiten verrichtet; als jetzt, eben im Jahr 1300, die anjou-indifferente Stadt zerstört und ihre Bewohner versklavt wurden, dürfte von solchen Frauenhäusern kaum mehr die Rede gewesen sein.

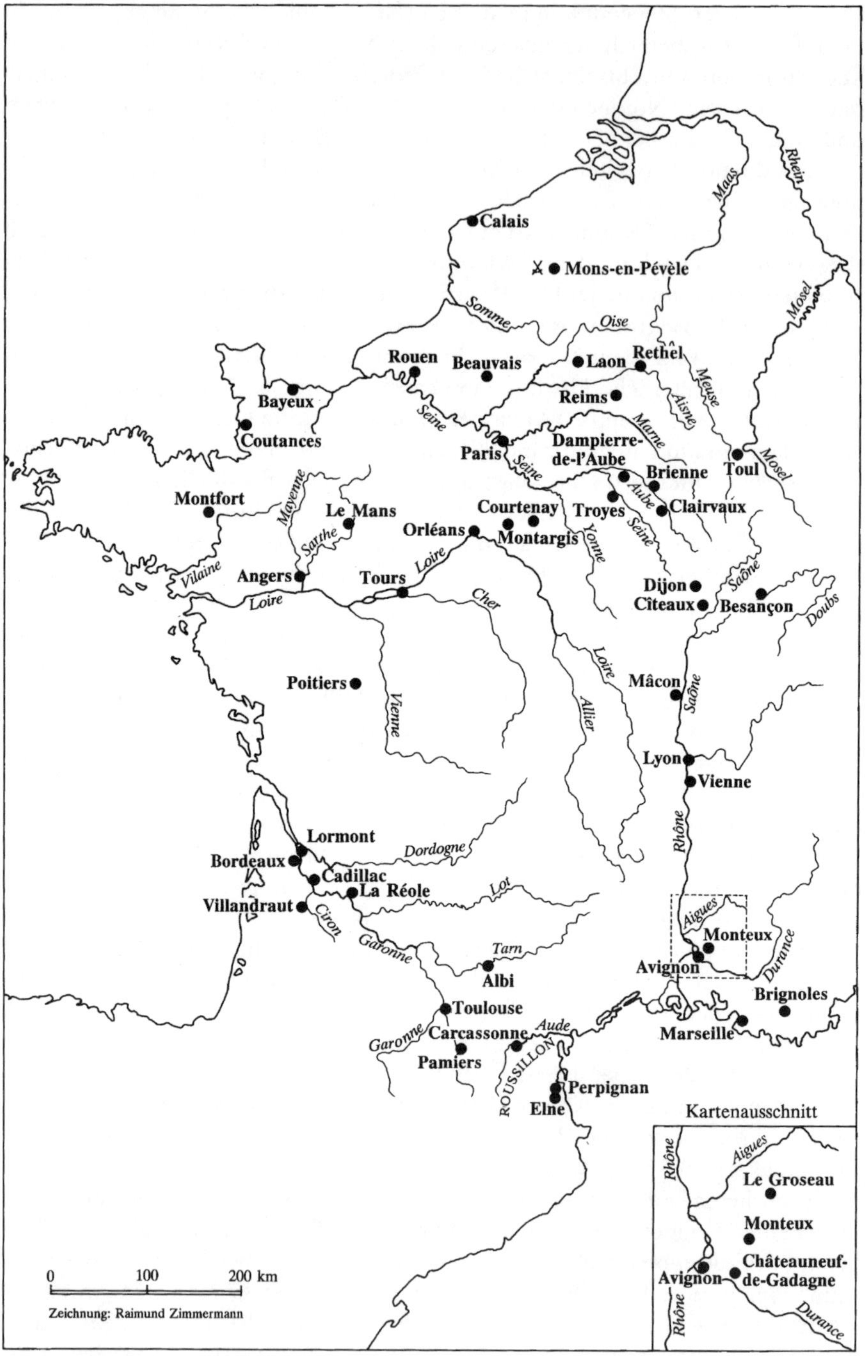

Karte 2: Frankreich.

Städtisch verorteter Handel und stadtbürgerliches Gewerbe hatten in Frankreich nach dem Rückgang des Warenverkehrs auf den Champagnemessen um 1260 keineswegs abgenommen, wurden nun aber besonders durch Paris einschließlich dortiger Erzeugung von Luxusgütern wie Seidenstoffe oder durch Hafenstädte von Marseille bis Calais getragen; auf Bordeaux's Weinhandel wird noch besonders einzugehen sein. Der Wohlstand von Stadtbürgern heischte deren Beteiligung nicht nur bei der Finanzierung der umfangreichen gotischen Kathedralbauten, sondern auch an Entscheidungen der Münz- und Steuerpolitik. Städter vor allem vertraten bei entsprechenden Versammlungen, ob in der Provinz oder fürs Königreich, den sogenannten Dritten Stand: nach Adel und Klerus. Das „Parlement" von Paris allerdings war kein Parlament im umfassenden englischen und irischen oder schottischen Sinn, sondern Frankreichs höchster königlicher Gerichtshof, und zwar aus fallweise ernannten Richtern. Doch reichsbezogene Ständeversammlungen mit gewählten Repräsentanten auch des Dritten Stands sind spätestens seit 1302 einberufen worden; „Generalstände" (*les trois états généraux*) hießen sie erst seit 1468.

Etwas anderen Charakter trugen zur Zeit Philipps des Schönen jene ranghohen Reichsversammlungen von 1302/03, 1308 und 1314, auf denen zu schwierigen und weitreichenden politischen Entscheidungen Stellung genommen wurde. Das waren eher Demonstrationen zur Unterstützung von politischen Entscheidungen der Zentralgewalt, und zwar ganz im Unterschied zu entsprechenden Versammlungen nach der Philipp-Zeit: 1317, 1318, 1320, 1321 u.ö. ging es faktisch um neue Steuern, und die wurden dann gelegentlich auch n i c h t beschlossen.

Für das hohe Ansehen in seinem Reich konnte Philipp der Schöne ein Quasi-Kapital nutzen, das sich gerade in seiner Königszeit angesammelt hatte. Da war zunächst die sichere Erblichkeit des Königtums in der kapetingischen Dynastie, ablesbar am Ausbleiben von Mitkönigtümern der Thronfolger nach 1179/80. Ohnehin war der nicht mehr so „vorbereitete" Philipp-Augustus-Sohn Ludwig VIII., der Löwe, vor seinem Regierungsantritt von 1223 in Frankreich seit seiner Einladung nach England 1215 in den Jahren 1216/17 schon Konkurrenzkönig des Plantagenets Johann Ohneland in England gewesen. Zum Ideenarsenal der Kapetinger um 1300 gehörten die Legende vom Salböl für die Königsweihe in der Heiligen Ampulle, die Vorstellung vom himmlischen Ursprung des Lilien-Emblems der Kapetinger, die Überzeugung von der Oriflamme als siegmächtiger Reichsfahne, die anhaltende Nachfrage nach Skrofeln-Heilungen durch den König und die Heiligsprechung Ludwigs IX. von 1297, so daß seine Nachfahren zum „Blut des heiligen Ludwig" gehörten. Für den Inhalt der Heiligen Ampulle ist mit Hincmars Remigius-Vita schon des 9. Jahrhunderts festzuhalten, daß es sich nicht[41] um Blut Christi, sondern um Salböl handelte, das angeblich beim Ausbleiben des Tauföls für Chlodwig infolge übergroßen Zuschauerandrangs im Baptisterium durch eine schneeweiße Taube in einer Ampulle vom Himmel gebracht worden sein sollte. Wie hoch man es schätzte, zeigen die seit 1270 bezeugten Zeremonien zur Einholung der Ampulle anläßlich der Königsweihe, die Beschränkung der Öl-Verwendung auf nur ein einziges Tröpfchen, und das auch nur für den König, nicht für die mitgeweihte Königin, schließlich die Beschaffung der Ampulle für den sterbenskranken König Ludwig XI. 1483. Kein anderer Herrscher Europas wurde in der Überzeugung der Franzosen mit derart himmlischer Ingredienz geweiht, und dementsprechend war schließlich die besondere Stellung der Kapetinger ein Fundus, aus dem französisches Nationalbewußtsein als dasjenige eines auserwählten Volks erblühen konnte.

Träger der geschichtsmächtigen Kräfte waren neben dem Königtum aber auch die Großen, und beide drängten auch nach Süden, ja, bis auf die Iberische Halbinsel.

Frankreichs Verfaßtheit um 1300 und die Nachbarherrschaften der Krone Aragón

Daß die geschichtsmächtigen Kräfte in Frankreich nicht nur am Königshof konzentriert, sondern auch im Lande selbst zu suchen waren, lassen Rechtssätze in den sogenannten Coutumes de Beauvaisis von spätestens 1283 zugunsten von Baronen und von gestufter Gerichtsbarkeit erkennen. Aber das möglichst widerspruchsfreie und praxisbezogene Systematisieren durch den redigierenden Juristen Philippe de Beaumanoir gab mit königlicher *garde* und der seine Herrschaft mitbegründenden *communis utilitas* auch zu verstehen, wie er sich die Ordnung im Reich vorstellte, und schon sogenannte „Établissements de Saint Louis" aus Jahren vor 1273 hatten bereits zugunsten jeden Königs festgehalten, daß adliges Fehderecht gegen ihn sich nicht wenden dürfe: ein wichtiger Sachverhalt insofern, als die „bindenden Rechtsweisungen" (*établissements*) als Aufzeichnungen des Gewohnheitsrechts von Touraine, Anjou und Orléanais gelten, der Coutumier des Philipp von Beaumanoir aber als allmähliche Lösung von gewachsenen Gewohnheiten.

Einen gewissen Tiefenhorizont hatte auch die Ladung von Städten zu erweiterten Ratsversammlungen. 1302 waren es zur Aktivierung des Widerstands gegen Papst Bonifaz VIII. 91 Städte, 1308 in der Front gegen die Templer bereits 295. Für die Steuerbewilligungen seit 1317 waren Städtevertreter ohnehin unerläßlich; aber schon 1212 hatte Simon IV. von Montfort sie zu Pamiers nachdrücklich hinzugezogen, um die Neuordnung des Albigenserlands von Stadtbürgern mittragen zu lassen. Sie waren nach der Zeit Philipps des Schönen aus den Generalständen nicht mehr wegzudenken.

Die expansive Kraft der französischen Königsmacht hatte grausige Triumphe in jenen Albigenserkriegen gefeiert, die als Kreuzzug begonnen hatten. Und eine Demonstration französischer Königsmacht schien auch bevorzustehen, als 1284/85 sich Papst Martin IV., der Anjou-König Karl I., jetzt nur noch von Neapel, und der Kapetinger-König Philipp der Kühne von Frankreich mit dem nach Unabhängigkeit vom älteren Bruder strebenden König Jakob II. von Mallorca verbündeten, um Peter III., den Großen, von Aragonien, Katalonien, Valencia und Sizilien in die Knie zu zwingen. Hierfür mochte schon kein gutes Vorzeichen sein, daß König Karl I. bereits am 7. Januar und sein steter Mitspieler Papst Martin IV. zwar nicht ein paar Wochen später[42] – es waren immerhin gut elf –, aber doch schon am 28. März 1285 starben, wenn politisch auch mit ganz unterschiedlichen Folgen: Neapels designierter König Karl II. lag im Gefolge seiner See-Niederlage

Karte 3: Iberische Halbinsel.

gegen den aragonesischen Admiral Roger de Lluria von Anfang Juni 1284 im Kerker von Burg Cefalù an Siziliens Nordküste gefangen und sollte auch erst 1288 wieder freikommen. Martins IV. schnell erhobener Nachfolger Honorius IV. behielt die anti-aragonesische Politik zunächst bei, ließ Geld für den Aragonien-Kreuzzug aufbringen und wies Vermittlungsversuche König Eduards I. zurück. Aber militärisch gerieten die Verbündeten, deren Truppen seit Mai/Juni 1285 beim Durchzug durch Jakobs II. Grafschaft Roussillon die dortige Bischofsstadt Elne geplündert hatten, zu Land mit zweieinhalb Monaten Belagerungszeit vor Gerona und zur See mit ihrer verheerenden Niederlage gegen Admiral Roger de Lluria bei Palamos bald in eine ausweglose Lage. Der Tod des kapetingischen Königs auf dem Rückzug in Perpignan am 5. Oktober 1285[43] spricht symbolisch für sich, wenn auch König Peter der Große nur fünf Wochen später starb:[44] militärisch unangefochten im Herzen seiner Festlandreiche, nämlich in seinem Palast zu Vilafranca del Penedés, nur 40 km westlich Barcelonas, aber um päpstlicher Absolution willen sogar testamentarisch bereit, Sizilien wieder aufzugeben. Gleichwohl dauerte es noch 10 Jahre mit fünf Zwischenverträgen, ehe der Friede von Anagni diese Auseinandersetzung auch formell beendete – nicht zuletzt mit Rettung der mallorquinischen Königswürde für Jakob II. († 1311).

Die Krone Aragón war tatsächlich seit der langen Amtszeit Jakobs I., des Eroberers, von 1213–76 zu einem eindrucksvollen Herrschaften-Ensemble geworden. Man konnte dem Eroberer Amtsgewalten von der Rhône bis Valencia nachsagen, und weiter südlich hatte er Murcia für seinen Schwiegersohn gesichert. Selbst die Option aufs Königreich Sizilien hielt er durch Verheiratung seines Thronerben Peter III., des Großen, mit der Manfred-Tochter Konstanze offen. Peter III. mochte bei Nutzung der noch anzusprechenden Sizilianischen Vesper 1282 somit auch Erbrechte seiner Ehefrau gegen den Anjou-König aus Neapel wahrnehmen.

Peters des Großen Söhne Alfons III., der Freigebige († 1291), und Jakob II., der Gerechte († 1327), lösten sich in Aragonien und den Nachbarherrschaften ab und sicherten die katalanische Seeherrschaft im westlichen Mittelmeer, so daß mit Friedrich III. († 1337), dem zweiten Bruder Jakobs des Gerechten, das Festhalten der Herrschaft über Sizilien keine Schwierigkeiten machte. Fürs gesamteuropäische Verfassungsleben ist zu beachten, daß Ständeversammlungen (kastilisch „cortes“, katalanisch „corts“) bereits unter Jakob dem Eroberer begonnen hatten, unter Peter dem Großen theoretisch alljährlich stattfinden sollten und unter Jakob dem Gerechten institutionell verankert wurden: nun mit einem 2-Jahre-Rhythmus für Aragonien, alle drei Jahre in Katalonien und Valencia sowie mit dem Recht, sich durch Prokuratoren mit weitgehenden Vollmachten auf den Versammlungen vertreten zu lassen. Doch das Königtum ließ sich nicht entmachten, so schwach und geldbedürftig es auch erscheinen mochte.[45]

Ständevertretungen auf der Iberischen Halbinsel und Landesuniversitäten

In Aragonien, Katalonien und Valencia haben die Könige seit Jakob dem Gerechten immer wieder Analogiezwänge zu durchbrechen und Cortes in Katalonien mit Hilfe von kleineren *parlamentos*, in Valencia durch situationsbedingtes Paktieren mit den Städten zu umgehen gesucht. Sicher stand allen Cortes das Petitionsrecht zu; aber vieles andere galt in Katalonien und Valencia als „gekauftes Recht" auf dem Hintergrund von Sondersteuerwünschen der Krone.

Trotz pyrenäenübergreifender Geschichte seit spätestens der Römerzeit hat nicht „Pamiers 1212" das Vorbild für Aragoniens Cortes abgegeben, sondern León seit 1170 und 1188 sowie Kastilien seit 1187. Beider Zusammenschluß seit spätestens 1230 führte erst nach 1302 zu gemeinsamen Cortes. Deren Institutionalisierung gemäß Tagungsjahren wie Palencia 1313 und Burgos 1315, hier mit 100 städtischen Prokuratoren, versuchten Könige immer wieder durch Nichteinladung zu unterlaufen. Auf diese Weise sollten feste Rhythmen vermieden werden, zumal sich bindende legislative Gewalt der Cortes herausbildete.

Diesen kam zugute, daß noch in den letzten zehn Jahren der Amtszeit Alfons' X., des Weisen (1252–84), eine Schwächeperiode des Königtums einsetzte, die erst unter seinem Ur-Enkel Alfons XI. (* 1311, † 1350) mit dessen Volljährigkeit 1325 zu Ende ging. Kennzeichnend ist die damalige Bildung von Städtebündnissen, die Ernennung von *hombres buenos* in den Cortes und das Mitwirken von Städtevertretern im Königsrat, der jahrelang der Rat der vormundschaftlichen Regierung für zwei minderjährige Könige unter deren Mutter und Großmutter Maria de Molina († 1321) war, der Witwe von Alfons' des Weisen Konkurrenten und Sohn Sancho IV., dem Tapferen („el Bravo", † 1295).

In Portugal konnte Alfons III. († 1279) trotz der Wendung Papst Innocenz' IV. auf dem Lugdunense I gegen den regierenden König Sancho II. († 1248) erst nach Bürgerkrieg und schließlichem Ableben dieses Königs zur legitimierten Herrschaft gelangen. Sie bereitete die blühende Zeit Dionys' I. (1279–1325) vor. Dessen Beiname „der Ackerbauer" (*lavrador*) gibt nur ungenügend wieder, wie breit die königlichen Initiativen für Wirtschaft und Flotte und Siedlungsentwicklung gestreut waren. Auch hier war Zwist in der Königsfamilie Grund dafür, daß bereits seit 1319 der einzige legitime Königssohn und Thronfolger Alfons IV. (* 1291) zu den Waffen griff, ehe er nach dem Tod des Vaters 1325–57 selber regierte.

Für Portugal lassen sich Städtevertreter bei erweiterten Ratsversammlungen seit Lissabon 1253 und Leiria 1254 nachweisen; als Reichsrepräsentanz werteten sich solche Cortes seit spätestens Coimbra 1261, wo die Münzsteuer (*moeda*) dem Reich und nicht nur dem König zugeordnet wurde. Seit Santarém 1331 traten die städtischen Teilnehmer als eigener Stand auf. Besprochen wurden neben Geldangelegenheiten auch administrative und allgemeinpolitische Fragen, und sogar außenpolitische Entscheidungen konnten anstehen.

Vielleicht waren es auch Cortes von 1288 und nicht nur eine Versammlung von Geistlichen, die beim Papst zugunsten der Einrichtung eines Studium generale vorstellig wurden. Immerhin spricht für die Cortes-Hypothese, daß eine königliche Universität ohne theologische Fakultät seit spätestens 1290 in Lissabon entstand. Nach dem unbedeutend kurzlebigen Studium im leonesischen Palencia war auf der Iberischen Halbinsel vor allem Salamancas Universität vorbildlich: 1218, 1243 und 1254 königlich privilegiert, konnte der Papst 1255 nur nachziehen, wenn auch mit der päpstlich verliehenen Lehrerlaubnis eine so weite Berechtigung fixiert wurde, daß lediglich Paris und Bologna ausgenommen blieben – und diese Einschränkung hob Papst Johann XXII. 1333 auch noch auf. Salamancas Blüte im 15. Jahrhundert sollte auf die Universitätsgründungen des 16. Jahrhunderts in Hispano-Amerika ausstrahlen, ließ aber auch schon auf der Iberischen Halbinsel Nacheiferer entstehen: neben Lissabon genau 1300 oder um dieses Jahr an jenem Lérida, katalanisch Lleida, das vielleicht schon im 12./13. Jahrhundert Königsresidenz und sicher achtmaliger Konzilsort gewesen war. Aragonesischen Königen verdankte die Stadt Konsuln und Stadtregiment, und trotz bloßem Akkerbau und Textilgewerbe als hauptsächlicher Wirtschaftsgrundlage waren es diese Bürger, die an König Jakob II. den Wunsch nach einem Studium generale herantrugen. Bischöflicher Einfluß blieb gering, und Lleida sollte schließlich Zentrum des katalanischen Humanismus werden, von dem zum Beispiel auch der später so einflußreiche Bußprediger Vincenz Ferrer um 1370 profitierte. Im Vergleich dazu verdient Beachtung, daß sich Barcelonas Bevölkerung bis ins 16. Jahrhundert gegen jene Humanistenuniversität sträubte, die der Modellfürst unter den Humanisten, nämlich Alfons V., der Großmütige (1416–58), in Barcelona hatte errichten wollen und dann in seinem zweiten Königreich Neapel-Sizilien verwirklichte, nämlich durch Humanistenförderung und Universitätsgründung in Catania auf Sizilien, wo Palermo sich 1312 vergeblich um ein Studium generale bemüht hatte.

Am Beispiel der Universität Lleida und ihrer Unterdrückung zugunsten von Cervera 1717 durch den bourbonischen König Philipp V. wird man auf die unsichere Lage solcher Generalstudien, die von des Königs Gnaden abhingen, aufmerksam, und das galt noch stärker während des Späteren Mittelalters: Wenn für Portugals Landesuniversität heute wiederholt von Coimbra gesprochen wird, dann verdeckt das die Tatsache, daß dieser Hochschulort erst seit 1537 fest blieb. 1288/90 in Lissabon gegründet, ist das Studium bis ins 16. Jahrhundert hinein fünfmal verlegt, wenn zunächst 1308 nicht gar verdrängt worden: durch die eventuelle Neugründung Coimbra, dann 1338 nach Lissabon, 1354 wieder nach Coimbra und 1377–1537 wieder nach Lissabon; dies war also der längste Universitätsaufenthaltsort während des portugiesischen Mittelalters.

Landesuniversität war Lissabon insofern, als sie der Universität Salamanca für Kastilien und der Universität Lleida für Aragoniens Krone entsprach. Solche reichsbezogenen Hohen Schulen hat es somit nicht erst seit Karls IV. Prager Gründung von 1347 gegeben, und auch für die drei iberischen Landesuniversitäten gab es ein berüchtigtes Vorbild: 1224 hatte Kaiser Friedrich II. seine sizilischen Landeskinder aufs Studium allein in Neapel, ergänzt um die medizinische Hochschule Salerno, verpflichtet und trotz Scholarenprivileg für Magister und Studenten die Institution als Ganze völlig in Regierungshand gelegt – verblüffenderweise mit anhaltendem Erfolg; denn selbst der Stauferfeind König Karl I. von Anjou festigte Neapels Universitätsexistenz, und der Papst erkannte sie als *studium generale* ausdrücklich an.

Zur Sizilianischen Vesper von 1282 und ihren Folgen

Alfons der Großmütige repräsentiert Höhepunkt und Ende von Aragoniens Mittelmeer-Expansion.[46] Das könnte den Gedanken aufkommen lassen, daß schon die Sizilianische Vesper von 1282 durch Aragonien ausgelöst worden ist. Doch dafür finden sich keine Zeugnisse, ebensowenig für den erfolgreichen Arzt und anhaltenden Stauferfreund Giovanni da Procida als Graue Eminenz im Hintergrund: Seine Prag-Reise zugunsten eines Italien-Unternehmens des Landgrafensohns Friedrich des Freidigen endete 1270 erfolglos. Sein Exil am aragonesischen Hof seit den letzten Jahren Jakobs des Eroberers ermöglichte da Procida zwar Kontakte nach Sizilien, Byzanz und Rom; doch für die Ostermontagereignisse von 1282 als Ausfluß seiner Aktivitäten fehlen Belege. Seit 1283 sizilischer Großkanzler, hat er das sizilische Erbanliegen der Könige Jakob II. und Friedrich III. an der päpstlichen Kurie 1290 bzw. 1296 vertreten – und zog sich ausgerechnet beim letztgenannten Romaufenthalt aus der Politik zurück! Die Hypothese der aragonesischen Karte schließlich, die Kaiser Michael VIII. Palaiologos von Byzanz für den Ausbruch der Sizilianischen Vesper gespielt habe, scheitert bereits an der Chronologie für das dortige Eingreifen Peters des Großen erst seit dem Sommer 1282.

Schon seit dem Ostermontag 1282 war parallel zur blutigen Beseitigung der *Francisi* oder *Ultramontani* und *Amalfitani* von Palermo bis Messina eine kommunale und „parlamentarische" Bewegung entfaltet worden. Palermo konstituierte sich als Kommune und verband sich dabei mit dem lombardisch geprägten Corleone. Die Einladung zu weiteren Beitritten resultierte in einer sizilischen Städtekonföderation, und sie sprach in einem *parlamentum* zu Messina namens der *communitas Siciliae* nach Zurückweisung durch den Papst die Einladung an Peter den Großen von Aragonien aus. Ländliche Gemeinden stießen hinzu, und gemeinsam akklamierten sie Peter dem Großen nach seiner Landung in einem *parlamentum* zu Palermo. Friedrich III. verdankte seine Position in Sizilien je einem *parlamentum* zu Messina 1291 und Catania 1296, wobei hier der Wille der Sizilier (*voluntas Siculorum*) formuliert worden sein soll. 1312 ließ er sein Militärbündnis mit Kaiser Heinrich VII. und 1314 seine Erbregelung zugunsten seines Sohnes Peter II. durch ein *parlamentum* stützen. Bereits 1296 als Friedrich „III." (*Fredericus Tertius*) aufgetreten und geweiht und damit in die Tradition der normannisch-staufischen Könige von Sizilien gestellt, hatte er sich beim Frieden zu Caltabellotta 1302 als König von Trinakrien (*rex Trinacrie*) bezeichnen lassen müssen, beim Ausgreifen nach Kalabrien aber 1313 schon den Realtitel „König Siziliens" (*rex Sicilie*) gegen den gleichlautenden anjou-neapolitanischen Anspruchstitel geführt und sich dazu seit 1314 auch „parlamentarisch" berechtigt gesehen: ganz im Einklang mit „Siziliens Freiheit" (*libertas Siciliae*) und republikanischen Tendenzen, wie sie spätestens seit Peter dem Großen sowohl gegen angevinische Herrschaftsansprüche als auch gegen aragonesische Vereinnahmungen formuliert worden waren. Die Konkurrenz im offiziellen Titel zu Süditalien blieb bis ins 16. Jahrhundert erhalten. Erst damals setzte sich „Königreich Neapel" (*regno di Napoli*), obgleich seit dem 14. Jahrhundert gelegentlich verwandt, auch offiziell gegen „Königreich Sizilien" (*regno di Sicilia*) durch, während Alfons der Großmütige bei seiner Personalunion von 1435 noch „König Siziliens diesseits und jenseits des [Turms von] Faro" (*rex Sicilie*

Karte 4: Italien.

citra et ultra Pharum) und „König beider Sizilien" (*rex utriusque Sicilie*) verwenden ließ: Seit 1314 hat es zwei Sizilien auf Europas politischer Landkarte gegeben.

Zu Bedeutung und Verfassung des Königreichs Neapel-Sizilien um 1300

Von ansonsten bestens informierter Seite ist das heute mit Recht so genannte Königreich Neapel als Vormacht guelfischer Bündnisse gewertet und der Höhepunkt „unter... Robert dem Weisen" (1309–43) gesehen worden, zumal dieser vielfacher Signore gewesen sei, und zwar auch von Rom. Letzteres trifft weder für ihn noch für seinen ebenso titulierten Großvater Karl I. von Anjou[47] zu; beide waren in gewisser Weise „nur" Senatoren von Rom. Sie gehören damit zwar in den Bereich der italischen Signorien seit dem 13. Jahrhundert, sind aber ideologisch und wohl auch machtpolitisch anders einzuordnen.

Schon König Karls I. Todesort Foggia – dort starb er am 7. Januar 1285 – läßt ahnen, daß hier, 38 Straßenkilometer südwestlich der Staufergründung Manfredonia, kein sizilischer Rückeroberungserfolg die beängstigend aktive Karriere des ersten Anjou-Fürsten auf dem neapolitanischen Thron krönte. Caltabellotta 1302 steht für die lebenslange Trennung Siziliens von Anjou-Italien zugunsten Friedrichs III. Schließlich ist der Reichtum des Landes – die königlichen Jahreseinkünfte vor 1282 überstiegen diejenigen der Kapetinger um mehr als das Doppelte – nicht in dessen Wirtschaft irgendwie zurückgeflossen, sondern finanzierte sowohl die anhaltend erfolglosen Kriege gegen die Aragonesen in Sizilien, als auch Außenpolitik bis hin zu kriegerischen Maßnahmen gegen Muslime, Byzanz, Ungarn und in Achaia auf Morea, erfolgreich lediglich in Piemont mit zusätzlicher Grafenherrschaft.

Die prekäre Lage des Anjou-Königtums läßt sich an den kombinierten Versuchen zur jeweiligen Nachfolgesicherung in Richtung auf ein Erbkönigtum ablesen, das sich aber nicht durch das Mitkönigtum des Thronfolgers Einschränkungen auferlegen lassen wollte. Für König Karls I. gleichnamigen Sohn waren es Fürstentum von Salerno und Generalvikariat, die ihn deutlich designiert erscheinen ließen. Dessen ältester Sohn Karl Martell entging 1288 der Vergeiselung, die seine drei jüngeren Brüder traf. Seinen jüngeren Bruder Robert, den späteren „Weisen", zeichnete Karl II. 1295 durch Reichsvikariat und 1297 durch Übertragung des Herzogtums Kalabrien aus, als die nächstälteren Brüder durch Tod oder geistlichen Stand ausgeschieden waren. Robert der Weise hat seinen Sohn „Karl von Kalabrien" genannt, nach dessen vorzeitigem Tod dann sogar dessen siebenjährige Tochter Johanna 1333 mit diesem Herzogtum verbunden. Noch vor deren Regierungsantritt nach Roberts des Weisen Ableben von 1343 ist somit die Frage des Erbkönigtums eine stete Belastung der Königspolitik geblieben – ganz abgesehen von dem Totalverlust Siziliens auch unter Robert dem Weisen und von den katastrophalen Folgen der Nachfolgerin-Wahl durch ihn seit 1343.

Im Unterschied zur jüngeren Motiv-Erforschung[48] ist hier nicht das Minoritentum von Karl Martells Bruder Ludwig von Anjou für dessen Ausscheiden aus der Königsnachfolge angeführt worden, so wichtig dieses auch für Prinz Ludwigs

Lebensweg und Nachleben wurde. Während seiner siebenjährigen Burghaft in Katalonien hatten ihm zwei Franziskaner Verbindungen zu dem bekannten Prediger und berühmten Armutstheologen Petrus Johannis Olivi (OFM) verschafft, und noch vor seiner Haftentlassung und ein knappes Jahr vor Olivis Tod hat dieser ihm im Mai 1295 einen ausführlichen Mahnbrief geschickt. Das fiel bei Ludwig insofern auf fruchtbaren Boden, als ihn der Vater schon 1294 durch Papst Coelestin V. für die Erzbischofswürde zu Lyon hatte providieren lassen. Auf dem Hintergrund einer solchen Königspolitik lehnten die Minoriten 1295 Ludwigs erbetenen Ordenseintritt ab. Und doch erreichte er sein Ziel, und zwar in zäh ausgehandelter Zusammenarbeit mit Elternhaus und Papst, jetzt Bonifaz VIII.: Nach Erbverzicht wurde Ludwig von Anjou 1296 ausgerechnet in Neapel zum Priester geweiht und in Rom in den Franziskanerorden aufgenommen, während der Papst durch Verzögerung der Einkleidung bis 1297 erreichte, daß der von ihm ernannte künftige Bischof von Toulouse seine Kutte nur heimlich trug. Nach erneuter theologischer Beratung in Paris, kurzem Friedenswirken im gerade auffällig verkleinerten Bistum Toulouse und nach einschlägiger Katalonien-Reise starb Ludwig noch 1297 auf einer Romfahrt ausgerechnet in seinem provençalischen Geburtsort Brignoles: Mochte ein derart gerundetes Leben nicht als vorbildlich gelten?

Mächte in Italien um 1300

Nicht sicher ist, wie die neue Anjou-Herrschaft in Italien die aufkommende Verehrung ihres Dynastie-Mitglieds Ludwig nutzte, das ausgerechnet im Jahr der Kanonisation des kapetingischen Königs Ludwig des Heiligen als heimlicher Minorit auf Abdankungsreise an seinem amtsfernen Geburtsort gestorben war. 1306 postulierten provençalische Bischöfe auf Grund zahlreicher Wunder am Grab Ludwigs von Anjou in Marseille seine Anerkennung als Heiligen. Papst Clemens V. ordnete die Untersuchung an, aus der ein Marseiller Protokoll von 1308 erkennen läßt, wie viele einfache Franziskaner den neuen Heiligen bezeugten, ohne daß die franziskanische Hierarchie mitzog. 1317 hat dann ausgerechnet Papst Johannes XXII. die Kanonisationsbulle publiziert: als ehemaliger Mitarbeiter im Bistum Toulouse, aber ohne Eingehen auf die kontroverse Armutsthematik. Die Ludwig-Verehrung blieb in Italien und Südfrankreich populär, ließ hier aber schlagartig nach, als Alfons V., der Großmütige, 1423 die Vollreliquie aus dem eroberten Marseille in die Kathedrale von Valencia überführen ließ. Auf dem Hintergrund der beiden um 1300 propagierten heiligen Ludwige aus Frankreich wird abzuschätzen sein, was Kaiser Heinrich VII. unternahm, als sich am Grab seiner Gattin Margarete in Genua nach 1311 Wunder ereigneten.

Unübersehbar im Königreich Neapel-Sizilien war die heute vielfach namengebende Hauptstadt. Zwischen später Stauferzeit und der Mitte des 14. Jahrhunderts verdoppelte sich ihre Bevölkerung von ca. 30- auf ca. 60000. Hier ruhte der Königsschatz der Anjous, hier residierten seit 1266 zu Lasten von Sizilien König und Hof, hier war in Ausbau des schon antiken *Vulpulum* der nunmehrige zweite Hafen Porto Pisano so attraktiv geworden, daß sich um ihn sternförmig neue

Wohnviertel legten, inzwischen nach Amalfitanern, Pisanern und Genuesen auch solche von Florentinern. Zur Handels- und Messe-Zentralität kam die anhaltende Bedeutung als Kultur- und Bildungszentrum. Und doch knebelte die Übermacht der Großen und Reichen am Ort die kommunale Entwicklung, und wo ein derart führendes städtisches Zentrum nicht seinen eigenen Willen breit artikulierte, spielten Städtevertreter als solche auch keine Rolle auf den angeblichen allgemeinen Ständeversammlungen und *colloquia* seit S. Martino 1283 und Foggia 1284. So sehr die entsprechenden Versammlungen auf Sizilien von 1296–1319/20 zu einer Spiegelung im Regno auffordern mochten: Noch den *curiae* zu Benevent und Neapel von 1443 unter Alfons dem Großmütigen gehörten nur Barone, keine gewählten Städtevertreter an. Tatsächlich wurden – im Unterschied zu Sizilien – im Regno di Napoli Parlamente erst während des 16. Jahrhunderts wichtig.

Entstanden war das Südreich der Anjous auf Initiative des Papsttums. Aber dessen Vernichtungsstrategie gegen die Staufer bescherte der höchsten geistlichen Gewalt im Westen letztlich nur den Niedergang der eigenen Weltgeltung, zumal die Anjou-Herrschaft als besonders drückend erfahren wurde. Hinzu kam, daß mit wachsendem Eigenbewußtsein der Reiche zunehmende Erbitterung über die Verweltlichung des Papsttums einherging. Die Sehnsucht nach einem engelsgleichen Hirten, ja einem Engelspapst, vermochte aber auch der Einsiedler Peter vom Morrone als Papst Coelestin V. nicht zu befriedigen, zumal er schon nach dreieinhalb- bzw. fünfmonatigem Amtieren Anfang Dezember 1294 resignierte; knapp anderthalb Jahre später starb er.

Der Machtansprüche übersteigernde Nachfolger Bonifaz VIII. wiederum wurde 1303 in Anagni zutiefst gedemütigt. Papst Clemens V. (1305–14) verspielte geistliches Führertum durch Zurückweichen vor König Philipp dem Schönen in der Superioritätsfrage,[49] durch spektakuläre Neutralität im Templer-Prozeß und dessen faktische Absegnung auf dem Konzil von Vienne 1312, verdarb aber auch mögliches politisches Führertum in Rom durch Weitergabe der stadtrömischen Senatorenbefugnisse an König Robert den Weisen 1314. Die über zweijährige Vakanz des Papstthrons vom 20. April 1314 bis zum 7.VIII.1316 stempelte die höchste geistliche Würde der westlichen Christenheit endgültig zu einem Machtinstrument unter anderen.

Die Stadt Rom ist in diesen Abstieg mit hineingezogen worden, hatte aber noch Mitte des 13. Jahrhunderts ein anderes Bild geboten. Sie verdankte es dem Wirken des auswärtigen Senators Brancaleone degli Andalò.

Die Stadt Rom von Brancaleone degli Andalò bis zu Cola di Rienzo

Um 1220 eventuell bei Bologna geboren, hatte er schon 1248 als wohl erfolgreicher Podestà von Vercelli gewirkt. Jedenfalls vermochte er Bedingungen zu stellen, als ihm das ehrenvolle Amt des Senators von Rom angetragen wurde: drei Jahre Amtszeit und Geiseln nach Bologna. Beides wurde gewährt, und während seiner ersten Amtszeit von 1252–55 sowie der wohl vorzeitig endenden von

1257/58 verdankte ihm die Stadt Rom neben Statuten folgende Importe: die Räte der Anzianen (ursprünglich „Älteste") und der Ehrbaren (*boni homines*), die Mitregierung der Zünfte (*arti*) und das Führungsamt des Volkskapitäns (*capitano del popolo*). Wachsende Adelsgegnerschaft schon während seiner ersten Amtsperiode machte Brancaleone während seiner zweiten zum parteiischen Popularen. Der Adel wurde aus Rom verdrängt, während Brancaleone auf neue städtische Groschen (*grossi Romanini*) sein eigenes Bild prägen ließ, gleichwohl besonders Handwerk- und Handeltreibende förderte sowie kommunale und steuerliche Hoheit gegenüber dem Klerus durchzusetzen trachtete.

Er scheint sein Werk eigentlich vollendet gehabt zu haben, als er schon 1258 und damit kaum 40jährig an Gift oder der Malaria starb. Sein ihn gleichsam beerbender Onkel Castellano degli Andalò vollendete 1258 gerade noch den begonnenen Feldzug gegen Corneto in Roms Getreideland (*horreum Urbis*, eigentlich „Stadtscheune"), ehe ihn ein Aufstand noch desselben Jahrs in Kerkerhaft brachte. Beiden degli Andalò retteten die Geiseln in Bologna je einmal das Leben. Castellano verlegte nach 1260 sein Wirkungsfeld in die Bologneser Heimat und fiel hier erst 1274 einem Aufstand dergestalt zum Opfer, daß er 1276 im Kerker starb. Rom verlor inzwischen seine kommunale Machtstellung an das päpstlich-königliche Zusammenspiel zur Beseitigung der Staufer und zur Etablierung der Anjous in Neapel-Sizilien, und dabei schoben sich auch die quasi-baronalen Geschlechter wieder in den Vordergrund: Colonna und Orsini als die Protagonisten konkurrierender Parteiungen, ihre Machtgenossen Annibaldi, Conti, Savelli und Caetani, diese bisweilen von den Hypatoi aus Gaeta abgeleitet. Sie verfügten alle über reichen außerrömischen Besitz und hohes Sozialprestige, aber auch über große Privattruppen. In gestuftem Besitz und Ansehen gab es mindestens noch zwei weitere Adelsschichten, die aber tendenziell der einen mächtigen Adelsgruppe zugeordnet wurden. In deren Aufsplitterung sahen Päpste wie Nikolaus III. und Bonifaz VIII. Möglichkeiten, dem immerhin schon christlichen Rom nun den päpstlichen Stempel aufzudrücken: Das Gewicht der Päpste-Residenz verlagerte sich vom links-tiberischen Lateranpalast zum Vatikan nördlich von Trastevere; die Päpste reisten wie Kaiser und Könige im Kirchenstaat von Stadt zu Stadt, und lediglich als Kunstmetropole war das stationäre Rom nicht zu ersetzen.

Aber auch das geschah zu der Päpste höherem Ruhm, wenn Nikolaus III. sich selbstbewußt zwischen den Apostelfürsten abkonterfeien ließ. Immerhin hat dieser Papst als Inhaber auch der senatorischen Gewalt den Konsens mit seinen so genannten Mitbürgern gesucht, obgleich er ein Orsini war: anscheinend mehr Stadtrömer denn römischer Baron. Demgegenüber strich Bonifaz VIII. aus dem Anagni-Zweig der Caetani päpstliche Vorrechte heraus, und stieß damit anscheinend zunächst nur deshalb nicht auf popolaren Widerstand, weil er eine bahnbrechende Erfindung einbrachte: Das Jubel- oder Heilige Jahr institutionalisierte romzentriertes Pilgerwesen zu einem einträglichen Wirtschaftsunternehmen, und der durchschlagende Erfolg mochte schließlich lediglich die Frage nahelegen, warum die Planung denn nur auf die gleichsam vollen Jahrhunderte ausgerichtet sein sollte.

Solche Fragen traten deshalb auf, weil der Abzug von Papst und Kurie nach Frankreich und schließlich nach Avignon in und für Rom zu einer Re-Agrarisierung ähnlich dem Status des 11. Jahrhunderts führte. Immerhin wurde der *popolo* dadurch aufgewertet, sah als wichtige Komponenten neben den „Bürgern zu Roß“ oder „Ritterlein“[50] (*cavallerotti*) nun aber auch die „Ackerbauern und Viehzüchter“ (*bobattieri*, mittellateinisch *bobacterii*) in seinen Reihen. Wenn festgestellt worden ist, daß zum „edlen Gewerke der Viehzüchter“ (*nobilis ars bobatteriorum*) nicht nur Großbauern, Viehzüchter und Viehhändler, sondern auch vermögende Grund- und Hausbesitzer, Kaufleute und Geldverleiher gehörten, wird man mit dem suggestiven Terminus „Ackerbürger“ vorsichtig sein. Gleichwohl war Rom wieder fast nur eine Landstadt in übergroßem Mauerring. Der Papsthof als Motor geistlichen und weltlichen Lebens in all seiner Breite war nicht zu ersetzen – schon gar nicht durch ideale Freiheitswünsche für Italien und ein republikanisches Rom, wie sie durch den humanistisch gebildeten *cavallerotto*-Repräsentanten und Volkstribun Cola di Rienzo zweimal, 1347 beziehungsweise 1354, und dann doch ephemer in politische Realität übersetzt zu werden schienen.

Die wirtschaftlichen Verhältnisse in Rom machten deutlich, daß ein Jubeljahr wie dasjenige von 1350, an das eine offizielle Halbtagsfliege wie Karl IV. zu seiner Kaiserweihe am Ostertag 1355 nur schwach erinnern mochte, anderwärts nicht zu erlangen war als beim Papsttum. So überrascht lediglich die Form, aber nicht die Tatsache der möglichst engen Bindung des Papstes an die bisherige, aber seit Generationen verlassene Residenz: Seit 1358 war der Papst Signore von Rom und ließ dort durch Senatoren regieren, die von ihm ernannt wurden. Nachgeordnete Aufgaben wurden durch stadtrömische, also einheimische Amtsträger wahrgenommen.

Parlamente in Mittel- und Norditalien

Roms Hegemoniestreben für sein Umland ist eine Spiegelung dessen, was in Tuszien, Venetien und der Lombardei für andere Stadtkommunen beobachtet werden kann. Dabei war der Landadel in die jeweiligen Aufgaben derart integriert, daß er sich nicht außerhalb der Stadt als eigene politische Schicht zu konstituieren brauchte; Magnaten mußten sich sogar deutliche Einschränkungen gefallen lassen. Demgegenüber sind quasi-parlamentarische Vertretungen in monarchisch regierten Randbereichen bis hin zu detaillierter Ausformung zu beobachten. Im „parlamento friulano“ wurde bereits seit Anfang des 13. Jahrhunderts der Wille des Landes akzentuiert. Der Patriarch von Aquileja oder sein Stellvertreter riefen zum *parlamentum* oder *colloquio* vier Stände (*ordines*) zusammen, nämlich Adel, Ministerialität, Klerus und Gemeinden. Erst seit 1475 agierten die beiden erstgenannten als nur noch ein einziger Stand, und um so einflußreicher waren die Gemeindevertreter in einem Parlament mit umfassenden Kompetenzen. Das Hineinwachsen in die alltägliche Regierung erfolgte über den Rat (*consiglio*): Seit 1269 jeweils als Sonderkommission des *colloquio* bestellt, bestand jener seit dem 14. Jahrhundert als ständiges Regierungsorgan. Im Hintergrund steht der Ausfall des Kaisertums als machtpolitische Stütze des Patriarchen in einem schwierigen Grenzbereich, besonders auch gegen die Republik beziehungsweise den Dukat Venedig.

Eine ähnliche Grenzregion war das Piemont. Hier erwuchsen ebenfalls im 13. Jahrhundert *parlamenta*, und zwar aus lehnrechtlichen *curiae* einzelner Herrschaftsgebiete der savoyardischen Dynastie. Im Unterschied zum Friaul hielten sich die Kleriker häufig zurück, so daß die Gemeinden seit dem 14. Jahrhundert vor allem den Vasallen gegenüberstanden. Die Position des Grafen – Herzöge gab es hier erst seit 1416 – blieb auch nach stärkerer Sitzungshäufigkeit seit 1342 beachtlich, da weder ein fester Sitzungsort noch ein steter Turnus durchgesetzt wurden. Zu den üblichen fiskalischen Kompetenzen kamen im Piemont auch solche der Landesverteidigung.

Für den benachbarten Monferrato orientiert man sich traditionell an Ober- und Nieder-Montferrat nördlich beziehungsweise südlich von Asti, das „vom historischen Mon(t)ferrat ausgenommen" gewesen sei.[51] Im Hintergrund steht die Beerbung äußerst burgenreicher Bischöfe von Asti durch die dortige Kommune. Entsprechend vermochte diese 1257 und 1275 erklärten Eroberungsversuchen des Thomas von Savoyen beziehungsweise König Karls I. von Anjou erfolgreich zu widerstehen, soll dann aber 1312 ihre Unabhängigkeit an Robert den Weisen von Anjou und später sogar an die Markgrafen von Montferrat verloren haben – zumindest für 1312 von allgemeinen Gegebenheiten her zu bezweifeln. Die labile Lage in der Markgrafschaft ging aus dem zunächst atemberaubenden Herrschaftszuwachs hervor, den der vorletzte Aledramide Wilhelm VI./VII. auch über Alessandria, Acqui, Ivrea, Tortona, Vercelli, Casale Monferrato, Turin und Mailand erlangt hatte. Als ihn aber aufständische Alessandriner festsetzten und er 1292 im Kerker endete, ohne einen in gleichem Umfange handlungsfähigen Sohn zu hinterlassen, und als dieser 1305 auch noch erbenlos starb, gelangte die gebeutelte Markgrafschaft an seinen Neffen Theodor I. Palaiologos und dessen Nachkommen. Durch die ständigen Geldnöte dieser Markgrafen einflußreich geworden, wurde der Kompetenzenschwund im 15. Jahrhundert gleichwohl so stark, daß beim Anfall an die Gonzaga 1533/36 das Parlament entfiel. Demgegenüber haben die sogenannten Constitutiones Aegidianae von 1357 für den Kirchenstaat – und hier beispielsweise besonders für die Mark Ancona – auch das längst eingeführte Provinzparlament festgeschrieben: als Verwaltungsorgan zwischen Papst und Land mit Gültigkeit in der durch den Kardinal Aegidius Albornoz geregelten Form bis 1816.

Byzanz unter militärischem Druck, aber ohne Landesrepräsentanz

Im Zusammenhang mit der ausgreifenden Politik König Karls I. von Anjou und deren Scheitern an der Sizilianischen Vesper von 1282 war auch das Palaiologenreich Byzanz in den Blick gekommen. Tatsächlich konnte Kaiser Michael VIII. Palaiologos, der Eroberer von Konstantinopel 1261, die umstürzende Wirkung der Osterereignisse von Palermo noch erahnen, da er erst am 22.XII.1282 starb. Nach der byzantinischen Restitutionsphase, die auch als Restauration betitelt wird, blieb die Amtszeit des Michael-Sohns Andronikos II. (1282–1328) zwar nie in Gefahr einer Gegen-Restauration zugunsten des Lateinischen Kaisertums; aber schon der Palaiologenname für die Markgrafschaft Montferrat als Quasi-Entschädigung für fehlgeschlagene Hoffnungen auf den Kaiserthron in Byzanz signalisiert die Schwierigkeiten: Andronikos II. war in zweiter Ehe verheiratet mit Irene, Schwester des letzten Aledramiden-Markgrafen Johann I. von Montferrat (1292–1305), dessen vergebliche Restitutionsbemühungen durch den Anjou-König Karl II. von Neapel gestützt worden waren. Byzantinischer Mitkaiser war schon 1295 Michael IX., Andronikos-Sohn aus erster Ehe mit Anna-Agnes von Ungarn († 1281), und blieb es bis zu seinem Tod 1320, so daß für die Söhne der Irene von Montferrat nur deren Herkunftsland als selbständiges Fürstentum in Frage kam. Das ging nicht ohne Reibereien ab, zumal in Byzanz auch schon der 1297 geborene Michael-Sohn Andronikos III. zu befriedigen war.

Vollends als Machtfaktor ausgeschaltet wurde das Byzantinische Reich im Westen durch die nur mühsame Behauptung gegen Mongolen und Türken in Kleinasien, aber auch durch anhaltende Angriffe von Bulgaren, Serben, „epirotischen Griechen und peloponnesischen Lateiner[n]".[52] Unter diesen Umständen wird leicht verständlich, daß eine Neuorganisation des staatlichen Lebens nicht realisiert wurde und auch theologisch das orthodoxe Erbe in Abgrenzung von Wünschen nach einer Kirchenunion mit den Lateinern sich versteinerte: Kaiser Michael VIII. war unter der Bannsentenz Papst Martins IV. von 1281 gestorben, der Kirchenunionsversuch von 1274 damit gescheitert.

Die militärische Lage sollte aber als ständiger Hintergrund nicht übersehen werden, zumal mit Almugavaren und Katalanischer Kompagnie hier Phänomene auftraten, die so erst im 15. Jahrhundert den Westen heimsuchen sollten. *Almugavari*, spanisch *Almogávares* oder *Algareros*, waren spätestens seit Jakob dem Eroberer als Plänkler aus Aragonien und Katalonien erfolgreich eingesetzt worden und spielten auch unter Peter dem Großen und Friedrich III. auf Sizilien eine wichtige Rolle. Nach dem Frieden von Caltabellotta 1302 blieben nur wenige in Italien; das Gros wurde Teil einer Katalanischen Kompanie unter Roger de Flor.

Dieser Roger hatte schon bis dahin eine auffällige Karriere hinter sich: Sohn eines vielleicht deutschen Ex-Falkners Kaiser Friedrichs II. und einer Bürgerstochter aus Brindisi, stieg er nach 1268 aus eigenen Kräften zum Flottenkommandanten bei den Templern auf. Als ihm dort der Prozeß wegen Unregelmäßigkeiten bei der Beuteverteilung drohte, setzte er sich zunächst nach Genua, dann nach Neapel ab und tat schließlich um 1300 König Friedrich dem III. auf Sizilien Hulde (*homagium*). Als dessen Vizeadmiral auch Pirat, wurde ihm der Boden nach dem Frieden von Caltabellotta 1302 auf Sizilien zu heiß, und er verdingte sich bei Kaiser Andronikos II., allerdings unter atemberaubenden Bedingungen – die durchzusetzen sicher auch seine Gefolgschaft von rund 1500 Reitern, 4000 Almugavaren und 1000 weiteren Infanteristen ermöglichte, mit der er 1303 in Byzanz eintraf: Die Zarentochter und Kaiser-Enkelin Maria Asenina wurde seine Ehefrau; er selber stieg zum „Großherzog" (*megas dux*) auf und soll sogar einen Palaiologen-Titel mit Ansippung an die Komnenen geführt haben. Obgleich er 1304 als quasi-byzantinischer Heerführer gegen die Türken bis Philadelphia Erfolg hatte, mußte aber auch bislang noch byzantinisches Gebiet unter der katalanischen Söldnerschar leiden – bis hin zu einem fehlgeschlagenen Angriff auf das byzantinische Magnesia.

Kaiser Andronikos II. verschaffte der Katalanischen Kompanie ein Zwischenlager auf Gallipoli; doch dort verstärkten sich die Katalanen noch um 300 Reiter

Karte 5: Griechenland und West-Kleinasien.

und 1000 Almugavaren aus dem Gefolge eines gewissen Berengar d'Entença. Märchenhafte Pläne für ein Lehnskönigreich Anatolien unter „kaisar" Roger de Flor riefen Mitkaiser Michael IX. Palaiologos auf den Plan, und auf dessen Initiative beseitigte 1305 ein Blutbad bei Adrianopel den übermächtigen Kriegsmann mit rund 130 seiner engsten Gefolgsleute.

Noch 1305 begann eine sprichwörtlich grausame Rache der Katalanen: Als der Mitkaiser 1305 bei Apros vernichtend geschlagen worden war, konnten sich gegen die Plünderer nur noch Städte wie Adrianopel 1306 und Bizye 1307 halten. Beim Weiterziehen nach Westen 1307 fiel Berengar d'Entença blutigen Führungskämpfen zum Opfer, so daß die Truppe dem lateinischen Kaiserprätendenten Karl von Valois den Gefolgschaftseid leistete, vermittelt durch dessen Abgesandten Thiebaut de Cheproy. Vom Winterlager auf Kassandreia 1307/08 aus wurden Makedonien, aber auch die Athos-Klöster heimgesucht – sicher nur vorübergehend; denn gerade die Zeit Andronikos' II. sollte für sie in eine Blütezeit von weiteren 100 Jahren münden. Vor Saloniki – hier vielleicht mit Kaiserin Irene von Montferrat als Seele des Widerstands – und an der Großen Mauer bei Christupolis versagten die katalanischen Waffen, so daß die Kompanie weiterzog und 1308/09 am Olymp überwinterte. Jüngst wird ihnen nachgesagt, daß sie den Athener Herzog Walther V. von Brienne durch Eroberung von Städten in Süditalien unterstützten:[53] grundsätzlich nicht unmöglich, da Walthers Vater Hugo trotz seiner Herrschaft über Athen 1296 gegen Roger de Lluria vor Lecce gefallen und auch Herzog Walther V. von Brienne in Griechenland seit 1308 mit Unterstützung der Anjous erfolgreich war. Aber die drei bekannten Städte, welche die Katalanische Kompanie für den Athener Herzog Walther V. von Brienne eroberte, hießen *Demetrias*, Halmyrós und Zeituni/Zeitounion. Obgleich *Demetrias* heute nicht mehr auf der Landkarte zu finden ist, hieß so eine beachtliche Festung am Golf von Volos auch noch im Mittelalter; Mauerring, mit Spolien reparierter Turm und venezianische Wasserleitung weisen auf mittelalterliches Leben hin, und eine Totalaufgabe der Stadt ist erst um 1600 erfolgt, als sich die überflügelnde Konkurrenz des südwestlich benachbarten Halmyrós immer stärker auswirkte. Unfern lag auch jenes Zeituni, das an das antike Lamía anknüpfte: alles Städte Süd-Thessaliens und nicht Süditaliens.

Diese regionale Beschränkung der katalanischen Eroberungen für Herzog Walther büßt allerdings nichts von ihrer damaligen Bedeutung ein, wenn man die Wandlung der Katalanen von einer Söldnergruppe mörderischen Zuschnitts zur Herrenschicht in den Herzogtümern Athen mit Theben und Neopatras berücksichtigt: Am 15. März 1311 fiel Herzog Walther von Brienne trotz seinem Aufgebot von angeblich 700 Rittern aus ganz Griechenland am Kephissos westnordwestlich Thebens. Baronien und Herzogtum Athen wurden noch 1311 durch die Katalanen übernommen, indem sie die bislang französischen Familien ersetzten beziehungsweise das burgundische Herzogtum ablösten. König Friedrich III. von Sizilien bestellte die formalen Herzöge, zum Beispiel für 1312–17 seinen Sohn Manfred. Fast drei Generationen lang behaupteten sich die Katalanen: 1379 ging Theben, erst 1386/88 Athen verloren. Bis dahin gab es hier einen katalanischen Vorposten für Wirtschaft und Kultur, und im Rechtsleben herrschten die alten Rechtsgewohnheiten aus der Heimat: *Usatges de Barcelona*. Allgemeinhistorisch ist nicht zu leugnen, daß diese Schwächung des Byzantinischen Reichs und die wiederholte Zusammenarbeit von Katalanen mit Türken der Osmanenherrschaft auf dem Balkan Wege eröffnet haben.

Daß trotz solchen Notzeiten die byzantinische Verfassung ohne regionale oder reichsweite Repräsentanz und Mitverantwortung im Reich ausgekommen ist, hängt mit der byzantinischen Theokratie zusammen. Vorstellungsmäßig besaß allein der Kaiser göttliche Gewaltberechtigung, galt als „eine Emanation Gottes voller Heiligkeit"[54] und blieb Kultobjekt. Gleichwohl werden für die Geschichte von Byzanz und seinen Nachbarn ausdrücklich sieben „einheimische" *parliamenta* verzeichnet – neben dem „embryonalen" Parlament in Georgien unter Königin Thamar der Großen[55] (und Heiligen, 1184–1213). Doch zu Konstantinopel 1204 wurde durchs *parliamentum* ein Bürgerkrieg unter den Lateinern vermieden, die gerade Konstantinopel erobert hatten; auf der Ebene von Ravennika bei Zeituni wurden Anfang Mai 1209 die Herrschaft des lateinischen Kaisers auch für Thessalien anerkannt sowie Anfang Mai 1210 den Kirchen Exemtionen verliehen; 1208 waren zu Andravida an der Westküste des Peloponnes Verfügungen eben für das Fürstentum Morea getroffen worden; das sogenannte Damenparlament von 1261 ermöglichte die Freilassung lateinischer Barone und Fürsten aus palaiologischer Gefangenschaft, indem die Ehefrauen die Zugeständnisse ihrer Ehemänner an Kaiser Michael VIII. Paleiologus mittrugen. Das Athener *parliamentum* vom 20. Mai 1380 besiegelte den Übergang an die Krone Aragòn unter Peter IV., dem Zeremoniösen. Alle Versammlungen waren grundsätzlich solche von lateinischen Baronen mit ihrem Gefolge und spiegeln gerade nicht die byzantinische Verfassungsentwicklung.

Könige und Magnaten in Serbien und Bosnien

Erheblichem Druck war das neue byzantinische Reich von Seiten der Serben ausgesetzt. Schon vor deren ausdrücklich so genannter Expansionsperiode von 1276–1355 hatte ihr König Stefan I. Uroš (1243–76)[56] seine Herrschaft nach Norden und Süden ausgedehnt, gegenüber Ungarn und Byzanz aber auf Weiterverfolgung solcher Pläne zugunsten innerer Herrschaftsstabilisierung verzichtet: Er beseitigte konkurrierende Nebenlinien und hob die Wirtschaft des Landes durch Förderung des Bergbaus mit Hilfe jener „Sachsen" (*Sassi*), die in Serbien seit 1254 ausdrücklich belegt sind. Seine Söhne Stefan Dragutin und Stefan Uroš II. Milutin herrschten aber bereits von der Save-Donau-Linie bis Prosek tief in Makedonien. Ihr interner Machtwechsel von 1282 nach einem Jagdunfall mit Beinbruch des Stefan Dragutin 1281 wurde allerdings bald in Frage gestellt, so daß dynastische Kämpfe einsetzten.

Immerhin beruhte Serbiens Expansionsperiode um 1300 auf der gelegentlichen Zusammenarbeit der Brüder, und zwar auch noch nach 1282. Allerdings war Stefan Dragutin, der ältere, schon früh nach Nordwesten ausgerichtet worden: Um 1252 geboren, wurde er nach 1268 mit Katalin, Tochter des Ungarn-Königs Stephan V. verheiratet. Dieser war bereits vor seiner eigenen Regierungszeit 1270–72 vom Vater durch Erklärung zum *iunior rex* als Nachfolger designiert worden, so daß unabhängig von genauer Datierung der Eheschließung die ranghohe Verbindung überdeutlich wurde. Seinerseits hatte Stefan Uroš I. den ältesten Sohn ebenfalls zum „jungen König" (*maldi kralj*) erklärt: Aber dieser wandte sich mit der Begründung, der Vater verweigere ihm das bei der Eheschließung zugesagte Teilreich, gegen den regierenden König und schaltete ihn schon 1276 mit Unterstützung ungarischer Hilfstruppen aus. Als Stefan I. Uroš jahrs darauf in der Mönchskutte starb und in seiner Eigengründung Sopoćani von circa 1260 bestattet wurde, hatte der Sohn die Mutter bereits mit einem Gebiet abgefunden, das besondere Bedeutung durch Zugehörigkeit dalmatinischer Küstenstädte besaß, nämlich von Kotor-Cattaro bis Skutari-*Scodra*. König Stefan Dragutin konzentrierte sich selber auf Só und Ozora westlich Belgrads und südlich der Save. Die zeitweise Zusammenarbeit mit dem Bruder Stefan Uroš II. Milutin wurde unterbrochen, als 1301–10 Nachfolgekämpfe ausbrachen und infolge byzantinischer Vermittlung zwar zu Ende gingen, aber die Nachfolgefrage offen ließen. Kurz vor seinem Tod 1316 unter dem Namen Teoktisk Mönch geworden, wurde ihm der Wunsch nachgesagt, an seinem Grab keine Verehrung entstehen zu lassen – wohl nachträgliche Erklärung des Sachverhalts, daß sie ausblieben, obgleich er als frommer König galt.

Die Aktivitäten des Dragutin-Bruders Stefan II. Uroš Milutin (* um 1254, regierte 1282–1321) lassen sich am ehesten an der väterlichen und seiner eigenen ausgreifenden Ehepolitik ablesen: Zwar nach Verlobung von 1268/69 mit der Palaiologin Anna in Wirklichkeit zuerst mit einer wohl einheimischen Adligen verheiratet, war seine zweite Ehefrau eine Tochter Johanns I. Angelos von Thessalien, gefolgt von der Arpadin Elisabeth, 1284 von der bulgarischen Zarentochter Anna und 1299 von Simonis, Tochter des Kaisers Andronikos II. Palaiologos. Deren Alter von knapp sechs Jahren macht deutlich, worum es ging: Byzanz war militärisch gegen die serbische Expansion, für die der König auf den serbischen Adel bauen konnte, hilflos und suchte diplomatisch die Situation zu retten. Da Stefan Uroš II. Milutin auch als Gründer von rund 40 Kirchen dastand sowie Königs- und Erzbischofsviten parallel stilisieren ließ, anderseits inmitten von Thronwirren als schwerkranker König starb, wurde er – auch ohne vorherigen Klostereintritt – bald als heiliger König verehrt.

Mitregierung eines Landtags (*saborod*), einer Versammlung (*zbor*, auch *sabranje* oder *sanam*) oder eines *consilium* oder einer *synodus* ging auf Heertage schon der vornemanjidischen Zeit zurück. Beteiligt waren Adel und Klerus, wobei der König die weltlichen, der Erzbischof und seit 1346 Patriarch die Kirchenvertreter lud. Entsprechend erstreckten sich Zuständigkeiten von der Herrschernachfolge über Legislative und Besitzsicherung bis zur Wendung gegen Häretiker sowie zur serbischen Erzbischofs- und dann Patriarchenerhebung. Von ausgesprochenen oder gar gewählten Städtevertretern ist nicht die Rede.

Noch begrenzter und geradezu auf eine Gesamtheit nur der Barone (*università dei baroni*) eingeschränkt wirkt der bosnische Landtag (*stanak*) oder die so genannte Versammlung (*zbor*), auch *universale colloquium* oder *consiglio, concilio, università* oder *collegio* genannt. Wenn auch erst seit dem Ende des 14. Jahrhunderts bezeugt, scheint der Kompetenzenbereich doch dem serbischen ähnlich gewesen zu sein. Kirchenvertreter dürften hier insofern keine Rolle gespielt haben, als die Bedeutung des bogomilischen Dualismus seit spätestens 1221 mit Verdrängung der ka-

Karte 6: Balkan-Halbinsel und Ungarn.

tholischen Bischöfe nach Djakovo in Slavonien und Korčula auf die gleichnamige Insel das Heraushalten kirchlicher Konfessionsstreitigkeiten empfahl, anderseits die enge Zusammenarbeit zwischen Bogomilen und Adel beiden Vorteile garantierte; von einem irgendwie gearteten dritten Stand hört man nichts. Ohnehin war sogar Nord-Bosnien – wie bereits im Zusammenhang mit dem serbischen Ex-König Stefan Dragutin erwähnt – und nicht nur Slavonien den Bosniern verlorengegangen, und die einheimischen Kotromanići beherrschten nur noch den Süden.

Bosniens Oligarchenzeit um 1300

Der kroatische Banus Paulus I. Šubić von Bribir war es, der seit 1299 die Einbeziehung zunächst der westlichen, dann auch der zentralen Gebiete Bosniens in seinen Herrschaftsbereich betrieb. Zwar fiel sein Bruder Mladen I. 1304 im Kampf gegen die von kroatischer Seite so genannten Ketzer; aber schon um 1305 war der Paulus-Sohn Mladen II. praktisch Herr Bosniens, später auch Kroatiens, so daß beim Tod des Kotromaniden Stjepan I. um 1310 dessen serbische Witwe außer Landes ging und in Dubrovnik samt ihren Söhnen Aufnahme fand.

Das mittelalterliche Dubrovnik – bei dem zeitgenössischen Namen „Ragusa" besteht die Gefahr, daß Verwechslung mit dem zeitgenössischen Ragusa in Südost-Sizilien eintritt – war seit spätestens dem 12. Jahrhundert eine dynamisch aufsteigende Kommune, die sich besonders als Vermittlerin zwischen dem Mittelmeergebiet einschließlich des späteren Levantehandels und der Balkan-Halbinsel einen Namen machte. Die reich ausdifferenzierte Stadtverfassung sollte bis 1808 Geltung haben – also bis zum Ende der Republik, als Napoleon seinen verdienten Marschall und Dalmatien-Gouverneur Viesse de Marmont zum Herzog von Ragusa ernannte. Das ältesterhaltene Stadt-Statut von Dubrovnik datiert von 1272, und parallel dazu wurde die Vorstadt unterhalb des halbinsularen Sergius-Bergs ummauert, um deren Bürger vollberechtigt miteinzubeziehen.

Seit 1205 unter venezianischer Oberhoheit, hatte Dubrovnik schon Erfahrung mit verschiedenen und gleichzeitig auch möglichst fernen Oberherren, ohne seine Selbständigkeit aufzugeben. Wenn der Terminus „Republik Ragusa" auch erst seit 1441 datiert, so hatte sich deren Existenz doch schon lange angebahnt. Die Ausgliederung aus der Kirchenprovinz Split zugunsten eines eigenen Erzbistums von 998 wurde trotz wechselnder und schrumpfender Zahl der Suffraganbistümer behauptet. Gegen Ende der byzantinischen Oberherrschaft war bereits mit den normannisch-sizilischen Königen 1172/86 bis 1192 ein weiterer ferner Oberherr akzeptiert worden. Venedigs Quasi-Zuständigkeit endete 1358 zugunsten der formalen Zugehörigkeit zum ungarisch-kroatischen Herrschaftsbereich bis 1526, wobei seit 1458 auch Tribut an den Sultan floß.

Etwas anders gelagert war der Tribut an die slavischen Fürsten von Hum und Travunien, den Kaiser Michael II. zur Erlangung von landwirtschaftlichen Kultivierungsrechten den Dubrovnikern erlaubt hatte. Dadurch wird man aufmerksam auf die geringen Ackerbaumöglichkeiten in der und unmittelbar um die Stadt. Entsprechend hat Dubrovnik vom 13. bis 15. Jahrhundert einen schmalen Küstenstreifen gleichsam territorialisiert, der von der Halbinsel Pelješac-Sabbioncello bis zur Bucht von Kotor-Cattaro reichte. Gleichwohl lag Dubrovniks Stärke im Handel, und hier ist von 1186 bis in den Anfang des 13. Jahrhunderts allein schon die Serie der Handelsverträge von Serbien bis Pisa und von Fano bis Monopoli ein sprechendes Zeugnis. Nach 1204 kam wachsendes Handelsvolumen mit anderen Städten Dalmatiens und auch mit der Oberherrin Venedig hinzu. Anderseits wurde in Serbien mit dem Anwerben der *Sassi* unter König Stefan I. Uroš spätestens 1254 die Erzförderung attraktiv, die seit dem 14. Jahrhundert auch in Bosnien von sich Reden machte. Zwar mag die größte wirtschaftliche Blüte erst in die Zeit der Königin der Adria um 1500 gehören, und auch die Blütezeit der Dubrovniker Malerschule gehört eher in diese Zeit als in diejenige der Anfänge nach 1335. Aber die Vordatierung des kroatischen oder gar südslavischen Athen vom 16./17. ins 14. bis 17. Jahrhundert hat gute Gründe und sogar Vorboten: Bis 1335 arbeitete der Florentiner Lorenzo di Michele im Saal des Kleinen Rats; aber schon in die zweite Hälfte des 13. Jahrhunderts gehört eine Madonna mit Kind, die ein toskanischer Meister zu Ragusa in byzantinischem Stil gemalt hatte.

Die Signale aus dem mächtigen Exil der Kotromaniden-Witwe wurden verstanden: 1314 söhnten sich deren Sohn Stjepan II. und die Bribirer dergestalt aus, daß diese als Oberherren akzeptiert wurden. 1322 wandte sich Stjepan II. dem ungarischen Anjou-König Karl Robert zu – mit geradezu schlagartigem Erfolg; denn schon um 1324 brachte er Ozora und Só und damit die Save-Grenze an Bosnien zurück. Im Bunde mit Dubrovnik schaltete er 1326 die serbische Familie Branivojevići am Unterlauf der Neretva-Narenta aus. Diese später so genannte Herzegowina ist denn auch tatsächlich aus dem bosnischen Länderbereich erwachsen und erhielt ihren Namen von einem eben Hum und Travunien zusammenfassenden bosnischen *herceg* (*dux*) aus dem zweiten Drittel des 15. Jahrhunderts. Der Name „Herzegowina" hat sich allerdings erst in der Osmanenzeit durchgesetzt, und für das Mittelalter wird stattdessen auf *ducatus sancti Sabbe* bzw. *ducato di san Saba* verwiesen, was mit der auf den ersten Blick wenig einleuchtenden Sava-Verehrung ausgerechnet bosnischer Herrscher zusammengesehen wird.

Zum Kotromaniden-Aufstieg in Bosnien und Serbien und zum zwei- bis dreigegliederten Kroatien bis um 1300

Die Ausbildung einer quasi-eigenständigen Herzegowina im Rahmen des bosnischen Herrschaftsgebiets kann auch unter den Namen *ducatus sancti Sabbe* und *ducato di san Saba* noch nicht für die Zeit um 1300 in Anspruch genommen werden. Ohnehin ist die Sava-Verehrung kaum originär bosnisch: Am 14. Januar 1236 in Tŭrnovo gestorben und noch in diesem Jahr oder jahrs darauf nach Serbien überführt, war Sava I. in dem demonstrativ nemanjidischen Kloster Mileševa und nicht in seinem Erzbischofssitz Zica, 120 km südlich Belgrads, niedergelegt worden. Es ging für Stefan Nemanjas jüngsten Sohn, der über die Athosklöster Karriere gemacht hatte, anscheinend nicht um individuelle, sondern um nemanjidische Heiligkeit. Sie sollte ihn neben seinem Vater, dessen Mönchsname Simon gewesen war, zur Wertung als serbischen Nationalheiligen führen. Parallel führt die Tatsache, daß Hum und Travunien seit ca. 1185 serbisch regiert wurden, auch nicht zu der speziell bosnischen Sava-Verehrung. Sie ist denn auch tatsächlich erst seit dem Kotromaniden Tvrtko I. quasi-bosnisch zu fassen, und zwar im Zusammenhang mit seiner ersten bosnischen und dann auch intendiert bosnisch-serbischen Königserhebung wohl zu Mileševa 1377. Für die von ihm angestrebte „doppelte Krone" legte er auf seine bosnischen und serbischen Ahnen Wert und betonte gerade auch seine Nemanjiden-Verbindung. Für die Zeit um 1300 ergibt sich immerhin in der Rückschau, daß damals die geblütsrechtliche Verwurzelung mit der Bosnien-Herrschaft eingetreten sein dürfte. Denn obgleich Bani beziehungsweise Könige durch den Landtag gewählt wurden, waren Kotromaniden alleinige Kandidaten. Es kennzeichnet ihre Ansprüche und ihr Ansehen, daß sie schließlich 1403 als *segnori* [!] *ab antiquo* und 1430 ihr Spitzenahn als *Cotromanno Goto* oder *Tedesco* eingeordnet wurden.

Für Bosniens westlichen und nördlichen Nachbarn Kroatien ist die Personalunion mit dem Königreich Ungarn seit ca. 1100 zu konstatieren, allerdings früh als eine solche mit dem *regnum Croatie, Dalmatie et Sclavonie.* Diese Dreiteilung wurde zunächst verwischt durch den für Slavonien, Kroatien und Dalmatien gemeinsamen Banus (auch *dux* oder Königsstellvertreter) und vor allem durch den gemeinsamen Landtag. Aber der Reichtum und die Wichtigkeit dieser Länder für Ungarn führten nicht nur zur wiederholten Vergabe an eine ungarische Sekundogenitur mit Sitz in Agram – slavisch „Zagreb" heißt ebenfalls „am Graben, am Erdwall" –, sondern auch zu wiederholter Aufgliederung in zwei Bereiche des 13. Jahrhunderts parallel zum Zusammentreten eines eigenen slavonischen Landtags, erstmals 1273 zu Agram. Dessen Lage auf zwei Hügeln vor dem Medvednica-Waldgebirge nur drei Kilometer nördlich der Save ermöglichte das Übergreifen über die an sich so suggestive Save-Grenze nach Süden, und tatsächlich verläuft denn auch weiter südlich jene Orientierungsgrenze am Gvozd, auf die sich ebenfalls schon im 13. Jahrhundert eine verwaltungsmäßige Zweiteilung Kroatiens unter je eigenen Bani bezieht. Wenn gleichwohl durch die moderne Forschung Landeseinheit unterstellt wird, dann ist einschränkend festzuhalten, wie selten der übergreifende Dukat tatsächlich besetzt war, wohl gerade deshalb, weil er sich vorzüglich für ungarische Sekundogenituren eignete. Einen gemeinsamen Banus für Slavonien, Kroatien und Dalmatien sollte es erst seit 1476 geben.

Fehlende Landeseinheit und seltene Königsanwesenheit stempeln die Zeit um 1300 als diejenige der großen Magnatenfamilien. Für Slavonien mögen die Babonići stehen, während weiter südlich die Šubići agierten, deren ursprünglicher Sitz Bribir im Hinterland von Šibenik und Split lag. In der historischen Reihenfolge Šibenik-Sebenico, Split-Spalato, Trogir-Trau und Zadar-Zara wurden hier, zum Teil nur kurz, die Šubići von Bribir zu Herren. Der entsprechende Aufstieg Paulus' I. vollzog sich über den Komitat zu Split und Trogir von 1273 zum weitgehend unabhängigen Banus für Kroatien von 1278. Dazu gehört auch die Einrichtung eines neuen Bistums in Šibenik unter Bribirer Förderung von 1298. Der hier bereits aktive Paulus-Sohn Mladen II. hieß noch vor des Vaters Tod von 1312 „Häuptling der Kroaten und Bosniens sowie Oberherr des Landes Hum" (*Croatorum et Bosne banus terreque Hum dominus generalis*); mit letzterem – slavisch *hum* bedeutet „Hügel“ – war Land zwischen Dubrovnik und der Neretva gemeint, übrigens benannt nach der Hügel-Burg Blagaj südöstlich des anscheinend erst von Türken gegründeten Mostar. Und zu Hum pflegte auch das Insel-Bistum Korčula-Curzola zu zählen.

Zadar und weitere dalmatinische Städte im Kräftespiel in und um Kroatien

Zurückgewiesen wurde der Bribirer Ausgriff auf Zadar (italienisch Zara), den Paulus I. und Mladen II. zunächst erfolgreich 1311–13 unternahmen. Daß hier die Land- und Seestreitkräfte der Šubići von Bribir gegen die Venezianer nicht ausreichten, hatte wegen der besonderen Bedeutung von Zadar weitreichende Folgen. Zunächst war Zadar wegen seines relativ großen Territoriums aus wirtschaftlich nutzbaren Inseln und entsprechendem Festlandgebiet krisenfester als andere und womöglich reine Seestädte. Gerade 1305 wurde das ältesterhaltene Stadtrecht redigiert: Frucht einer siedlungsmäßigen und multifunktionalen Kontinuität, die auch durch den Wechsel von Oberherren nicht vernichtend beeinträchtigt worden war.

Als Zadar sich seit 1311 den Šubići von Bribir unterzuordnen schien, konnte es bereits auf eine recht wechselvolle Oberherren-Geschichte zurückschauen. Da durch Slavensiedlung und Avarenzüge verschont, war aus der römischen *Colonia Iulia Iadera* der natürliche Hauptort des byzantinischen Dalmatien geworden. Unterbrechungen gab es für dieses *Iader* um 805 zugunsten karolingischer, 1000 zugunsten venezianischer und 1058/74 zugunsten königlich-kroatischer Oberhoheit. Seit 1105 machte der Arpadenkönig Koloman der byzantinischen Herrschaft über Zadar endgültig ein Ende, und seit 1116 wechselten Venedig und Ungarn-Kroatien sich als Oberherren über Zadar ab, und zwar einschließlich des dortigen Erzbistums von 1154 und für das venezianische Dalmatien. Schon seit Koloman 1105 und besonders seit Béla IV. 1242–47 waren Ungarnkönige deshalb besonders willkommene Oberherren, weil sie die durch die Forschung so genannten Trogirer Privilegien beschworen: Die in den Städten frei gewählten Bischöfe brauchten nur durch den König bestätigt zu werden; altes einheimisches Recht war weiterhin in Geltung, und auch der Stadtgraf war in den Städten zu wählen. Da bedeutete der Unterwerfungsvertrag der Stadt Zadar unter Venedig von 1205 im Gefolge der Eroberung durch die Kreuzfahrer von 1202 samt der Fixierung auf Erzbischof und Graf (*comes*) aus Venedig eine deutliche Knebelung, zumal wirtschaftlich eine gewisse Blüte an Sachverhalten wie Bosnienhandel und Nutzung von Pag durch Zadar abgelesen werden kann. Von dieser Insel waren neben Meersalz wohl auch schon Wein und Oliven, Schafe und Fische zu gewinnen. Doch die Forschung rechnet – und das ist einschränkend festzuhalten – mit Zadars Hochblüte in Wirtschaft und Kunsthandwerk erst für die Zeit nach dem ausdrücklich so genannten Frieden von Zadar 1358: Nach militärischer Einschnürung auf der Terra ferma durch Ungarn und Verbündete mußte Venedig verzichten auf Herrschaft und Besitz zwischen Kvarner und Durrës, auf dortige Hafenbenutzung und sogar auf

„Herzog Dalmatiens und Kroatiens“ (*dux Dalmatiae et Croatiae*) im Dogentitel. Doch seit 1313 verlief die Entwicklung zunächst völlig anders: Von Mladen II. fielen ab und gingen zu Venedig über: 1322 Šibenik und Trogir, 1327 Split und 1329 Nin. Angesichts zusätzlichen Drucks der Kotromaniden aus Bosnien wurden die Bribirer auf lokale Bedeutung reduziert.

Politische Mitwirkung auf Landtagen in Kroatien und seit Agram 1273 in Slavonien lag vornehmlich bei Magnaten. Aber in Dalmatiens Städten waren neben Adligen (*nobiles*), die vielfach den sogenannten geschlossenen Rat beherrschten, bereits „Volksverbundene“ (*populares*) einflußreich und auch aufstiegsfähig. Zwar verfügten *nobiles* über bis zu 88 % des Grundbesitzes; aber trotz Tagelöhnerei gab es keine Aufstände der Bearbeiter in Weinbergen und Olivenhainen, und sogar der Konflikt zwischen *nobiles* und *populares* in Zadar 1345/46 scheint außenpolitisch zumindest mitbestimmt gewesen zu sein, da Zadar gleichzeitig eine seiner schwersten Belagerungen durch die Venezianer auszuhalten hatte. So wie Zadars Schuhmacher seit dem 13. Jahrhundert dürften auch Handwerker wie Müller, Bäcker und Fischer bruderschaftlich organisiert gewesen sein, und über den Lokalmarkt hinaus wiesen immerhin Kürschner in Trogir und Split sowie Goldschmiede in Zadar. Die Meisterbetriebe blieben klein; sie wiesen selten mehr als einen Lehrling auf, so daß sich der wirtschaftliche Gewinn ungefähr gleichmäßig verteilt haben dürfte.

Die überlokale Magnatenherrschaft wurde erst durch die Durchsetzung des Ungarnkönigs Karl Robert, des „Caroberto“ der italienischen Autoren, 1323 begrenzt, parallel zur Verlegung der Anjou-Residenz von Temeschburg auf die Plintenburg. Es hat auf den ersten Blick also manches für sich, wenn Slavoniens und Kroatiens rechtliches Ständewesen mit demjenigen Ungarns parallelisiert wird. Die Anjou-Herrschaft hatte sich hier allerdings viel früher angebahnt: Der Arpadenkönig Stephan V. hatte trotz seiner kurzen Alleinherrschaft 1270–1272 die entscheidenden Weichen gestellt, als er aus der Kumanenbindung seines Vaters zur Doppelbindung an die Anjous von Neapel fand: Seinen Sohn Ladislaus IV., der ihm tatsächlich 1272–1290 in Ungarn nachfolgen sollte, verheiratete er mit König Karls I. Tochter Isabella-Elisabeth; seine Tochter Marie gab er Karl II., dem späteren Anjou-König von Neapel, in die Ehe, in welcher schon 1271 Karl I. Martell geboren wurde, und dessen ungarisches Erbe wurde seit 1300 für „Caroberto“ beansprucht und seit ca. 1308 durchgesetzt.

Ungarns Zentralgewalt und die Magnaten 1272–1308

Anscheinend besonders während der Amtszeit König Ladislaus' IV., des Kumanen, wurde der Charakter der ungarischen Geschichte um 1300 deutlich: Da er erst 1262 geboren war, hat beim Tod des Vaters Stephan V. die kumanische Mutter Elisabeth für Ladislaus IV. die Geschäfte geführt, bis eine Reichsversammlung 1277 den formal schon amtierenden König für volljährig erklärte. Königin-Mutter Elisabeths Siegeltitel „Königin von Ungarn, Tochter des Kaisers der Kumanen“ läßt den Anspruch erkennen, mit der schon 1270 verstorbenen Schwiegermutter Maria Laskaris gleichzuziehen, obgleich doch lediglich das Rumpfkaisertum von Nikaia im Hintergrund der Gattin Bélas IV. gestanden hatte. Die demonstrative Hinwendung zu den Kumanen mochte dem jungen Ungarnkönig zunächst schlagkräftige Reiterkrieger zuführen, so daß er zu den Siegern der Schlacht von Dürnkrut an der Seite Römerkönig Rudolfs I. von Habsburg 1278 gehörte.

Aber von kirchlicher Seite wurde schnellste Bekehrung der Kumanen zur Bedingung gemacht, und als Ladislaus IV. einem entsprechenden Eid von 1279 nicht so recht nachzukommen schien, verfiel er der Exkommunikation durch den päpstlichen Legaten Philipp von Fermo. Der König schadete seinem eigenen Ansehen, als er diesen hochrangierenden Kirchenmann den Kumanen auslieferte, die Gattin aus dem Hause Anjou-Neapel ins Kloster drängte und den Erzbischof des traditionsgeheiligten Stephan-Sitzes Gran zumindest verbal mit dem Tatarensäbel bedrohte. Dadurch hatte er bei den Großen des Landes Kredit verspielt. Indem sie ihn zeitweise gefangensetzten, erzwangen sie die Auslieferung des Legaten und eine Änderung der königlichen Politik: 1280–82 mußte König Ladislaus IV. einen Kumanenaufstand niederwerfen. Immerhin wehrte er 1285 den zweiten Tatareneinfall nach Ungarn ab.

Kredit brachte ihm das gleichwohl nicht ein: Die übermächtigen Güssinger – ursprünglich um Güns-Köszeg ansässig – brachten ihm eine schwere Niederlage bei, ohne daß weitere Magnaten wie die Csák und Aba dem König beisprangen. Anarchie war die Folge, und als auch eine breiter fundierte Reichsversammlung von 1289 den König nicht auf Dauer stützte, nahm das Kumanentum Ladislaus' IV. geradezu pathologische Züge an. Erneute Exkommunikation und Ermordung im Kumanenlager durch eigene Gefolgsleute – eventuell auf ungarisches Betreiben hin – war die Folge.

Auf die Nachricht hin präsentierte von Neapel aus die Ladislaus-Schwester Marie ihren Sohn Karl I. Martell als Kandidaten fürs ungarische Königtum. Doch ehe dies reifen konnte, war bereits Andreas III., der Venezianer, 1290 zu Stuhlweißenburg-Székesfehérvár und nur drei Tage nach der Ladislaus-Ermordung geweiht worden. 1291 nahm der neue König, 1265/70 in Venedig als Enkel des berühmten Ungarnkönigs Andreas II. geboren, gar den Habsburgern im Frieden von Hainburg und Preßburg jüngst besetzte ungarische Grenzburgen im Westen wieder ab. Im Südwesten wahrte die Königsmutter Tomasina Morosini den Reichsbestand gegen die Anjous.

Doch deren Stunde schlug, als Andreas III. schon 1301 starb und nur eine Tochter von seiner ersten Gattin Fennena von Kujawien hinterließ. Die verfassungsgeschichtliche Feststellung, Ungarn sei jetzt Wahlmonarchie mit starker dynastischer Bindung geworden, kann sich gleich an dem ungarischen Kurzkönigtum des Přemysliden Wenzel III. von Böhmen orientieren. Denn er wurde gewählt und geweiht, weil er Enkel einer Béla-Enkelin und mit jener Fennena-Tochter Elisabeth verlobt war, und zwar als Ladislaus V. Doch spätestens nach Wenzels II. Tod vom 21. Juni 1305 kehrte er sich von der Ungarnpolitik ab, heiratete Viola von Teschen schon am 5. Oktober 1305 und wandte sich nach Polen. Doch auf dem Zug nach Krakau wurde er in Olmütz von eigenen Leuten ermordet.

Vorher hatte er bereits seine ungarischen Rechte an Herzog Otto III. von Niederbaiern abgetreten, und so ist verständlich, daß als Ladislaus V. heute nur noch jener Postumus geführt wird, der 1440–57 lebte und schon in seinen Anfängen durch die Denkwürdigkeiten der Helene Kottaner für die Zeit seit 1439 bekannt geworden ist. Die verschmähte Braut Elisabeth von Ungarn starb zwar erst 1336 oder 1338, aber im Dominikanerinnen-Kloster Töss und als schließlich selbst heiligmäßig verehrte Verehrerin ihrer Großtante Elisabeth von Thüringen. Es wird der Heiligkeit der Elisabeth von Ungarn zugutegekommen sein, daß sie unter der Leitung ihrer Stiefmutter Agnes von Österreich gleichsam aus dem diplomatischen Verkehr gezogen wurde – von der Andreas-Witwe Agnes, einer Tochter Römerkönig Albrechts I., ist bekannt, daß sie bei ihrer Mitgründung Königsfelden einen Hof zugunsten Habsburgischer Belange unterhielt.

Ähnlich ephemer wie das přemyslidische wirkt das wittelsbachische Königtum Ottos III. von Niederbaiern in Ungarn: Durch seine Mutter Elisabeth zwar Enkel jenes oft genannten Ungarn-Königs Béla IV. und durch den Verzicht Wenzels III. von 1304 oder 1305 gestützt, wurde er zwar in Stuhlweißenburg als Béla V. geweiht, hatte aber anscheinend den wachsenden Anhang für die Anjous im Lande unterschätzt. Als er sich schließlich aus Magnatenhand nur noch mittels hohem Lösegeld freikaufen konnte, verließ er 1307/08 Ungarn für immer und konnte seiner dort aufgehäuften Schulden auch durch einen quasi-erfolgreichen Kriegszug gegen die Habsburger nicht Herr werden: 1311 mußte er seinen heimischen Prälaten und Landherren in der später so genannten Ottonischen Handfeste die niedere Gerichtsbarkeit in geschlossenen Hofmarken auf Dauer zugestehen, ebenso das Einigungsrecht dem Adel, wenn dieser herzoglichen Übergriffen wehren wollte. Die Ottonische Handfeste galt somit später als niederbaierisches Landesgrundgesetz.

König Karl Robert und das Land Ungarn

Karl I. oder II. Robert, 1288 in Neapel geboren, war 1301 durch den Elekten von Gran, also den zukünftigen *primas Hungariae*, in dessen Kathedrale geweiht worden, ohne daß die Stephanskrone schon zur Verfügung gestanden hätte. Diesen Irregularitäten entwuchs das Anjou-Königtum erst, als mit dem Rückzug Otto-Bélas V. das machtvolle Auftreten des päpstlichen Legaten Gentile de Montefiori 1307–10 parallelging. Bereits 1307 (oder erst 1308?) fand Karl Robert auf dem Rákosfeld zu Pest weitgehende Anerkennung, zwei sogenannte Krönungen schlossen sich 1309 und 1310 an, wobei erst die letzte in Stuhlweißenburg und mit der Stephanskrone stattfand. Karl Roberts Schlachtensiege gipfelten zunächst in demjenigen von 1312 bei Rozgony unweit Kaschaus, angeblich über Amadeus Aba. Jedenfalls mitbetroffen war auch der Aba-Bündner Matthäus III. Csák, der seit 1301 wohl von Trentschin aus als Herr über rund 30 Burgen Nordwest-Ungarn beherrschte, und zwar einschließlich der Plintenburg-Viscgrád, wo der Gespan zugunsten der jeweiligen Ungarn-Königin in den Hintergrund getreten war. Doch Karl Robert war seit 1306 bereits verheiratet: ausgerechnet mit einer Tochter Herzog Kasimirs II. von Beuthen, das gleichsam im Rücken des mächtigen Magnaten lag.

Gleichwohl stieß Karl Robert 1312 nicht in die heutige Slowakei nach, und auch sein nächster Schlachtensieg wies eher in den Nordosten: 1316 schlug er Jakob Borsa bei Debreczin, anderseits erstmals auch die Güssinger, gegen die dann aber weitere Feldzüge von 1319 und 1326 nötig wurden. Immerhin erobert der König 1314 oder 1317 die Plintenburg zurück, erreichte seine Durchsetzung in Nordwest-Ungarn aber erst nach dem Ableben Matthäus' des III. Csák 1321 ohne Manneserben. 1323 zog der König nicht nur seinen Hof, sondern auch die obersten Richter des Landes, nämlich Palatin und *curialis comes/iudex curiae regiae* nach Plintenburg.

Derlei Zentralisierungspolitik ging parallel mit einer Diskontinuierung von Reichs- oder Landtagen: nach 1312 und 1318 fanden die nächsten erst 1351, 1382, 1383 usf. statt, und selbst Königsstädte waren erst seit Mitte des 15. Jahrhunderts vertreten, wie die ungarische Forschung unmißverständlich festgehalten hat. Von dem sozialgeschichtlichen Quartett, in dem „Könige, Adlige, Bischöfe und Bürger" gesehen werden,[57] bleibt somit nur ein Trio und unter Adelsgesichtspunkten sogar nur das Duo „König – Adel" übrig.

Dafür war in den hochmittelalterlichen Gerichtstagen des Königs mit Petitionsrecht des Adels der Grund gelegt worden, und die Goldene Bulle des Ungarnkönigs Andreas II. von 1222 hatte sogar eine Fixierung auf den Stephanstag und den Tagungsort Stuhlweißenburg vorgesehen. Da aber gleichzeitig auch auf die Mitregierung von magnatenbesetztem „Königssenat" (*regalis senatus*) oder „Königsrat" (*regale consilium*) aus der *curia* Wert gelegt wurde, sprach nicht nur die unrealistische räumliche und zeitliche Fixierung angesichts eines umherziehenden Königshofs gegen Perpetuierung; die Magnaten nämlich sahen ihre Interessen wiederholt im Königsrat am besten vertreten. Immerhin war seit 1267 die Einplanung des Komitatsadels möglich, und nach Versammlungen von 1277 und 1289 hat König Andreas III., der Venezianer, schon 1290 kontrollierenden Konstitutionalismus ähnlich einem Weg zum Ständestaat anvisiert. Der Kleinadel besuchte auch seine *parlamenta* von 1291 und 1298. Der Klerus war ohnehin seit 1223, die großen Adligen (*barones*) in Königsurkunden seit 1250 und der Adel in weiterem Verständnis (*nobiles*) seit 1267 separat begriffen worden. Die Weiterentwicklung zum rein adlig repräsentierten Land seit dem 15. Jahrhundert, wo Städte ohnehin nur in Thronkämpfen reüssierten, war somit um 1300 noch nicht vorgeprägt.

Das scheint auch für die Städte zu gelten. Ohnehin bildete die Zahl von rund 30 *civitates* und 5–600 *oppida* ein Arsenal, dem man nicht nur wirtschaftliche Bedeutung zutrauen möchte. Genaueres für die Zeit um 1300 weiß man von Ofen. Antipäpstlich konnte man hier die Politik des letzten männlichen Arpaden im Mannesstamm weiterführen, zumal dieser 1301 nicht nur am Ort gestorben, sondern auch begraben worden war – ähnlich außerhalb Stuhlweißenburgs wie Ladislaus der Kumane in Tschanad, Stephan V. auf Csepel beziehungsweise in Ofen und Béla IV. in Gran.

Stadtbürger im Ungarn-Reich um 1300

Wenn man sich in Ofen an der Politik des letzten Arpaden-Königs orientierte, dann konnte nicht zuletzt die feste Wahrung des ungarischen Südwestens durch die Königsmutter Tomasina Morosini gegen die Anjous im Hintergrund gesehen werden. In Ofen wagte man sogar ein kleines Schisma, als Truppen Karl Roberts vor die Stadt rückten und in ihrer Mitte Legat Nikolaus Boccasino die Bürger exkommunizierte – ein immerhin gesamtkirchlich oder doch kurial so angesehener Mann, daß er 1303–04 unter dem Namen Benedikt XI. Nachfolger Papst Bonifaz' VIII. werden sollte. In Ofen jedoch schritt eine sogenannte Synode zum Gegenangriff einschließlich der Verdammung eben Papst Bonifaz' des VIII., und Karl Robert konnte das nicht Lügen strafen, weil Entsatztruppen Ivans von Güns ihn zur Aufgabe der Belagerung zwangen.

Eine zweite Belagerung dürfte diplomatisch und spätestens 1306 abgewendet worden sein; denn Ofner Gesandte waren 1307 auf dem Rákosfeld ebenso dabei wie 1308 bei einer gemischten Landessynode unter Kardinal Fra Gentile de Montefiori. Seither war von Ofen gar als *sedes regni, que est maxima civitatum* die Rede, und tatsächlich hatte ja auch Ladislaus-Wenzel III. seinerzeit gleich seinen Hof in Ofen eingerichtet. Die Pfalzanlage am Südrand des Burgbergs von Ofen entstand 1330–1352, wurde also noch zur Karl-Robert-Zeit begonnen, ehe der Umzug des Königshofs von Plintenburg Mitte des 14. Jahrhunderts erfolgte. Nicht jedoch mehr in die Amtszeit Karl Roberts fiel die Privilegierung Ofens mit freier Richterwahl, wenn diese erst 1347 erfolgt sein soll. König Karl Roberts Zusammenarbeit mit Ofner Bürgern mochte zunächst fortsetzen, was üblich gewesen war: An der Rumpf-Versammlung zugunsten des Wittelsbachers Otto III. vor dessen Königsweihe hatten wahrscheinlich Gesandte nicht nur der Graner und Stuhlweißenburger, sondern auch der Ofner Bürger teilgenommen. Karl Roberts sogenannte zweite Krönung war vorbereitet worden durch Ableistung des Krönungseids auch vor Ofner Bürgern, aber auch vor Bauern.

So ist am eindrucksvollsten das Beispiel der Weinstadt Kaschau, an dem man eine Option für den Anjou-König und entsprechend handfeste Unterstützung durch Bürger ablesen kann. Nach dem Mongolensturm von 1241/42 durch sächsische *hospites* vor 1249 wiederaufgebaut, war parallel zur Haupterwerbsquelle Wein der Handel zum Motor für städtische Ausprägung geworden, zumal die Deutschen hinsichtlich von Zehntleistung und Gerichtsstand von Anfang an privilegiert waren. Um 1257 trat ein eigener Pfarrer auf; schon vor 1283 bestand ein Bürgerspital; 1290 wurden hier königliche Münzen geprägt -und der Pfarrer aus der Zuständigkeit des Archidiakons eximiert, 1293 sogar mit allen Zehnten ausgestattet. Seit 1303 gab es hier ein Dominikanerkloster.

Als nach 1300 die Magnaten-Familie Aba die Herrschaft auch über die Stadt übernahm, war dem Familienoberhaupt Amadeus Aba klar, daß die Bürger nur nach Kampf auf ihre erworbenen Freiheiten verzichten würden, selbst wenn die Bürgerschaft in ihrer Stellungnahme gespalten war. Sein Streben nach persönlichem Ausgleich wurde durch die Ungeduld seiner Söhne wirkungslos, und als der bewaffnete Kampf ausbrach, fiel 1311 der alte Palatin, und seine Söhne gerieten in Bürgergewahrsam – ob alle sechs, bleibt offen.

Die mögliche Position des Anjou-Königs über den Parteien wurde durch die Prälatengesandtschaft, die er zur Vermittlung abordnete, verspielt: Die sechs Amadeus-Söhne gestanden zwar den Verzicht auf territoriale Gewalt samt Kaschaus Freiheit zu, standen aber seit März 1312 wieder im Felde. Sie scheiterten vor Sárospatak, konnten gleichwohl auf Burg Sáros nicht zerniert werden, da Truppen des Matthäus Czák und der Abas sie entsetzten. Gemeinsam schritten die Aufständischen zur Belagerung Kaschaus, und die hatte ein spektakuläres Ende, als König Karl Robert bei Rozgony unter Kaschauer Beteiligung am 15. Juni 1312 seinen militärischen Sieg erfocht.

Auffälligerweise zeichneten sich Belohnungen der Kaschauer erst seit Zollprivilegien von 1319 ab – bis hin zur Angleichung ans Ofner Recht 1347, also wiederum schon nach der Regierungszeit König Karl Roberts. Das Ofner Recht, wohl erst 1405/21 privat und in deutscher Sprache aufgezeichnet, war gleichwohl seit der Goldbulle Bélas IV. von 1244 für „die Königsgäste in Pest" (*hospites de Pesth*) ausgebildet worden, die vor einer erneuten Mongolen-Bedrohung 1247 auf Veranlassung des Königs auf den Ofner Burgberg auswichen. Ihnen stand vor Augen, was 1241 mit der „großen und sehr reichen deutschen Siedlung" (*magna et ditissima villa Theutonica*) beiderseits der Donau vernichtend geschehen war, anderseits wurde beim Stadtsiegel Wert auf eine Fassung mit Umschrift „Siegel des neuen festen Lagers zu Pest" (*Sigillum novi castri Pestensis*) von 1234/5 gelegt. Schon 1263 wurde Ofner Recht weiterverliehen – ob aber mit Richterwahl? Bei der Aufzeichnung von 1405/21 war die Regelung der freien Richterwahl durch die Gemeinde ein Angelpunkt; von Ofen wird jedoch behauptet, daß es keine freie Richterwahl während der Arpadenzeit, also bis 1301, habe ausbilden können und tatsächlich einem „Leiter" (*rector*) unterworfen gewesen sei, den der König ernannte – ob auch Richter dem *rector* unterstanden? Die späteren Verhältnisse unter stets deutschem Richter und mit einigen ungarischen Schöffen lassen sich jedenfalls nicht für die Zeit um 1300 erschließen.

Zur ersten Gruppe königlich-ungarischer Städte

Wissens- und Überlieferungslücken fürs Ofner Recht lassen sich vorsichtig über die Tavernikalgerichtsbarkeit auffüllen. Der ungarische *tavernicus* oder *magister tavernicorum regalium* einer Urkunde von 1308 war für Ereignisse von 1241/42 mit dem *camerarius* gleichgesetzt worden: dies anscheinend vor der Ausbildung eines separaten Schatzmeisteramts. Der Tarnackmeister, wie er deutsch genannt wird, war der oberste Richter über alle königlichen Freistädte im ungarischen Reich, und da er in weiten Teilen nach Ofner Recht richtete, kann man seine Zuständigkeit seit spätestens 1230 auch für die entsprechende Rechtssphäre der Zeit um 1300 beanspruchen. Daß er – vielleicht erst später – auch Judenrichter war, während der Schatzmeister dann die Judensteuern verwaltete, weist ebenfalls in einen genuin städtischen Bereich. Tavernikalstädte besonderer Bedeutung waren jene sieben, die seit den 1430er Jahren sich selber die Tavernikalgerichtsbarkeit sicherten, und zwar neben Ofen und Kaschau noch Preßburg, Tyrnau, Ödenburg, Preschau und Bartfeld.

Die mittelalterliche Weinstadt Preßburg-Pozsony-Bratislava war nach ihrer Stadtwerdung von 1200/35 zwar durch Mongolen und Přemysliden bis einschließlich 1273 mehrfach geplündert worden, wies aber schon vor der berühmten Privilegierung durch König Andreas den Venezianer 1291 mehrere städtische Elemente auf: Die Bürgergemeine (*universitas civium*) ist seit 1280 belegt, Ratsverfassung spätestens seit 1287, Stadtrichter (*iudex civitatis*) spätestens seit 1288 sowie schon vor 1291 mehrere Stifte, Klöster und Kirchen, ehe das Andreanum bei seiner umfassenden Privilegierung auch die Rechte von Juden mitverzeichnete. Wohntürme am Stadtrand waren noch nicht in die Befestigung von ca. 1300 einbezogen, weil diese zunächst nur den Burgberg und begrenzte Gebiete innerhalb der Mauern (*intra muros*) mitumfaßte. Die Bevölkerung bis ca. 1300 gilt zu 75 % als deutsch, und der Gespan war nur noch Herr über die *platea s. Nicolai* am Süd- und Ostabhang des Burghügels.

Neben Ofen, Kaschau und Preßburg verdient Tyrnau-Nagyszombat-Trnava schon wegen seiner Privilegierung bereits 1238 Beachtung, dann aber auch durch seine Backsteinbefestigung von ca. 1300. Ödenburg-Sopron war typischer Grenzsicherungsmittelpunkt mit Weinbau, aber zusätzlich als königliches Salzdepot spätestens 1225 und sogar mit königlichen Privilegien seit 1277 in zweimaligem 20-Jahre-Rhythmus ausgewiesen. In der ovalen Burgmauer schon des 11. Jahrhunderts lag auch die Synagoge des 13. Jahrhunderts. Nördlich von Kaschau war Preschau-Eperjes-Prešov schon um 1200 durch deutsche Händler an jener alten Handelsstraße vom Balkan zur Ostsee gegründet worden, die durch 24 Handelssiedlungen bekannt wurde. Ihr Stadtrecht von 1299 wurde 1374 noch königlich-ungarisch aufgewertet. Lediglich bei Bartfeld-Bártfa-Bardjejov in der heutigen Ostslowakei ist die verkehrsgünstige Straßensiedlung von Deutschen um 1300 vielleicht noch nicht städtisch gewesen, weil ihr auch eine Zisterze des 13. Jahrhunderts zugeordnet wird... Später jedoch war Bartfeld nicht nur Mittelpunkt eines deutschen Streusiedlungsgebiets, sondern auch wichtiger Handelsplatz zwischen Polen und Ungarn.

Zu den wichtigsten Tavernikalstädten gehörte auch das eben erwähnte Ödenburg. Da es durch König Ladislaus den Kumanen 1277 Stuhlweißenburger Recht erhielt, ist dieser Stadtrechtskreis miteinzubeziehen, zumal das sogenannte Stuhlweißenburger Privileg schon seit 1247 an Szegedin und 1248 an Neutra weiterverliehen wurde. Neben der schon 1165 für Stuhlweißenburg-Székesfehérvár bezeugten landesweiten Zollfreiheit sind als Bestandteile freie Richterwahl, städtische Gerichtsbarkeit, freies Zuzugsrecht und vielleicht auch freie Pfarrerwahl erschlossen worden: alles Elemente, die aus Privilegierungen wallonischer oder deutscher *hospites* bekannt sind und aus ihnen erwachsen waren. Eine Weitergabe garantierte allerdings noch nicht städtische Unabhängigkeit: Neutra (ungarisch Nyitra, slowakisch Nitra) hatte als Grenzland-Mittelpunkt zwar mit Weinbau und Handwerk städtische Züge angenommen und sich durch Béla IV. 1248 privilegieren lassen können, aber Ladislaus der Kumane makulierte dies 40 Jahre später durch Vergabe von Stadt und Burg an den Bischof von Neutra, der auf Stephans- und Gisela-Traditionen in seiner Stadt verweisen konnte.

Zur zweiten Gruppe von Ungarns Königsstädten

Ähnliche Einschränkungen mögen für Ungarns Städtewesen insgesamt gelten, wenn man den ungefähr 30 ummauerten *civitates* die später 5–600 offenen *oppida* gegenüberstellt und diese Unterscheidung schon seit dem 14. Jahrhundert formuliert sieht. Aber streng gehandhabt wurde sie nicht: Sie versagt bei Szegedin an Theiß und Marosch: einer großen Königsstadt auf der Grundlage von Holzflößerei, Salzumschlag und Weinbau, aber schon mit *hospites* nach Stuhlweißenburger Recht von 1247 sowie mit zwei Bettelordenskirchen und zwei Pfarrkirchen bis 1318 beziehungsweise 1332. Zur selben Gruppe der Königsstädte werden Gran und Stuhlweißenburg gezählt. Gran-Esztergom-*Strigonium* entstand im Mittelalter neu auf den Ruinen des römischen Militärlagers *Solvas*, repräsentierte seit dem 11. Jahrhundert aber die ursprüngliche Stephanstradition. In Deutschland sah man hier Attilas ehemalige Hauptstadt, und unter den 20 Vorstädten gab es mit der „Deutschenstadt" (Németváros) und ihrer Ladislaus-Pfarrei seit dem 13. Jahrhundert ein Zentrum, dessen Samstagsmarkt eine schnelle Wiederherstellung nach 1241 und einen Bedeutungsgewinn für die sogenannten Baiern ermöglichte. Dieser ging zu Lasten jener führenden Bewohner aus dem großen Welschen Wik (*magnus vicus Latinorum*), deren Führungsposition noch 1255 im Sekretsiegel der Lateiner der Stadt Gran (*Sigillum Latinorum civitatis Strigonensis secretum*) faßbar war – im Unterschied zu sonst wallonischen *Latini* hier mittels ihres pfarrkirchlichen Ambrosius-Patroziniums auch als Lombarden zu identifizieren. Gegen das Umsiedlungsbegehren König Bélas IV. in die Burg von 1249 hielten die Bürger am Wiederaufbau der Stadt nach dem Mongolensturm von 1241 fest, erfuhren die Ummauerung der königlichen Innenstadt von 32 Hektar einschließlich der Synagoge und mußten doch die Aufwertung der erzbischöflichen Herrschaft zur Verleihung der Gespan-Gewalt 1270 erleben. Wegen Parteinahme für die Anjous wurde der Erzbischof durch König Andreas III. von der Burg und wohl auch der Stadt ferngehalten, und entsprechend waren beide 1301–04 unter König Ladislaus-Wenzel III., die Burg nach dessen Abzug mit Domschatz, in der Hand des Ivan von Güns, der sich auf die Seite des Wittelsbachers Béla-Otto III. stellte. Durch König Karl Robert erobert, wurde die Burg aber erst wieder nach dem Ableben von Matthäus III. Czák 1321 Sitz des Erzbischofs. Das Streben des Domkapitels nach Einkünften und besonderen Zöllen aus der Innenstadt konnten die Bürger 1326 mit Hilfe König Karl Roberts zurückweisen. Doch dem Domkapitel untergeordnet blieben die Vorstädte, zum Beispiel – neben Németváros – das Münzerdorf (*villa monetariorum*) mit zwei eigenen Pfarreien oder die armenische Kaufleutesiedlung Ermen mit einer. Diese Zersplitterung erschwerte eine gemeinsame tatkräftige städtische Politik.

Noch stärker gehemmt wurde diese in dem heute so genannten Stuhlweißenburg-Székesfehérvár-*Alba Regia*. Es mag offen bleiben, ob die mittelalterliche *civitas* an die römische *Herculia* anknüpfte oder lediglich bei dem römischen *Gorsium* lag. Jedenfalls war der Platz westlich des Velencer Sees auf Sumpfinseln und durch Wald geschützt, als schon König Stephan der Heilige im Zuge von Wege-Erschließungen und besonders zugunsten der Straße für Jerusalem-Pilger seit ca. 1018 seine Residenz von Gran nach dem damals so genannten Weißenburg verlegte und hier auch seine Grablege vorbereitete. Seither mit gewissen Einschränkungen Königsresidenz und Königsgrablege, wurden *Latini* um 1160 als *hospites* privilegiert – vom Inhalt des Stuhlweißenburger Privilegs war ja bereits die Rede. Parallel zum Umsiedlungsbegehren König Bélas IV. für Gran wurde in Stuhlweißenburg die Burg geschleift, die Stadt auf deren Areal zentriert und eine neue Burg errichtet.

Wirtschaftlich stand dahinter jener Handel, der mit königlichen Salz- und Münzkammern des 13. Jahrhunderts charakterisiert wird. Doch der anhaltende Zugriff des Königs und der Stiftsherren der Grabkirche St. Marien hinderten die Vermehrung der Bürgerrechte seit 1249, so daß Stuhlweißenburg in dieser Hinsicht hinter jüngeren Städten zurückblieb und lediglich als kultisches Reichszentrum eine Rolle spielte.

Die politisch begrenzte Bedeutung dieser zweiten Gruppe königlicher Städte ist zusammenzusehen mit der Tatsache, daß manches nur *oppidum* genannte Städtchen durchaus ummauert war, zum Beispiel die deutschrechtliche Güssinger-Gründung Güns-Kőszeg, die dann auch formal 1327/29 privilegiert wurde. Anderseits darf bei Ungarns meisten Bischofssitzen Ummauerung unterstellt werden, auch wenn ihre Bewohner nur als Hörige (*iobagi*) galten.

Wie stark schon vor einer formalen Privilegierung mit Stadtcharakter gerechnet werden darf, läßt sich an der Geschichte von Raab-Győr ablesen, das 1271 mit Stuhlweißenburger Recht ausgestattet wurde. An eine ungarische Grenzfeste hatte sich hier spätestens 1009 ein Bischofssitz anschließen lassen, der wichtiger Zollplatz mit Stapelrecht wurde und 1271 auch *hospites* betraf. Trotz dem Grenzlandschicksal von zwei Eroberungen 1240 durch Friedrich II., den Streitbaren, und 1273 durch Truppen Přemysl Ottokars II. war es 1256 zum Domumbau gekommen; auch hatte sich eine reiche Kirchenlandschaft mit drei Pfarrkirchen, einer Propstei, zwei Bettelordensklöstern in der Stadt selbst und je eine Kapelle und Ritterordensniederlassung in den Vorstädten behaupten können. Das Stuhlweißenburger Recht für Raab von 1271 blieb hier nur erstaunlich kurze Zeit auf die *hospites* beschränkt. Schon 1273 erhielten Hofbauern (*udvornici*), Burgleute (*castrenses*) und Domkapitelshörige (wohl *iobagi*) ebenfalls Raaber Bürgerrecht. Doch trotz dessen Bestätigung und Erweiterung von 1295 bestellte König Karl Robert nach 1310 königliche Vögte für die Burg und hat diesen Kontrollbereich gegenüber der Stadt erst 1323 durch Bestätigung des Stuhlweißenburger Privilegs abgemildert. Der Freiraum dieser zweiten Gruppe königlicher Städte in Ungarn wurde also eher politisch denn rechtlich eingeschränkt.

Zur dritten Gruppe königlich ungarischer Städte

Ungarische Bergstädte wie Schemnitz, Kremnitz und Neusohl werden bereits aufs späte 13. Jahrhundert fixiert. Mochte dies für *Neosolium*-Besztercebánya-Banská Bystrica im allgemeinen Bewußtsein zunächst zugunsten der Kupfer-Aktivitäten des 15. und 16. Jahrhunderts in den Hintergrund treten, so weiß man inzwischen, daß Neusohl vor 1255 schon Pfarrei und spätestens seit 1255 rechtlich Stadt war. Das zeitliche Verhältnis zum ebenfalls deutsch besiedelten Bergort Altsohl ist damit noch nicht entschieden.

Für Schemnitz-Selmecbánya-Banská Štiavnica zeigt der lateinische Name *Argentifodina* den Schwerpunkt an. Die spätmittelalterliche Stadt konnte an die Silbergewinnung am Glanzenberg seit spätestens der Zeit Stephans des Heiligen anknüpfen; doch wurde die Siedlung mit *hospites* erst um 1240 durch König Béla IV. und weiter südwestlich im Tal errichtet, und hieran knüpfte das *perckrecht der stadt*

Schebnitz an. Der dortige Pfarrer war gleichzeitig Domkanoniker im 75 km weiter südlicheren Gran; die Dominikaner sind hier wohl schon vor 1270 tätig gewesen, und seit spätestens 1270 gab es einen Stadtrat. Dortige Bürger wurden reich; sie kauften das Umland auf, und zwar einschließlich einer Bergstadt wie Pukkanz, wohnten aber in einer offenen Stadt. König Ludwig I. mußte Vororte restituieren, die bis 1352 durch benachbarte Adlige erobert worden waren, und nahm hierfür ebenso wie für die generelle Bestätigung der Freiheiten die Einkünfte der Bergstädte Schemnitz und Pukkanz für die Königinnen in Anspruch – man denke an die ungarische Königinnen-Ausstattung mit Plintenburg-Visegrád.

Analoge, wenn auch nicht auf Königinnen bezogene Verhältnisse herrschten in Kremnitz-Körmöcbánya-*Cremnicium*. Dienstleutesiedlungen zur Gold- und Silbergewinnung schon des 12. Jahrhunderts verschwanden im Gefolge des Mongolensturms. 1328 allerdings privilegierte König Karl Robert dortige *hospites* und solche, die es werden wollten, und schon 1329 ließ er dort eine Münzstätte einrichten. Eine Hospitalgründung von 1382/83 wurde eigens befestigt, aber Kremnitz selbst wurde erst im 15. Jahrhundert ummauert. Der König hatte Kuttenberger Recht ausgegeben und Waldnutzung erlaubt. Die starke Stellung von Deutschen und die regelmäßige Stadtanlage führten zu der Hypothese, daß Kremnitz wohl bald nach 1241 durch deutsche Gründner ausgebaut worden sei.

Im Unterschied zu berufsmäßigen Lokatoren sind die durch die Spezialforschung eigens entdeckten Gründner Mitglieder eines Unternehmer-Konsortiums am Ort selbst, die für Neusohl mit 36, für Schemnitz und Kremnitz mit je 42 Mitgliedern beziffert werden können. In Zusammenarbeit mit dem ungarischen Adel erwarben sie als Konsortium für ihre Stadt beim König die jeweiligen Grundbesitz- und Gerichtsrechte und gaben dann Bergwerke und Gemarkungsteile zu Erblehen aus. Da im zugehörigen Wald dann wieder Dörfer angelegt wurden, anderseits die Gründner selber in der Stadt am Ring residierten, spricht man von deutschen Ring- und Waldbürgern. Allerdings resultierte ihre starke Stellung auch aus ihrer Monopolisierung von minderen Regalien (*regalia minora*) und Selbstverwaltung bis hin zur Pfarrerwahl.

Das erwähnte Kuttenberger Recht wird gelegentlich in die Tradition deutscher Bergstädte eingeordnet. Doch der Akzent des Freiberger Stadt- und Bergrechts, das im Anschluß an Silberfunde von 1168 auf Boden der Zisterze Altzelle, den der Meißner Markgraf rücktauschte, ausgebildet worden war, lag auf Bürger- und Bergfreiheit, sobald der Markgraf die Schürferlaubnis erteilte hatte: Bauern mit Ackerteil ohne Grundherrn sowie mit freien Schürf- und Förderrechten wurden zu Stadtbürgern und allmählich zu Bergleuten; das sogenannte *gebirge* und dessen Bewohner um die Siedlung standen unter Stadtrecht. Bürger- und Bergfreiheit gehörten zusammen, und die volle städtische Selbstregierung wurde spätestens 1255 auch urkundlich anerkannt. Filiationen des Bergrechts seit der Verleihung ans schlesische Goldberg 1211 lassen ein höheres Alter erkennen, also noch vor dem Erstbeleg für den Namen „Freiberg" von 1218. Auch in Deutschland entsprangen solche Bergwerksstädte keineswegs erst der frühneuzeitlichen Gesellschaft.[58]

Ungarische und mitteleuropäische Bergstädte

Die ungarischen Bergstädte der zweiten Hälfte des 13. Jahrhunderts werden ebenfalls als Ableger dieses Bergrechts geführt. Aber deren oligarchische Verfassung war anders gedacht als die allgemeine Bürger- und Bergfreiheit der sich demonstrativ so nennenden Frei berger. Zwischen Bergstädten nach Freiberger Art und den nordungarischen Bergstädten besteht verfassungsrechtlich eine deutliche Differenz im Grad und der Verbreitung der Bürger- und Bergfreiheiten. Ein weiterer Unterschied könnte im Maß der mono-industriellen Wirtschaftsprägung vorliegen, wenn die Quasi-Freiberger Bergstädte wirklich die industrielle Monokultur aufgewiesen hätten, wie sie durch den Vergleich mit Salinenstädten von Reichenhall bis Lüneburg und schon vor 1200 nahegelegt wird. Zu diesen zählt auch Frankenhausen am Kyffhäuser, dessen Salinenlastigkeit bis weit in die Neuzeit ja durch die Wandlung vom Salzgewinnungsort des Mittelalters zum Solbad in dem modernen „Bad"-Namen angedeutet ist. Gerade hier ist allerdings eine starke bäuerliche Komponente zu verzeichnen: Neben der Gründungsstadt des beginnenden 13. Jahrhunderts mit *oppidum*-Beleg von 1219 bildete die Altstadt (*antiqua civitas*) bis Ende des 19. Jahrhunderts eine selbständige dörfliche Gemeinde – an die Sammlung des großen bewaffneten Bauernhaufens vor Frankenhausen Mitte Mai 1525 mit seinem katastrophalen Untergang braucht nur erinnert zu werden. Auch von der Freiberger Sächsstadt und der dortigen Oberstadt weiß man, daß zur Stadtflur je zwölf waldhufenähnliche Besitzstreifen gehörten. Insofern bestehen durchaus Parallelen zu dem Ausgreifen auf das landwirtschaftlich zu nutzende Umland durch die ungarischen Bergstädte.

Neben Waldnutzungsrechten sprach König Karl Robert der Bergstadt Kremnitz 1328 Kuttenberger Recht zu. Bei aller Analogie zur Silberbergbau-Region auf Zisterzengut zwischen Altzelle-Freiberg und Sedletz-Kuttenberg, dem Kloster Himmelspforte im mährischen Tischnowitz-Tišnov und die přemyslidische Gründungsstadt Iglau-Jihlava zur Seite zu stellen wären, wird deutlich, daß in Böhmen und Mähren die Bergfreiheit zugunsten des landesherrlichen Bergregals unter König Wenzel II. eingeschränkt worden ist. Anderseits war das sogenannte Kuttenberger Patriziat deutscher Herkunft politisch so führend, daß es mit dem sogenannten Prager Patriziat, dem böhmischen Hochklerus und sogar dem Abt von Sedletz die mit den im Mannesstamm ausgestorbenen Přemysliden nicht einmal über einen Tochterstamm verwandten Luxemburger als neue Dynastie mit ins Land holte. Hier mochten sich die nordungarischen Gründner etwas abzuschauen suchen; jedenfalls war für Ungarns König das landesherrlich bestimmte Bergrecht Kuttenbergs attraktiver als das gemeinbürgerliche Freibergs in Sachsen. Stand hier doch sogar der markgräfliche Bergmeister unter dem Stadtgericht.

Zu Siebenbürgens Städten und zur *hospites*-Siedlung im ungarischen Reich

Nach Tavernikalstädten, Städten gemäß Stuhlweißenburger Recht und Bergstädten ist für Ungarn noch die Siebenbürger Städtelandschaft zu berücksichtigen. Die Grenzdaten sind auf die *hospites*-Anwerbung unter Géza II. Mitte des 12. Jahrhunderts und auf die Belobigung als „Schutzwall der Christenheit" von wohl 1438 einzuengen. Die Mongolen-Verheerungen von 1241/42 führten sowohl zu Abwanderungen aus Siebenbürgen nach Serbien und Bosnien als auch zu Neuanwerbungen. Diese ließen aus dem Hermannsdorf (*villa Hermanni*) von 1223 offiziell erst 1366 „Hermanns t a d t" werden; doch trotz nur rund einhundert Überlebenden aus der Mongolen-Eroberung vom 11. April 1241 ist mit einer Zitadelle schon des 13. Jahrhunderts zu rechnen, die nach „1241" durch eine Stadtumfriedung ersetzt und infolge der funktionierenden Zünfte-Verantwortung für Unterhalt und Bemannung der Befestigung während des Mittelalters nie mehr erobert wurde: ein sprechendes Indiz für die Kraft der 19 Zünfte aus 25 Gewerben, die in der Zünfte-Ordnung von 1376 festgehalten wurden. Auch daß spätestens 1292 ein Spital vorhanden war, spricht für den städtischen Charakter.

Für Hermannstadts Position als befestigte Stadt der Zeit um 1300 wird lediglich offen bleiben müssen, ob auch schon in seinen Schulen bereits der Federkiel als Verteidigungsinstrument der eigenen Identität hinzugekommen ist, wie für selbst kleine Ortschaften des 14. Jahrhunderts in Siebenbürgen postuliert wird. Als eigene Magnaten-Region trat dieses unter Ladislaus Kán seit den letzten Andreas-Jahren auf, und von Siebenbürgern weiß man denn auch etwas anläßlich des Rumpfparlaments von 1305 zu Stuhlweißenburg; es war Ladislaus Kán, der Béla-Otto III. nur gegen Lösegeld wieder freigab und der die Stephanskrone erst zur dritten Krönung Karl Roberts 1310 auslieferte.

Territorialpolitisch wirksamer Auf- und Ausbau in Siebenbürgen hatte schon während der Herzogszeit des späteren Ungarnkönigs Stephan V. eingesetzt, nämlich 1257–1270 und nur unterbrochen durch des Kronprinzen steirische Herzogswürde 1259/60. Es handelte sich nicht um einen leeren Titel, sondern Stephans Verwaltungstätigkeit war angefüllt mit Auf- und Ausbau eines neuen Burgensystems, ohne bisherige feste Plätze auszunehmen. Daß derselbe Königssohn auf seine Position als „jüngerer König" (*rex iunior*) seit 1262 Wert legte und an seinem Hof ritterliche Elemente in höfischem Sinne zu erkennen sind, schloß aber stadtbürgerliches Engagement gerade nicht aus, zumal nunmehr die Tatareneinfälle von 1285 und dann auch 1324 in ihrem Schadensumfang begrenzt blieben.

„Gäste" (*hospites*) auf später so genanntem Sachsenboden gab es sowohl in den alten Städten wie Dés-Dej, Karlsburg-Weißenburg-Alba Iulia, Klausenburg-Kolozsvár-Cluj und Hermannstadt als auch in den Neugründungen Kronstadt und Schäßburg sowie den Bergbaustädten Offenburg und Großschlatten. Lateinisch *Corona* oder *Brassovia*, ungarisch Brassó, rumänisch Braşov im Burzenland war seit spätestens 1213 durch den Deutschen Ritterorden aufgebaut und nach 1225 durch sogenannte Sachsen weitergeführt worden. Spätestens 1234 gab es hier ein Prämonstratenserstift, und vor 1288 ist von hier aus bereits das Burzenland als Komitat organisiert worden. Die dortige Bartholomäus-Kirche gehört in ihren baulichen Anfängen einer Kirchenburg noch des 13. Jahrhunderts an. Fraglich mag allerdings bleiben, ob die Selbstverwaltung unter eigenem Richter (*iudex*) und 16 Geschworenen (*iurati*) schon so alt ist.

Hierfür hilft nur die Analogie zur siebenbürgischen Verfassungsgeschichte der Zeit weiter. Bekanntlich wies der Terminus „Sachsen" (*Saxones*) auf eine in Recht und Herkunft geschlossene Sozialformation hin, für die ungarische Herrscher weitgehende Freiheiten einschließlich wirtschaftlicher und verwaltungsmäßiger Selbstbestimmung eingeräumt hatten. Wichtigste Gegenleistung der *hospites* war Treue zum König, und da war das Gegenbeispiel Deutscher Ritterorden seit 1211 bereits 1225 durch dessen gewaltsame Vertreibung seitens des ungarischen Königtums ausgestanden. Der Wortlaut des entsprechenden Privilegs ist aus einer Bestätigungsurkunde König Karl Roberts von 1317 bekannt, so daß für Kronstadt um 1300 kaum etwas anderes gegolten haben wird.

Laut dem so rekonstruierten Privilegium Andreanum von 1224 stand den *hospites* gegen pauschale Jahressteuer auf ihre Gruppe und gegen Kriegsdienst eigene Richter- und Pfarrerwahl zu. Hinzu kamen bis Ende des Mittelalters administrative und wirtschaftliche Freiheiten. All dies war durch Herkunft insofern vorgeprägt, als die Oberschicht in den Städten vielfach aus den Lokatoren der Siedlungszeit erwachsen war und mit der Zeit in den handeltreibenden Geschlechtern aufging. Einzelne Stadtviertel blieben als Sprachgemeinschaften gesondert: Neben Kronstadt sind dafür Mühlbach-Szászebes-Sebeş und Klausenburg-Kolozsvár-Cluj beispielhaft. Dabei stellt sich heraus, daß keineswegs die Stadt selbst schon um 1300 immer befestigt war, ihre militärische Potenz also lediglich im Aufgebot bestand. Wie weit ein derartiges *hospites*-Recht im gesamtungarischen Herrschaftsbereich Geltung erlangte, kann an Warasdin-Varasd-Varaždin auf dem rechten Ufer der mittleren Drau abgelesen werden; hier ist 1209 das Privileg einer königlich-ungarischen Freistadt mit dem Recht auf Wahl des *rihtardus* zu fassen. Unter dem Tarnackmeister unmittelbar stand Warasdin erst seit dem zweiten ungarischen Anjou-König Ludwig I. (1342–1382).

Es blieb beim Ansiedeln von Deutschen, Wallonen und Flamen nicht nur in Städten. Es gab ähnlich bevorrechtigte deutsche Streusiedlung – neben den ungarischen Bergstädten auch die Dörfer der Zips nordwestlich Kaschaus – und sogar eine Anomalie: In der Gespanschaft Vizsoly waren zehn Dörfer als Königinbesitz zusammengefaßt, die bis ins 14. Jahrhundert ihre deutsche Prägung bewahrten. Auch wenn sich dies nicht auf Reichsebene und international auswirkte: Mit deutscher Siedlung auf dem Balkan und in Ungarn war um 1300 Eigenbeteiligung der Städter und Dörfler an Verwaltung und Rechtsprechung verbunden, vielfach auch freiere Wirtschaftsweise als daheim im Ausgangsland.

Polen um 1300

Bei Überlegungen zu „Polens Platz in Europa"[59] wird festgehalten, daß die Zeit um 1300 Polens so genannter Einigung gedient hat. Sie ging von Großpolen aus, auch wenn dessen Herrscher Przemysław II. schon 1296, im Jahr nach seiner Gne-

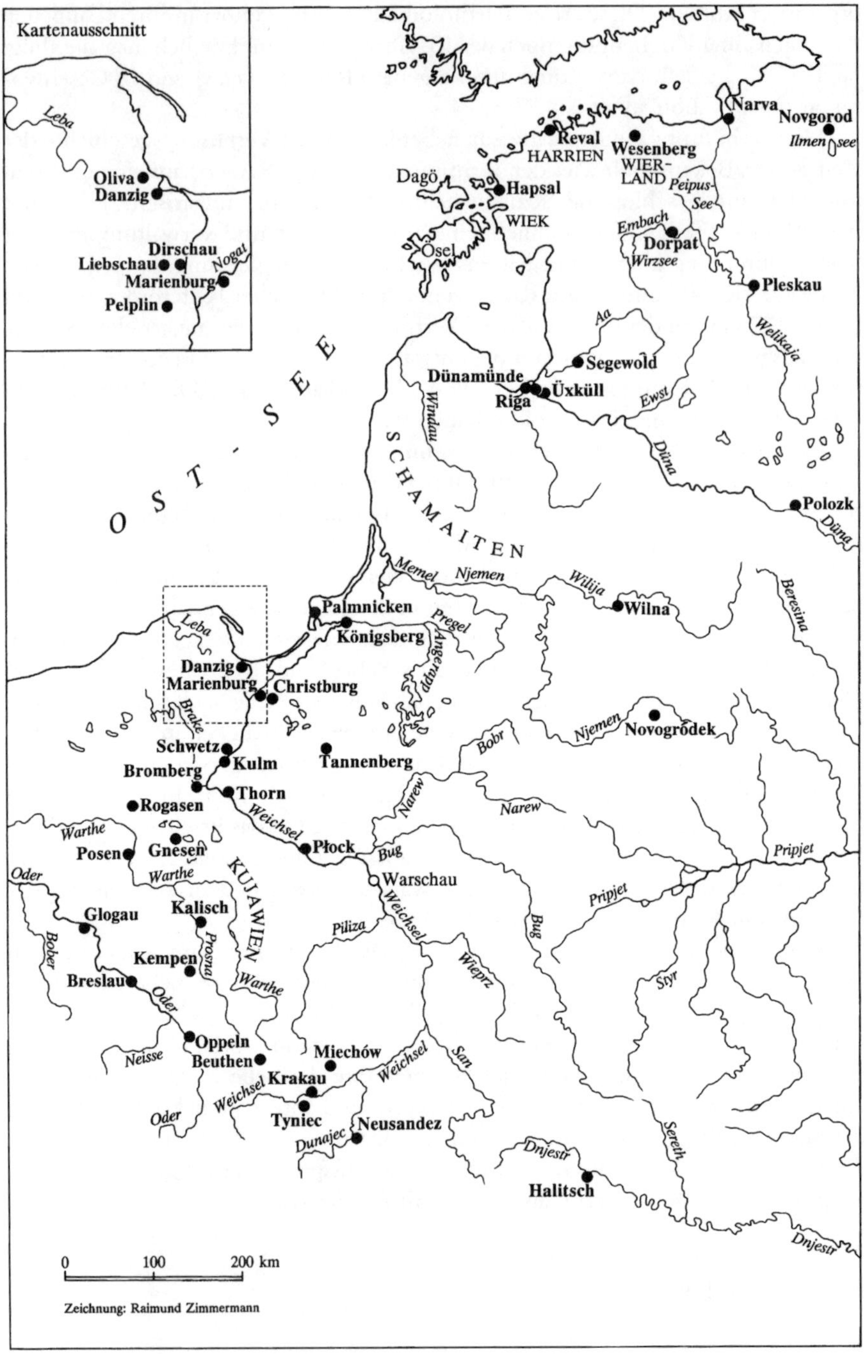

Karte 7: Polen, Deutschordensstaat und Litauen.

sener Königsweihe, ermordet wurde. Nach den Přemysliden Wenzel II. und III. aus Böhmen war es dann Władysław II. Ellenlang (Łokietek) aus Kujawien, der sich 1320 in Krakau weihen ließ und unter seiner Krone Klein- und Großpolen sowie mittelpolnische Länder zusammenfaßte.

Die Zeit um 1300 hat für Polen insofern Bedeutung, als zwischen den 1280er und den 1320er Jahren ein erheblicher Unterschied gesehen wird: Obgleich es das polnische Erzbistum Gnesen seit 1000 gab und dieses auch um 1300 ansehnlich besetzt war, wurde Polen außerhalb seines Sprachbereichs nicht einmal als Objekt geschlossen wahrgenommen. Seit 1320 hingegen war das Königreich Polen nicht nur politisches Subjekt, sondern stellte auch wirtschaftlich eine Potenz dar, wurde innerhalb bestimmter Grenzen verstanden und präsentierte sich in steigendem Maße unter dem Symbol der „Krone des Königreichs Polen" (*corona regni Poloniae*). Diese galt denn auch für die abhängigen Lehnsfürstentümer als Herrin: Voraussetzungen, an die der Łokietek-Sohn Kasimir III., der Große (1333–1370), anknüpfen konnte.

Für die Zeit seit 1306 verdient das politische Schicksal überörtlich agierenden Stadtbürgertums Beachtung, und zwar eingebettet in die Geschichte des polnischen Gesamtkönigtums. Aus Großpolen wurde Herzog Heinrich III. von Glogau als Piastennachfolger Wenzels III. (ermordet 1306) ins Land geholt, da er mit Przemysław II. einen Nachfolgevertrag abgeschlossen hatte. Bischof Johann Muskata hingegen erklärte in Krakau eben den Ellenlangen – Władysław II. Łokietek – noch 1306 zum Reichserben, lag aber bereits jahrs darauf in erbittertem Streit mit diesem Herzog, da dieser seine Herrschaft nachdrücklich geltendmachte, und zwar auch mit Unterstützung ungarischer Hilfstruppen. Ein Legaten-Schiedsspruch von 1310 zeitigte keine Wirkung auf Dauer. In den wichtigsten kleinpolnischen Städten mit Krakau an der Spitze und in einem Teil der kleinpolnischen Geistlichkeit neigte man eher zu einer Fortführung eines böhmischen Königtums, das man auf Städteförderung und Landfriedenswahrung einzuschwören gedachte – eventuell besonders naheliegend bei einem 14-jährigen Böhmenkönig aus Luxemburg, der sich auch in Böhmen erst etablieren mußte. Doch Vogt Adalbert von Krakau und der aus Oppeln herbeigeholte Herzog Bolesław vermochten ihre Bündner nicht zusammenzuhalten. Łokietek setzte sich militärisch durch und nahm blutig Rache, angeblich gar an allen, die vier bestimmte polnische Wörter nicht richtig aussprechen konnten. Gleichwohl verliefen die Fronten nicht entlang von Sprachgrenzen; denn zu Łokieteks Anhängern zählten auch die deutschen Bürger von Neusandez und der deutsche Abt von Tyniec: dieser als Gegner von Kloster Miechów, jene in Konkurrenz zu Krakau und nunmehr mit Privilegien belohnt, während Krakau sein Vogtwahlrecht verlor.

Überlokaler politischer Ehrgeiz von Stadtbürgern scheiterte auch in Großpolen. Denn hier hielt Posen sogar noch auf Glogauer Seite aus, als sein Bischof und die meisten Adligen Großpolens gegen die intensivierte schlesische Herrschaft den erfolgreichen Kleinpolen-Herzog Łokietek ins Land gerufen hatten. Posens Stadtvogt Primko und die Bürger unterlagen militärisch und sahen ihre Stadt weithin zerstört. Posen hatte zwar um 1300 noch nicht seine rund 10000 Einwohner, die ihm für die Zeit um 1500 zugeschrieben werden; das Stadtoval von ungefähr 20 Hektar war einschließlich des quadratischen Marktplatzes wohl nur für rund 1000

Einwohner befestigt: nach rheinischen Mittelalter-Maßstäben eine „größere Kleinstadt (1–2000 Einwohner)". Aber Posen war nach der Lokationsurkunde von 1253, in der lediglich ein „alter Schultheiß/Altschultheiß" (*antiquus scultetus*) als Amtsträger genannt worden war, längst mehr als eine bloße Großfestung: Stadtrat und Innungen seit 1280, Schöffen seit 1288, Stadtschreiber seit 1302 und Bürgermeister seit 1310 bezeugt, samt gotischem Kathedralumbau sind deutliche Indizien für Teilhabe Posens am polnischen Städteaufstieg schlechthin, selbst wenn Breslau mit seinen rund 10000 Einwohnern schon um 1300 weit an der Spitze polnischer Städte lag. Doch das hatten auch Krakau und Danzig noch nicht erreicht, und so hat denn Posens Schicksal zur Unterwerfung ganz Großpolens unter Łokietek bis 1314 geführt.

Wie sind die mehrfach genannten polnischen Städte politisch zu beurteilen? Ein klerikales Eigenbewußtsein mochte sich seit spätestens 1180 ausbilden, als vom Spolienrecht (*ius spolii*) in Polen die Rede war; jedenfalls sicherten Privilegien von 1210 und 1215 die Rechtsautonomie, der wirtschaftliche und personalpolitische Unabhängigkeit allmählich zur Seite trat. Es paßt zu dem Geschehen um die verschiedenen Königsprätendenten, daß standesmäßig auch Prälaten (*praelati*) aus dem Klerus hervorgehoben und neben die *barones* gestellt wurden. Diese wirklich Mächtigen unterschieden sich zwar von mittleren Adligen und solchen, die bäuerlich lebten oder überhaupt nicht über Land verfügten. Aber die Tendenz zielte – parallel zu Ungarn und ebenfalls gefördert von Anjou-Königen – auf zusammenfassende Verständigung auf einen rechtlich einheitlichen Adel, so daß von Polen seit dem 16. Jahrhundert als von einer Adelsnation die Rede ist. Entsprechend waren es wohl auch nur die Großen aus den jeweiligen Herrschaftsregionen der Könige, die sich in seinem Rat zu Wort meldeten.

Von polnischen Städten weiß man, daß sie durch neues Bürgertum in mehreren Wellen aufgefrischt worden sind: Vornehmlich deutsche Gäste gab es in Breslau, Krakau und Płock vor 1214, im Jahre 1228 beziehungsweise vor 1237; Lokationen vornehmlich deutscher Neusiedler in Gnesen, Breslau, Posen, Krakau usf. 1235 oder vor 1239, 1243, 1253 beziehungsweise 1257 und später. Ältere Fürsten- und neue Bürger- oder Rechtsstadt existierten seit dem beginnenden 13. Jahrhundert nebeneinander. Die „neue" Stadt fiel durch Markt, Fernhandelslage, filiiertes Stadtrecht – zum Beispiel aus Magdeburg – und gegebenenfalls eigenständig-geschlossenen Charakter mit Zentralmarkt auf, der zur Verschiebung des Stadtkerns führte. Wirklich planvolle Siedlung schon des 13. Jahrhunderts aber gab es am ehesten in Schlesien, während im engeren Polen die Siedlungsgründungen nach Magdeburger Recht etwas später zunahmen und zudem trotz relativer Autonomie Königsbindung und Mediatisierung vorherrschten. Die Zusammenführung polnischer Fürstentümer im Königreich von 1320 resultierte nur bei den stärker privilegierten Gruppen aus Klerus und Adel in ständischen Gemeinsamkeiten; demgegenüber fehlte über die Einzelstadt hinaus die überlokale Städtebürger-Solidarität, und dies galt wohl sogar für die Siedlungen in Stadt und Land schlechthin: Privilegierte in Stadt und Dorf scheinen Minderheiten und von mehreren weiteren Gruppen begleitet gewesen zu sein. Zudem erreichten polnische Städter nur bescheidenen Wohlstand, so daß sie politischen Einfluß nicht erkauften.

Der Deutschordensstaat

Das Fehlen von Städtebünden wird als Unterschied zum benachbarten Altpreußen gesehen. Ist doch der Deutschordensstaat nach 1410 faktisch jenem Preußischen Bund von 1440 zum Opfer gefallen, der sich aus Städten und Landadel gegen den Deutschen Ritterorden gebildet hatte. Die Rückprojektion dieser Verhältnisse in die Zeit um 1300 verbietet sich allerdings schon aus der Eroberungssituation: Altpreußen war gerade erst 1283 oder um 1285 erobert worden, Pommerellen gar erst 1308/09, wobei trotz dem Bevölkerungsnamen „Pomoranen" im Deutschen inzwischen auf das Doppel-m des Landnamens und auf den jüngeren – wohl neuzeitlichen – Charakter von Neustamm und Provinznamen „Westpreußen" mit erheblichem Territorium auch östlich der Weichsel Wert gelegt wird. Pommerellen reichte im Westen noch ungefähr bis zur Leba. Akzente setzten Danzig, Dirschau, Liebschau und Schwetz; als südlicher Grenzort gilt gelegentlich Bromberg.[60]

Nach dem Aussterben der pommerellischen Samboriden im Mannesstamm 1294 folgte gemäß Nachfolgevertrag von Kempen zunächst Przemysław II. von Großpolen, der jahrs darauf zum König aufstieg, aber schon 1296 zu Rogasen ermordet wurde. Der Herrschaftsgewinn durch die böhmischen Přemysliden endete spätestens mit Wenzels III. Ermordung 1306. Łokieteks Besetzung des Landes 1306/07 war durch Ausschaltung der pommerellischen Swenzonen belastet, so daß diese 1307 einen Übergabevertrag mit Markgraf Woldemar von Brandenburg schlossen und dieser 1308 sich wichtiger Punkte des Landes bemächtigte, und zwar einschließlich der Stadt Danzig, aber ohne die dortige Burg.

Herzog Łokietek ermächtigte den Burgkommandanten und Richter Bogusza, den Deutschen Ritterorden gegen polnische Kostenübernahme zu Hilfe zu rufen. Die Deutschherren haben dann schlagartig noch 1308 die Stadt Danzig, bald danach die dortige Burg und 1309 ganz Pommerellen besetzt, und zwar ohne das ihnen wenig später angehängte Blutbad unter angeblich 10 000 polnischen Bürgern der Stadt: von Zahl und Ethnos her in gleicher Weise unmöglich, ohne daß für das Land blutiges Durchgreifen gegen pommerellische Raubritter geleugnet oder Opfer unter den Stadtbürgern bestritten werden sollen. Herzog Łokietek blieb die Kostenübernahme schuldig; anderseits sicherte sich der Deutsche Ritterorden die brandenburgischen Ansprüche gegen dort wohl recht willkommene 10 000 Mark – Kurbrandenburg sollte beim Tod Markgraf Woldemars 1319/20 als bankrott gelten. Ihrer Sache ganz sicher, anderseits aber auch in Venedig unter Druck geraten,[61] verlegten die Ordensritter den Hochmeister-Sitz noch 1309 von Venedig auf die Marienburg. Die suggestive Behauptung, daß seit 1308 das Verhältnis des Deutschen Ritterordens zu Polen von dauernden Auseinandersetzungen überschattet gewesen sei, ist dahingehend einzuschränken, daß Łokieteks kujawische Verwandte noch bis mindestens 1317 mit dem Orden zusammenarbeiteten. Als König von 1320 hatte Łokietek 1320/21 die Genugtuung, daß kuriale Urteile zu seinen Gunsten ergingen. Doch der Deutsche Ritterorden focht diese an, Łokietek starb rund 73-jährig im Jahre 1333, und 1343 hat sein Sohn und Nachfolger Kasimir III., der Große, auch formell auf Pommerellen verzichtet, nämlich im Frieden von Kalisch.

Mitregieren im Deutschordensstaat um 1300

Für die mitbestimmende Rolle der Stände in Altpreußen wird gewöhnlich nur auf das 15. Jahrhundert rekurriert, und für die Zeit um 1300 möchte man, wie oben bereits angedeutet, davon ausgehen, daß der Deutsche Ritterorden noch in nicht allzuweit zurückliegender Zeit und für Pommerellen sogar unmittelbar in Eroberungssituationen lebte. Doch von kundiger Seite ist gerade schon die Eroberungszeit miteinbezogen, sind Urkunden von 1233, 1255 und aus dem Ende des 13. Jahrhunderts als Quelle für den Aufweis von Verhandlungen zwischen Orden und Landesinsassen genutzt worden. Anderseits wird seit jeher die finanzielle Unabhängigkeit des Deutschen Ritterordens für das 14. Jahrhundert gesehen, und tatsächlich waren ja auch Interessenlagen und finanzielle Gegebenheiten unter Hochmeister Konrad von Jungingen (1393–1407) noch ausgeglichen beziehungsweise stabil. Erst nach Tod und Niederlage von dessen Bruder und Nachfolger Ulrich von Jungingen mit über 200 Ordensrittern 1410 bei Tannenberg gelangte der Deutschordensstaat in jene Finanznot, die den Ständen Mitsprache erleichterte: Die im Ersten Thorner Frieden zugesagten 260 000 ungarischen Gulden hatte auch der Deutsche Ritterorden auf Jahre hinaus nicht zur Verfügung.

Zusammenarbeit mit den Bewohnern des Landes soll der Orden schon zur Erstellung der Kulmer Handfeste von 1232 oder eher 1233 genutzt haben. Freie Richterwahl, Erbzinsrecht auch der Töchter, Besitzveräußerlichkeit und gar Mitbesitz an Jagd, Fischerei und Mühlenwesen usf. können allerdings als Gnadenerweise des Landesherrn gedeutet werden, und in diese Richtung weisen auch die Einschaltung von Kulm als Oberhof für die altpreußischen Städte nach Magdeburger Recht sowie Bestimmungen über landesweite Münze, Hufenmaß und Zölle. Entsprechend quasi-autoritär könnte Landmeister Eberhard von Sayn 1251 seine Doppelbestätigung mit einigen Änderungen verfügt haben. Demgegenüber wird „ausdrückliche" Bezeugung gemeinsamer Konsultationen von Ausstellern und Privilegierten schon für 1233 suggeriert.[62]

In den Formulierungen der Handfeste[63] ist das „ausdrücklich" schwierig zu fassen. Aber inhaltlich sind Absprachen sehr wahrscheinlich, so für § 1 hinsichtlich des Verlehnungsverzichts von Gerichtsgebühren durch den Deutschen Ritterorden, für § 5 hinsichtlich der zunächst vorgesehenen Mitbewachung von Stadt und Land durch den Orden, was dann 1251 nicht mehr notwendig war; hinsichtlich der Bereitschaft des Ordens, auf Hauskäufe in den Städten zu verzichten und gar bei der Erwähnung von Verkäufen durch den Orden, die der Erstellung der Handfeste vorausgegangen sind. Was hier erschlossen werden muß, ist dann 1251 ausdrücklich bezeugt: Eberhard von Sayn hat nicht nur die Ordensbrüder konsultiert, sondern auch die Kulmer und Thorner Bürger, besonders hinsichtlich der nunmehr vorgenommenen Änderungen gegenüber 1233. Ließ er die beiden neuen Urkunden doch ausfertigen *de consilio fratrum nostrorum civiumque sepedictorum consensu*, wobei *quedam in eo sunt mutata.*[64]

Die Belegeliste läßt sich ins 14. Jahrhundert insofern ergänzen, als Hochmeister Karl von Trier unter dem 10. Februar 1312 Danziger Fischer hinsichtlich ihres Bernsteinsammelrechts restituierte. Damit wurde bisherige Politik auf Klagen der sich in ihren Rechten beschnitten Fühlenden verändert, und worin diese bestanden hatte, läßt sich aus dem entsprechenden Verfahren in Altpreußen erschließen: Hier herrschte das landesherrliche Bernsteinmonopol des Deutschen Ritterordens, das bereits damals durchgesetzt worden war, obgleich der Orden eigentlich entsprechende Rechte von Bischof und Domkapitel des Samlandes hätte respektieren können, wie seinerzeit durch Legatenurteil verfügt – übrigens gilt Palmnikken an Samlands Bernsteinküste noch bis heute als Bernsteingewinnungszentrum. Zudem sind nicht nur die Danziger Fischer in ihren bisherigen Rechten bestätigt worden, sondern auch die sogenannten Feldklöster Pommerellens wie zum Beispiel Oliva nordwestlich Danzigs. Insgesamt ergab sich damit für den Deutschen Ritterorden nicht nur Rechtsnachfolge der Samboriden, sondern auch die Wahrung eines gewissen Sonderstatus' für Pommerellen im Deutschordensstaat.

Mitregierung durch Prußen als solche ist nicht zu fassen. Wohl aber dürfte wahrscheinlich sein, daß trotz den sogenannten Preußenaufständen von 1260–74 die Freiheiten des Christburger Vertrags von 1249 nicht völlig verloren gingen. Zudem lassen drei altpreußische Katechismusfassungen des 16. Jahrhunderts erkennen, daß von einer Ausrottung der Prußen nicht die Rede sein kann – nicht einmal von einem Totschweigen. Bezeichnenderweise hat die Christianisierung bis ins 14. Jahrhundert auch die altpreußische Bestattung mit Grabbeigaben nicht zu beseitigen vermocht, und erst seither verschmolzen die Prußen mit den Deutschen.

Zur Verfaßtheit des Deutschen Ritterordens und zu seinem Ausgreifen auf Livland

Es liegt nahe, den Deutschen Ritterorden für seine Tätigkeit in den Ostseeländern als geschlossene Größe zu behandeln; denn die Mitglieder, die aus ihm namentlich bekannt sind, waren überwiegend Deutsche, und die meisten Besitzungen lagen im römisch-deutschen Reich. Das gilt übrigens auch für Livland; denn für Bischof Albert I. von Riga und dessen Bruder Bischof Hermann von Dorpat hatte König Heinrich (VII.) 1225 Reskripte ausstellen lassen, in denen die beiden Bistümer als „Marken" des Reichs gewertet wurden. Darüber hinaus war ja der Deutschordens-Hochmeister durch die Goldene Bulle von Rimini 1226 als Reichsfürst anerkannt worden.

Neben Ritter- und Priesterbrüdern gab es im Deutschen Ritterorden aber auch Ordensschwestern sowie Halb- und Laienbrüder, und zwar in unbekannter Zahl. Wenn die jüngste Forschung sich auch bei ihrer Gewichtung zurückgehalten hat, dann muß gleichwohl grundsätzlich an die inzwischen vorherrschenden Aufgaben Krankenversorgung und Territorialaufbau erinnert werden, und da waren Schwestern sowie Halb- und Laienbrüder eher einsatzfähig denn Ordensritter und -priester. Immerhin dürften diese im allgemeinen aus nichtadlig-städtischen Geschlechtern gekommen sein, während die Adelsbürtigkeit für Ritterbrüder erst seit dem ausgehenden Mittelalter galt. Um 1300 dürfte auch mancher Stadtbürgerliche ritterliches Vollmitglied gewesen sein.

Neben einer gewissen sozialen Differenzierung der Ordensmitgliedschaft in Übereinstimmung mit den wirtschaftlich und politisch führenden Kräften im

Lande ist die regionale Streuung zu beachten: Deutschordens-Kommenden unter Komturen waren zu Balleien unter Landkomturen zusammengefaßt. Hierüber standen die drei großen Einheiten im engeren Reich, in Altpreußen und Pommerellen sowie in Livland unter Deutschmeister, Preußischem Landmeister und Meister in Livland. Sie waren dem Hochmeister als *magister generalis* nachgeordnet, ihm aber gleich in der Bestellung auf Lebenszeit. Unterhalb der drei Meister – es wurden zwei nach Übersiedlung des Hochmeisters auf die Marienburg, da dieser oder der Großkomtur das preußische Landmeisteramt mitübernahmen – wurde hingegen auf Zeit bestellt, so daß eine gewisse Einheitlichkeit im Orden auch durch rotierende Karrieren erreicht wurde, natürlich auch eine gewisse Machtlosigkeit der niederen Amtsträger.

Gleichwohl wurde das Hochmeister-Amt als Lebenszeitfunktion nicht übermächtig. Das Große Kapitel als höchstes Leitungsgremium trat zwar unregelmäßig und selten zusammen; aber den Hochmeister umgaben Großgebietiger wie der Großkomtur für die Verwaltung, der Marschall fürs Kriegswesen, der Spittler für die Krankenversorgung, der Trapier für die Ausrüstung und der Treßler für die Finanzen. Sofern die Spannungen im Orden groß genug wurden, konnten Lebenszeit-Funktionäre zum Rücktritt veranlaßt oder gar gestürzt werden. Solches geschah 1303 mit Hochmeister Gottfried von Hohenlohe und 1317 mit dem zweiten Marienburger Hochmeister Karl von Trier insofern, als er 1317 vor erheblichem Druck ins engere Reich auswich – zurückgetreten oder gar abgesetzt –, 1318 aber bereits wieder auf einem Erfurter Kapitel Anerkennung als Hochmeister erlangte und in dieser Funktion 1318/19 in Avignon die Sicherungen von Besitzungen und Rechten des Deutschen Ritterordens erwirkte, und zwar gerade auch für Livland. Entsprechend ist er dann auch in Preußen wiederanerkannt worden, allerdings ohne sich noch einmal in Altpreußen oder gar Livland sehen zu lassen.

„Livland" umschreibt historisch ein weites Gebiet von der Ostsee bis zu Peipus-See und Litauen – und im Südwesten nicht etwa nur bis zur Düna. Denn zu den fünf geistlichen Territorien Livlands gehörten neben den Bistümern Riga, Ösel-Wiek und Dorpat sowie dem Deutschen Ritterorden auch das Bistum Kurland. Siedlungsgeschichtlich war hierher die Wanderung deutscher Bauern ausgeblieben; entsprechend geboten Adlige und deutsche Stadtbürger über einheimische Bauern – trotz Aufseglung der Düna-Mündung durch deutsche Kaufleute schon seit ungefähr 1180, trotz der Bestellung des Segeberger Augustiner-Chorherren Meinhard zum ersten Livland-Bischof 1186 und trotz der Überflügelung der vor 1167 begonnenen dänischen Estland-Aktivitäten durch baldige Wirkung der gotländischen Kaufleute-Kirche in Reval und durch Bestellung des ersten Dorpater Bischofs Hermann aus Bremen durch seinen Bruder Albert I. von Riga 1219 beziehungsweise 1224.

Gleichwohl hatte der Deutsche Ritterorden in Livland einen schwierigen Stand: 1202 war der Schwertbrüderorden zur Unterstützung des Bischofs von Riga gegründet worden; seit 1237 gingen infolge militärischer Katastrophe seine Reste im Deutschen Ritterorden auf. Mit seinem nunmehrigen livländischen Zweig übernahm der Deutsche Ritterorden ein schweres Erbe, zumal der livländischen Kirche seit 1246, 1253 oder 1255 ein aktiver und selbstbewußter Fürst als Erzbischof vorstand: Zwar ist Albert Suerbeer aus Köln nicht noch bis zur militärischen Wendung der Stadt Riga gegen den Deutschen Ritterorden 1297 im Amt gewesen, aber seine Karriere verdient als Indiz für die Gewichtung der Gegnerschaft, der sich der Deutsche Ritterorden gegenübersah, Beachtung. Als Domherr und Scholaster in Bremen so gut aufgefallen, daß ihn der Bremer Erzbischof zum Bischof von Livland ernannte und weihte, mußte er doch dem in Riga erhobenen Magdeburger Prämonstratenser Nikolaus den Platz überlassen, da dieser durch Papst Gregor IX. 1231 bestätigt wurde. 1240–46 Erzbischof von Armagh in Nordirland, hat Suerbeer hier Englands König Heinrich den III. gegen aufständische Barone gestützt, anderseits auch die Kanonisation Edmunds von Abingdon mitbetrieben, die tatsächlich 1246 abgeschlossen wurde. Ob dieser Erfolg auch Suerbeers Anwesenheit auf dem Lugdunense I von 1245 zu verdanken ist, mag offenbleiben; jedenfalls ernannte ihn noch 1246 Papst Innocenz IV. zum Erzbischof von Altpreußen sowie zum Legaten für Holstein, Rügen, Livland und Estland, ja, zum Administrator des Bistums Chiemsee. Die noch 1246 hinzukommende Legatenwürde für Rußland brachte dem Fürsten von Halitsch-Wolhynien päpstlicherseits die Königskrone, der römisch-katholischen Kirche aber keine neue Obödienz ein. Suerbeers weitere Administration des Bistums Lübeck 1247–53 wirkt im Nachhinein wie das Sprungbrett zur Übernahme des Erzbistums Riga nach dem Tod des Bischofs Nikolaus aus Magdeburg 1253. Ohne schon Provinzialkonzilien durchzusetzen, konnte Suerbeer dann doch bis zu seinem Tod 1273/74 die christliche Mission düna-aufwärts stützen, die möglicherweise durch Rigaer Bettelordensbrüder vorgetragen wurde.

Der Deutsche Ritterorden war besonders durch den Umfang der Kirchenprovinz betroffen, der sich seit 1246 abzeichnete: Dorpat, Ösel-Wiek und Kurland in Livland sowie Kulm, Pomesanien, Ermland und Samland für Altpreußen. Anderseits mochte der Erzbischof wenigstens Herr in seiner Kathedralstadt sein wollen, zumal er Rigaer Bürgern die Mitgliedschaft in der Kaufleute-Hanse nicht verwehrt hatte. Der Rigaer Erzbischof Johann III. von Schwerin (1295–1300) griff denn sogar gegen den Deutschen Ritterorden zu den Waffen, und dem folgte die Stadt Riga nach blutiger Vertreibung der Ordens-Mitglieder von 1297 bis 1330. Erzbischof Johann III. geriet zeitweise in Deutschordens-Gefangenschaft, und auch sein kurzzeitiger Nachfolger Isarnus de Fontiano aus Carcassonne hat trotz unmittelbarer Kontaktaufnahme mit dem Hochmeister in Venedig die Lage nicht bessern können. Entsprechend hat sein Nachfolger, der mährische – wohl Medlover – Adelssproß Friedrich von Pernstein trotz langer Amtszeit 1304–41 seine Aktivitäten gegen den Deutschen Ritterorden vornehmlich prozessual und auswärts verfochten. Dabei kam es zu abenteuerlichen Vorwürfen, ja, Anklagepunkten: Schon 1305 hat er unterstellen lassen, der nach Christenblut lechzende Deutsche Ritterorden habe im Bistum Ösel Abertausende bis hin zu Kindern über die Klinge springen lassen. 1311/12 wurde daraus der bereits besprochene Vorwurf in § 25 eines 230-punktigen Klagenkatalogs, bei der Eroberung Danzigs habe der Orden 10 000 Menschen einschließlich von Kindern in der Wiege getötet – schlimmer als jeder Feind des christlichen Glaubens.

Im Hintergrund stand die Tatsache, daß sich noch 1305 der Deutsche Ritterorden durch käuflichen Erwerb von Dünamünde vom Zisterzienserorden gegen 4000 kölnische Silbermark und durch sofortigen Ausbau der Zisterze zur befestigten Kommende praktisch die Kontrolle der Schiffahrt nach Riga sicherte und das Erzstiftsgebiet in zwei Teile auseinanderdividierte. Wenn die Forschung hierfür von einer lettischen und einer livischen Seite spricht, ist anzumerken, daß sich für beides seit dem 15. Jahrhundert fast allein *Livonia* durchsetzte und erst das 19. Jahrhundert die Wiederaufnahme des Lettland-Namens vorbereitete. Prozeßrelevant erlangte Erzbischof Friedrich von Pernstein einen erfolgversprechenden Start insofern, als der Laoner Domherr Francesco de Moliano in Riga als päpstlicher Auditor erschien und den Orden und dessen Land exkommunizierte beziehungsweise unters Interdikt stellte. Zeugnisverweigerung und vor allem die Zurückweisung des päpstlichen Neutralisierungsbegehrens für Dünamünde scheinen die Gründe gewesen zu sein.

Der Deutsche Ritterorden reagierte in Avignon mit dem Einsatz von Bestechungsgeldern, in Livland mit Einspannen der Zisterzen Oliva und Pelplin, um die Rechtmäßigkeit des Dünamünde-Kaufs von 1305 zu erweisen, und tatsächlich wurden die Kirchenstrafen bereits 1313 aufgehoben. Die erneute Abwesenheit des Erzbischofs und die zähe Selbstbehauptung des Deutschen Ritterordens führten 1316 zum Bündnis von Domkapitel und erzbischöflichen Lehnsleuten eben mit dem Orden gegen den Erzbischof zu Segewold. Zwar hat Papst Johannes XXII. diese „Verbindung der Gottlosigkeit" 1317 kassiert; doch sogar die Bischöfe von Ösel-Wiek, Dorpat und Reval standen inzwischen auf Ordensseite, und durch Avignon-Aufenthalt seit 1318 gelang es dem landesfernen Hochmeister Karl von Trier, 1319 den Papst für Vorstellungen des Ordens zu gewinnen – einschließlich der Bestätigung des Dünamünde-Besitzes.

Die Stadt Riga hatte sich hingegen mit dem heidnischen Litauerkönig Gedimin verbündet, mußte aber am 30. März 1330 Unterwerfung und Bündnisaufsagung vor dem Deutschordens-Heer akzeptieren. Faktisch war der Pernsteiner von 37 Amtsjahren nur maximal sechs im Lande gewesen: Deutlicher kann das Übergewicht des Deutschen Ritterordens kaum statistisch erfaßt werden.

Herrschaftsbildungen und Toleranz zur Gedimin-Zeit

König oder – wie er in der Forschung heißt – Großfürst Gedimin gilt als Schöpfer des litauischen Großreichs und bemerkenswert toleranter Fürst trotz den damals üblichen Heerfahrten gegen die Litauer. Daß heutzutage häufig auf religiöse Toleranz an Gedimins Hof in Wilna verwiesen wird, verdient deshalb Beachtung, weil religiöse Toleranz im Mittelalter gewöhnlich erst seit dem 15. Jahrhundert datiert wird. Intoleranz war die Folge enger Verflechtungen von geistlicher und weltlicher Herrschaft, aber auch Konsequenz aus antiken Vorstellungen vom römischen Einheitsreich, das im Kaiserkult allgemein erlebbar und religiös stabilisiert werden sollte. An ihm wurden Christen zu Verfolgten, und nachdem diese die Staatsreligion stellten, gingen sie ihrerseits gegen das Heidentum vor. Jüngere Forschungen mögen nicht nur für die lokale Politik eines ansonsten rigoros antiheidnischen Kaisers in der Spätantike[65], sondern auch für das Mittelalter weitere Beispiele pragmatischer oder informeller Toleranz oder auch der Ignoranz zutagefördern;[66] aber inhaltliche Toleranz mit positiver Fremderfahrung wirkt vor dem Renaissance-Humanismus unwahrscheinlich, so nachdrücklich auch betont wird, „das moderne Toleranzkonzept [sei] spätestens seit dem 12. Jahrhundert wirksam" gewesen.[67]

Da Gedimin erst nach 1315 seinem älteren Bruder Witen nachfolgte, gehörte sein Wirken in jene zweite Phase des 14. Jahrhunderts, die bereits durch Verweis auf Ungarn unter den Anjous, auf Polen seit 1320 und auf die Bildung des Deutschordensstaats gekennzeichnet worden war. Aber im Hinblick auf Litauen schweift der Blick weiter: 1313–41 amtierte jener Tataren-Chan Özbek von den beiden Sarai und der unteren Wolga aus, der seine Leute zum Stamm der Usbeken zusammenfaßte und die sunnitische Staatsreligion durchsetzte. Hiergegen blieb christlich-abendländische Mission, wie sie unter Papst Johannes XXII. unternommen wurde, folgenlos. Neben dem Bewahren der eigenen Türk-Sprache hat der sunnitische Islam verhindert, daß sich die Wolga-Tataren im Russentum verloren.

Der Grund für Rußlands Aufstieg vom Großfürstentum Moskau aus wurde durch Ivan I. Kalità gelegt. Ungefähr 1284 geboren, ging er seit 1304 seinem älteren Bruder Jurij Danilovič zur Hand, besonders im Kampf gegen das nördlich und nordwestlich benachbarte Fürstentum Tver'. Zu den ersten Erfolgen seiner selbständigen Amtszeit 1325–41 gehörten Ergebnisse aus der Zusammenarbeit Jurijs mit Peter, dem Metropoliten von Kiev und der ganzen Rus'. Als dieser vor den Tver'ern aus dem seit 1299 geltenden Metropolitansitz Vladimir gewichen war, hatte er nicht nur bei der Goldenen Horde, sondern stärker noch in Moskau Unterstützung gefunden, und das hatte Ivan I. weitergeführt. Bei seinem Ableben zu Moskau 1326 wurde Metropolit Peter eben hier in Moskaus erster Steinkirche beigesetzt, die er selber dort hatte errichten lassen, und seine Verehrung als des ersten Moskauer Heiligen, die in seiner Kanonisation 1339 fixiert wurde, erleichterte es seinem Nachfolger Theognost, die Weichenstellung für Moskau als ständigen Metropolitansitz weiterzuverfolgen.

Darüber hinaus schloß er sich in gewisser Weise der hilfesuchenden Tatarenpolitik des Metropoliten Peter an: Dieser hatte – wahrscheinlich durch Jarlyk – wohl uneingeschränkte Gerichtsimmunität für seine Kirchenprovinz zugesprochen erhalten. Auch Moskauer Fürsten pflegten wohl schon seit dem 13. Jahrhundert ihre Herrschaft auf einen Jarlyk zu stützen, was aber erst seit Ivan III. textlich zu greifen ist – im Unterschied zu Vladimir 1252 und den kirchlichen Jarlyks schon seit 1267. 1327 warf Ivan I. Kalità einen antitatarischen Aufstand in Tver' rücksichtslos nieder; 1328 erhielt er gleichsam als Dank den Jarlyk für Vladimir, und da die Einzugsvollmacht der Tatarenlösegelder für andere russische Fürstentümer bis hin nach Novgorod damit verbunden war, konnte er die mit Tatarenunterstützung eingetriebenen Tribute teilweise seinem eigenen Staatssäckel zukommen lassen; hiervon wird sein Beiname „Kalità, ‚Staatssäckel'", abgeleitet. Bei erneuten Schwierigkeiten mit Tver' seit 1337 haben seine Intrigen sogar dazu geführt, daß die dortigen Fürsten Vater Alexander und Sohn Fedor 1339 in Neu-Sarai beseitigt wurden und die Glocke der Hauptkirche von Tver' nun in Moskau geläutet werden konnte. Kirchenbündnis und Tatarengunst blieben denn auch die Grundzüge der Moskauer Großfürstenpolitik bis in die Mitte des 15. Jahrhunderts; religiöse Intoleranz paßte dazu nicht.

In Litauen war Gedimin ebenfalls, wenn auch nur bis 1315, seinem älteren Bruder zur Hand gegangen, hatte dann 1320 in Kiev und spätestens auch in diesem Jahr in Polozk die Herrschaft übernommen und spätestens bis 1340, als auch Smolensk unterworfen war, Herrschaft und Einfluß auf weitere russische Fürstentümer ausgedehnt. Die Hoffnung auf eine litauische Metropole in Novogródek realisierte Konstantinopel nur kurzzeitig, aber für seine Toleranz ist ähnlich wichtig die Tatsache, daß für 1305–1409 durch jüngere Forschungen 299 Preußenreisen haben aufgelistet werden können, also auch qualitativ mehr als die „seit 1316... fast jährlichen Litauerreisen", die zuvor resümiert worden waren.[68] Als letzte Heiden Europas, die ganz von orthodoxen oder römisch-katholischen Christen umgeben waren, lieferten Gedimins Litauer eine Existenzbestätigung für den Deutschen Ritterorden, und die politisch-militärische Konfrontation war ohnehin durch das nordnordwest-litauische Schamaiten bedingt, das sich wie ein Keil zwischen Ordensland in Altpreußen und in Livland gehalten hatte. Daß hier und weitgehend auch in Litauen die christliche Mission nicht vom Ordensland her erfolgte, sollte für den Deutschen Ritterorden selbst verheerende Folgen haben.

Gedimin allerdings erschien schon 1317 als nicht aussichtsloser Kandidat für Missionsbemühungen Papst Johanns XXII., und 1323/24 kam es sogar zu so handfesten Nachrichten in dieser Richtung, daß der absente Rigaer Erzbischof Friedrich von Pernstein sich mit einer entsprechenden Delegation wieder nach Riga wagte – mit dem Ergebnis, daß sich in Wilna die römisch-katholischen Taufabsichten des Königs nur als Mendikantenwunsch offenbarten. Dort erfuhr man jedoch von jener Toleranz, die lateinisch so formuliert wurde, als akzeptiere Gedimin auch christliche Gottesverehrung als legitim: „...auch wir verehren Gott, und zwar nach unserem Ritus; alle haben wir den einen Gott" (*... et nos colimus Deum, secundum ritum nostrum, et omnes habemus unum Deum*). Die neben den Mendikanten in Wilna wirkenden Djaken waren übrigens kein Indiz für autoritäres Herrschaftsgebaren der Litauer, sondern gleichsam genutztes Kulturgut.

Zum Wetsche in Altrußland

Spätestens mit seinem Ausgreifen auf Polozk, Kiev und Smolensk könnte der Litauerkönig Gedimin in Berührung mit einer berühmten Verfassungseinrichtung der mittelalterlichen Rus' geraten sein, nämlich dem Wetsche (*veče*). In ihm pflegten sich in unregelmäßiger Folge – angeblich nur in „lateinischen" Einflußbereichen[69] auf Läuten der Wetsche-Glocke hin – diejenigen freien Bewohner von Stadt und Umland einschließlich von Bojaren und Schwarzen Leuten einzufinden, die zum Beispiel an einer Berufung oder Entlassung eines Fürsten mitwirken wollten. Auf diesem Weg hatte auch ein Litauer namens Dovmont seine Pleskauer Fürstenstellung 1266 erhalten und bis zu seinem Tod 1299 amtiert – beispielsweise als erfolgreicher Heerführer. Er sollte schließlich zum Pleskauer Stadtpatron aufsteigen und wurde offiziell kanonisiert. Die Entscheidungen im Wetsche fielen infolge fehlenden Mehrheitsprinzips akklamatorisch; es lag also der Wunsch nach Einmütigkeit vor – nicht etwa „Einstimmigkeit".

Neben Fürstenwahl und -entsetzung, Krieg und Frieden sowie Krisenmaßnahmen ist für Novgorod und teilweise Pleskau später auch die Entscheidung des Wetsche über hohe Ämter einschließlich der Bischofs- und Erzbischofswürde, über Verträge, städtische Landzuteilung und überhaupt über Gesetze bezeugt. Bei Interessengegensätzen wurde bisweilen das Terrain durch Geschenke vorbereitet, gelegentlich ein Ziel auch mit Gewalt durchgesetzt. Ohnehin förderte die Möglichkeit der freien Einberufung durch letztlich jeden potentiellen Versammlungsteilnehmer einschließlich oppositioneller Bojarengruppen,[70], daß Emotionen ungebremst aufkochten und Gewaltakte gegen mißliebige Amtsträger vorkamen. Anderseits hat sich in Novgorod und Pleskau dieses Versammlungswesen auch auf Stadtfünftel beziehungsweise -viertel, in Novgorod auch auf Straßenzusammenkünfte zur Bestimmung von Ältesten und Amtsträgern ausgedehnt. Als Novgorod und Pleskau 1478 beziehungsweise 1510 ihre Unabhängigkeit ans autoritär regierte Moskau verloren, gehörte nicht nur das sofortige Abhängen der Wetsche-Glocken dazu, sondern auch die Überführung der Novgoroder Glocke nach Moskau.

Volksversammlungen im Sinne von Veča oder auf Stammesgrundlage haben sich jedoch „im ethnisch-litauischen Bereich [...] nicht nachweisen" lassen,[71] und dazu paßt nun auch die Tatsache, daß tragfähige Belege für ein städtisch maßgeblich mitbestimmtes Weiterleben der Veča für Kiev nach 1176, für Smolensk nach dem Anfang und für Polock nach dem Ende des 13. Jahrhunderts bislang nicht bekanntgeworden sind. Für Polock kann seit dem 14. Jahrhundert bestenfalls vom aristokratischen Wetsche im Sinne gemeinsamen Auftretens des Landesadels gesprochen werden, so wichtig die Städte gelegentlich auch noch gewesen sein mögen. Neben den eher regionalfürstlichen Tendenzen haben vor allem Städtevernichtungen durch die Tataren, deren Ansturm beispielsweise auch Kievs Mauerring 1240 nicht trotzen konnte, die Grundlagen für städtisches Mitbestellen von Fürsten verschwinden lassen und letztlich fürstlicher Selbstherrschaft den Weg bereitet.[72]

Die Tatarenkämpfe von 1237–40 und danach führten in Altrußland zu hohen Menschenverlusten und entsprechender wirtschaftlicher Schrumpfung mit verfassungspolitischen Folgen, nicht jedoch zu völlig neuen Sozial- und Verfassungsformen. Die Fürsten hatten lediglich ihren Jarlyk persönlich in Qara Qorum und dann in Sarai abzuholen, militärische Gefolgschaft zu leisten und Steuern abzuführen. Diese allerdings belasteten die Städte doppelt: als Hauptsteuer (*dan'*) vom Hof sowie als *tamga* von Handel, Siegel und weiterem. Auch Heeresfolge und Postdienst dürfte Städter gefordert haben, wobei übrigens die Kirchen auch hiervon frei blieben und lediglich den Chan in ihr Gebet aufnehmen mußten: formale Toleranz durch die Goldene Horde, die Politisch-Verfassungsrechtliches ebenso einschloß wie den religiösen Bereich! Historisches Ergebnis war die Schwächung der tatsächlich durch die Forschung so genannten „mittleren Schicht" der Stadtbewohner. Stabile Selbstverwaltungsorgane in Gestalt von *gospoda* und *veče* haben denn auch nur Novgorod und Pleskau weitergeführt, zumal allenthalben Reagrarisierung einsetzte und erst wieder für die zweite Hälfte des 14. Jahrhunderts ein Produktionszuwachs wahrscheinlich ist. Sicher waren die Schrumpfungsergebnisse regional unterschiedlich; aber es waren bezeichnenderweise die Randlagen von Pleskau und Novgorod, die deren Weiterführung des Wetsche-Systems begünstigte – und eine solche auch für das anscheinend mit dem wolgabulgarischen Kasan (heute in Tatarstan) parallel entstehende Vjatka „ohne eigene Fürsten".

Karte 8: Europäisches Rußland.

Obgleich erstmals zu 1374 in schriftlichen Quellen erwähnt, reicht die Datierung von Funden aus der befestigten nachdörflichen Siedlung Vjatka – seit 1935 Kirov – bis in die zweite Hälfte des 13. Jahrhunderts zurück. Entsprechend wird auch mit der dortigen Wetsche-Republik von dieser Zeit bis 1489 gerechnet, zumal Tatarentribut erst Ende des 14. Jahrhunderts und dann auch nur vorübergehend geleistet worden ist und sogar die Hinwendung zu einem der Nachbarfürsten in Nižnij-Novgorod oder Suzdal' erst seit 1383 zu fassen ist. Möglicherweise erfolgte hier die Ausformung von Novgoroder Kolonisten, wenn nicht gar Flußpiraten, über erfolgreiche Kaufleute zu politisch und sozial führenden Bojaren in einer Art „Freistaat", wie ihn ältere Forschungen gar als geographisch feste und kartierbare Größe unterstellen.

Bojaren im litauischen Großreich und Städtewesen in Livland

Altrußlands Bojaren waren Adlige, die über Landgüter verfügten, aber in der Stadt oder in Umgebung des Fürsten lebten. In Rußlands Nordosten als führend angesehen, konnte im Südwesten so auch der niedere landbesitzende Adel heißen. Für litauische Adlige, die König Gedimins Expansion mittrugen, war der Bojarenstatus insofern attraktiv, weil er durch die litauische Überlagerung keine Minderung erfahren hatte – im Unterschied zu all jenen Fürsten, die sich der litauischen Herrschaft nicht fügten und die deshalb vertrieben wurden. Daß litauisches Bojarentum nur eine ungenaue Übertragung gemäß der westrussischen Kanzleisprache gewesen sei, liegt schon deshalb nicht nahe, weil fehlendes Städtewesen in Litauen – hier gab es lediglich Hakelwerke, also nicht-agrarische Dienstsiedlungen bei Burgen, – Kontakte zu Städten außerhalb des engeren Litauen geradezu nahelegte, eben wegen Fehlens der attraktiven Handels- (und Rechts-)Stadt aber auch nur außerhalb Litauens möglich war.

Hierher dürfte auch die rigische Bündnistradition der Litauer gehören. Riga war seit der zweiten Generation seiner Gründung von 1201 in einen so explosiven Gegensatz mit den landesherrlichen Bestrebungen des Deutschen Ritterordens hineingewachsen, daß die Niederlegung der Ordensburg von 1297 samt nicht nur Vertreibung, sondern sogar Gefangennahme und Enthauptung von rund 60 Ordensmitgliedern[73] zwar erklärlich, aber machtpolitisch ohne auswärtige Hilfe kaum klug war. Wenn diese Konstellation auch gegen die Dorpater Konföderation von 1304 und den Segewolder Pakt von 1316 festgehalten wurde, dürfte dahinter ein zeitweises Standlager der Litauer vor der Stadt und allgemein der nachhaltige Schutz jenes Düna-Handels, der entlang der Achse Riga – Polozk seit dem 13. Jahrhundert angenommen wird, durch König Gedimin zu sehen sein. Entsprechend pflegte Gedimin bei Bündnissen gegen die Litauenreisen des Deutschen Ordens auffälligerweise Erzstift und Stadt Riga aus den avisierten Gegnern auszunehmen. Ausdrückliche Bündnisse von 1322 und 1329 konnten dann aber an der endgültigen Durchsetzung des Ordens auch in Riga seit 1330 nichts ändern, bezeichnenderweise mit der Auflage für die Stadt, ihr Bündnis mit König Gedimin formell aufzusagen. Gleichwohl blieb der Düna-Handel für Riga anhaltend wichtig, zumal der Orden der Stadt nicht nur den Fischfang, sondern auch die Schifffahrt freigab, und scheint auch über die von der Forschung unterstellte Wende von ungefähr 1400 hinaus betrieben worden zu sein, wie ein Handelsvertrag mit Polozk von 1404/05 suggeriert. Erst allmählich dürfte die Schrumpfung hin zum Schamaiten-Handel erfolgt sein.

Wenn als letztlich triumphierender Handelskonkurrent Danzig herausgestellt wird, dann bleibt festzuhalten, daß das der Wettbewerb zwischen zwei im wesentlichen deutschen Städten war. Denn nicht nur für die Gründungs- und Erweiterungszeit Rigas seit 1201 beziehungsweise 1211, sondern auch weiterhin ist ein zahlenmäßig hoher Bevölkerungsanteil aus Deutschland für Rigas Mittelalter anzunehmen. Im 16. Jahrhundert scheinen von den rund 12000 Einwohnern noch rund 8000 Deutsche gewesen zu sein, und zwar einschließlich ärmerer Personengruppen, also nicht nur die sonst in Livland üblichen Führungsgruppen. Der explosionsartige wirtschaftliche Gewinn, den man in Riga machen konnte, läßt sich am rigischen Landgebiet auf Ösel und in Kurland schon bis 1237 ablesen. Demgegenüber scheint die Sonderung von Großer Gilde und Kleinen Gilden oder Ämtern frühestens nach der Mitte des 14. Jahrhunderts zu datieren zu sein. Zur festen Kundschaft der rigischen Kaufleute gehörte – gleichsam konjunkturübergreifend – auch der Bauer im Umland.

Auf diesem Markt kämpften die Kaufleute und Händler mit beginnender Konkurrenz des Adels. Diesem kam im altlivländischen Ständewesen eine führende Stellung zu, wie sich besonders an der Ritterschaft von Harrien und Wierland um Reval beziehungsweise mit Wesenberg ablesen läßt. Zwar verwaltete der dänische Hauptmann in Nord-Estland vornehmlich mit Hilfe von Deutschen; aber die einheimischen Vasallen hatten sich von der Burgmannschaft in Reval her schon seit spätestens 1259 als eine Gemeinschaft (*universitas vasallorum*) zu verstehen gelernt. Spätestens 1315 wurde ihnen die Gerichtsbarkeit über Bauern gewährt, und die Jungingensche Gnade von 1397 läßt erkennen, daß die Harrisch-Wierische Ritterschaft durch den Verkauf der Landesherrschaft vom Dänenkönig an den Deutschen Ritterorden keine Erschütterung ihrer Stellung erlitt.

Innerhalb der Stände Altlivlands deutet die Dorpater Konföderation von 1304 im Unterschied zum landesherrlichen Schutzbündnis von 1247 bereits auf städtische Beteiligung – trotz damaliger Gegnerschaft gegen Riga. Und tatsächlich hatte ja eine lange Festungstradition der livländischen Städte – im Unterschied zum einheimischen Hakelwerk hier und in Litauen – die militärische Bedeutung unterstrichen. Politisch und rechtlich sind städtische Autonomie und eigenständige Rechtsbildung gerade an Rigas Beispiel eindrucksvoll zu fassen: Herkunftsbestimmte Gilden, Stadtrat und Gemeindebeteiligung sprechen für jene; für diese werden Stadtrechtsstufen von mindestens 1201, 1227/38 bei Abgabe an Reval, 1279 bei Abgabe an Hapsal, um 1285 bei Rezeptionen aus Hamburg und um 1300 als eigene Umarbeitung mit klarer und systematischer Gliederung erschlossen, und die letzte – bis ins 17. Jahrhundert gültige – Fassung war für Landesherren und Städte so attraktiv, daß Rigas Rat als Appellationsinstanz für fast alle livländischen Städte fungierte.

Der große Erfolg des rigischen Stadtrechts mag nicht nur in seiner praxisfreundlichen Systematik, sondern auch in der regional notwendigen ständigen

Modernisierung begründet gewesen sein, wie sie ja als wesentliche und permanente Aufgabe jedweder Politik aufgegeben ist. Nun ist aber gerade Rigas frühe Stadtrechtsabgabe an Reval hier nicht von Dauerwirkung geblieben, sondern durch die Dänenkönige mittels Begabung Revals mit Lübischem Recht makuliert worden, und das stand nicht allein: 1302 begabte der Dänenkönig jenes Suburbium Wesenberg, das sich bei einer gut 80 km weiter östlichen steinernen Festung König Waldemars II. von 1238 gebildet hatte, mit Lübischem Recht Revaler Prägung, und kaum sehr viel später erhielt auch Narva, 100 km noch weiter östlich und unter deutscher Oberschicht bei einer Dänenburg von 1276 wachsend, Revaler Recht. Damit dürfte die Suggestion, es sei bei dem Ausscheren aus rigischem Recht um einen anti-deutschen Zug gegangen, Zweifeln unterliegen. Diese verstärken sich, wenn man die Reihe von Rigas Stadtherren seit dem Beginn der livischen Mission verfolgt.

Zweifellos war diese von Deutschland aus vorgetragen worden: Der erste bekannte Missionsleiter Meinhard von Üxküll war aus dem Augustinerchorherrenstift Segeberg gekommen und in Bremen zum Livenbischof geweiht worden. Sein Nachfolger Berthold kam aus der Zisterze Loccum; nach seinem Tod im Kampf gegen Liven am Platz des späteren Riga 1198 sollte er, noch in Üxküll bestattet, zum lokalen Märtyrerheiligen aufsteigen. Bischof Albert I. von Bexhövede war Bremer Domherr gewesen, ehe er 1201 Riga gründete und 1202 durch Mitstiftung des Schwertbrüderordens den Missionsschutz organisierte. Sein Nachfolger und nun Rigaer Bischof Nikolaus aus dem Magdeburger Liebfrauenstift stand in engster Herkunftsbeziehung zu den Herren von Nauen. Sein schließlich überlebender Konkurrent Albert II. Suerbeer, der als erster Erzbischof seit 1253 in Riga residierte, war Kölner Patrizierkind. Sein Nachfolger Johann I. gehörte den Herren von Lüne an, dessen Nachfolger Johann II. entstammte der hansischen Patrizierfamilie „von Vechta" und ist lediglich hinsichtlich seines Antrittsjahrs 1284 oder 1285 in Riga umstritten. Mit dem militärisch unglücklich operierenden Rigaer Erzbischof Johann III. von Schwerin riß 1300 zunächst die Reihe der deutschstämmigen Oberhirten ab: Die Quasi-Kandidaten Isarnus Taccon und Johann Grand waren Norweger beziehungsweise Däne, und der schließlich akzeptierende und akzeptierte Friedrich von Pernstein (1304–41) entstammte mährischem Adel. Ausgerechnet seit 1300 war Rigas Deutschtum stadtherrlich nicht prominent.

Motive zum anti-rigischen Stadtrechtswechsel lassen sich aus der Norddeutschlandpolitik des Dänenkönigs Erich VI. gewinnen. Als rund 12-jähriger nach Ermordung seines Vaters Erich V. „in der Scheune von Finderup" 1286 König geworden, konnte er seit 1300 als Lehnsherr des Fürsten Nikolaus von Rostock und seit 1307 als *rector* Lübecks auftreten; aber sein glanzvolles Turnierfest vor Rostock 1311 täuschte nicht darüber hinweg, daß seine Kinderlosigkeit und die allmählichen Herrschaftswünsche seines Bruders Christoph II. zu Unsicherheiten führten, so daß die Herrschaft über Lübeck und Rostock trotz dessen Eroberung 1312 bald wieder verlorenging. Fassen läßt sich das allerdings erst seit Lübecks Ausscheren 1317, und so wird man bis dahin von einer Zusammenarbeit zwischen Erich VI. und Lübeck auszugehen haben. Zudem hatte die auffällig starke lübischrechtliche Ratsherrschaft mit ihrer Selbstergänzung des Rats durch geheime Zuwahl attraktive Momente für derzeit bestimmende Kaufmannsfamilien in Reval, Wesenberg und Narva. Weitere Unterschiede im Rechtsmaterial zwischen lübischem und rigischem Recht harren der Analyse; sicher wird man aber nicht fehlgehen in der Annahme, daß in beiden Rechten die Gerichtshoheit als entscheidend galt. So dürfte zu den wesentlichen Motiven der dänischen Landesherrschaft in Nordestland, sich dem lübischen Recht zuzuwenden, gehört haben, jedweden Rechtszug in potentiell konkurrierndes Territorium – ggf. nach Riga – zu vermeiden. Eigentümlicherweise haben die livländischen Gilden bis Ende des 14. Jahrhunderts auch Ausländern offengestanden, so daß – bei allen Wendungen gegen „Undeutsche" in der Zeit danach – quasi-nationale Kontroversen kaum um 1300 bestimmend gewesen sein können. Darüber hinaus hat sich Riga 20 Jahre länger als die livländischen Nachbarn seine Unabhängigkeit bewahren können: 1561 beziehungsweise 1581. Es hatte also durch Diskriminierung der Undeutschen bis hin zu deren Ausschluß aus dem zünftigen Handwerk seine politisch-militärische Schlagkraft nicht früher als die Nachbarn eingebüßt.

Danehof und Erzbischöfe von Lund bis um 1300

Auf den ersten Blick bietet sich als Anregung für die starke Stellung der livländischen Ritterschaft um 1300 die Verfassungseinrichtung des Danehofs im dänischen Königreich an, zumal diese Reichsversammlung mit einem „mittelalterlichen Parlament" wenig zu tun hat. Erwachsen aus alljährlichen Zusammenkünften der königlichen Gefolgsleute, ist der erst seit König Waldemar IV. (1340–75) so genannte Danehof der Sache nach beispielsweise 1241 zu Vordingborg zu fassen, wo König Waldemar II. kurz vor seinem Tod das Jütsche Recht verkündet hatte. Unter seinen drei Söhnen (1241–59) kommen solche *parlamenta* und *concilia* wiederholt vor, und 1282 wird ein solches *parlamentum* gleichgesetzt mit dem *hof*, den König Erich V. Klipping alljährlich einzuberufen verspricht: eine Gewohnheit, die sich anscheinend unter König Erichs V. Vater König Christoph I. (1252–59) bereits eingebürgert hatte.

Aus der politischen Geschichte ist bekannt, daß damals nur weltliche Große und Bischöfe dazugehörten. Trotz der Existenz von Kanutigilden seit 1177 waren keine Kaufleute dabei, und auch die Teilnahme der Bischöfe ist eigentlich erst auf dem Hintergrund der Tatsache aussagekräftig, daß um die Mitte des 13. Jahrhunderts die Geistlichkeit als Quasi-Stand neben Bauern, Kaufleuten und Kriegern anerkannt wurde. Politisch allerdings wurde diese Anerkennung mit langjährigen Auseinandersetzungen erkauft. Stellvertretend für sie stehen die Namen und Amtszeiten der Lunder Erzbischöfe Jakob Erlandsen und Johann Grand.

Erlandsen, 1249 durch Papst Innocenz IV. „zum Bischof von Roskilde" auf Seeland ernannt, hatte 1253 als Kopenhagens Stadtherr die Tore vor dem neuen König Christoph I. schließen lassen, der im Sinne seines Vaters Waldemar II. die Stellung der Zentralgewalt zu stärken gedachte. Ebenfalls 1253 zum Erzbischof von Lund postuliert, hat Erlandsen noch als Roskilder Bischof 1254 das erste Kopenhagener Stadtrecht erlassen, ehe er noch im selben Jahr sein Amt in Lund antrat. Entsprechend stützte König Christoph I. Schonens Bauern, als sie sich gegen Erlandsens Versuch wandten, ihre Kirchengewohnheiten dem kanonischen Recht anzugleichen. Der Erzbischof fürchtete für seine Freiheit – und scheute gleichzeitig eine Machtprobe nicht: 1256 folgte er nicht der Ladung zum Danehof in Nyborg auf Fünen, sondern lud zum selben Termin zu einer Reichssynode nach Vejle an Jütlands Ostküste. Hier wurde denn auch beschlossen, daß bei Gefangensetzen eines Bischofs im ganzen Land kein Gottesdienst mehr gefeiert werden dürfe. Der König reagierte jahrs darauf zu Lund mit der Einziehung von Privilegien des Erzstuhls.

Erzbischof Erlandsen erwirkte bei Papst Alexander IV. die Erlaubnis von 1258, sein Amt aufgeben zu dürfen; doch ehe er das verwirklichen konnte, brachte die erzbischöfliche Weigerung, den Thronfolger bereits jetzt zu weihen, König Christoph I. dazu, ihn im Februar 1259 festzusetzen. Als dieser König am 29. Mai 1259 starb, war der Erzbischof noch nicht frei, ließ sich aber auch nicht mehr aus dem Amt drängen, nachdem er im Sommer 1259 freigelassen worden war. Sogar einem Resignationsgebot Papst Urbans IV. (1261–64) trotzte er, obgleich er seit 1261 im Exil lebte, und hatte schließlich die Genugtuung, daß unter Papst Gregor X. seine Rückkehr vorgesehen wurde. Während der Heimreise starb Erzbischof Jakob Erlandsen 1274 auf Rügen.

Spätestens im Jahr von Erlandsens Roskilder Ernennung war Johann Grand als Neffe von Roskildes späterem Bischof Peter Bang geboren worden. Zunächst bei diesem seinem Verwandten erzogen und dann im Ausland zum Dr. decretorum, also zur kirchenrechtlichen Dozentenwürde, gelangt, wurde er 1274, noch unter dem Onkel, Roskilder Dompropst. Gerade war Erzbischof Jakob Erlandsen auf Rügen gestorben, so daß Johannes Grand dessen drei teilweise sehr kurzzeitige Nachfolger bereits als Kirchenmann miterlebte. Obgleich Grand am Roskilder Domkapitel aus eigenen Mitteln sechs Pfründen fundierte, anderseits sich um 1280 auch gegenüber dem König als fest erwies, als es um den Besitz der Michaelskirche zu Slagelse auf Seeland ging, machte er nicht am Hausbistum Karriere – hier sollte übrigens die lückenlose Bischofsliste erst für 1300–1304 abreissen.

1289 wurde Grand zum Erzbischof von Lund ernannt, obgleich er mit Verdächtigten des 1286er „Mords in der Scheune von Finderup" verwandt war und auf eine Versöhnung mit Norwegen hinarbeitete, mit dem die Dänen noch bis 1295 Krieg führen sollten. Möglicherweise deshalb, weil er Erlandsens Politik weiterführte, setzte ihn die Regierung des Königsbruders Christoph 1294 auf der Inselveste Søborg fest: jenem Staatsgefängnis, in dem 1167 bereits Prinz Buris, 1193–1206 Bischof Waldemar von Schleswig, 1201–03 Graf Adolf III. von Holstein und 1285–86 Herzog Waldemar IV. von Schleswig eingesessen hatten. Doppelt spektakulär das Anschließende: Anderthalb Jahre später kam Grand aus Burg Søborg durch Flucht frei, um einen Prozeß an der päpstlichen Kurie anzustrengen; 1297 wurden ihm nicht nur 49 000 Silbermark als Entschädigungssumme, sondern auch die Geltung des Grundsatzes zugesprochen, das Festsetzen eines Bischofs mit des Königs Wissen habe das Interdikt über dessen ganzes Land zur Folge; die makaber wirkende Gegenleistung, dies geschehe auch im Falle eines Königsmords, mochte den erzbischöflichen Triumph keineswegs trüben. Doch das endgültige Urteil von 1302 sah ganz anders aus: Unter dem 23. Februar wurde eine so schmale Restitution anvisiert, daß man unter dem 30. März 1302 schon Grands Translation nach Riga vorsah.

Karte 9: Süd-Skandinavien und Norddeutschland.

Hier sollte seit 1304 der mährische Adlige Friedrich von Pernstein deshalb wirken, weil Grand sich nicht mit dieser Abschiebung einverstanden erklärte und so lange gleichsam verfügbar blieb, bis ihn Papst Clemens V. unter dem 11. Februar 1310 für das Erzbistum Hamburg-Bremen providierte. Die Überblicksdarstellung, er sei im Konflikt mit seinen beiden Kapiteln schon 1316 abgesetzt und dann in Avignon bis zu seinem Tod 1327, frühestens im 78. Lebensjahr, als Quasi-Pensionär wohlwollend behandelt worden,[74] geht an der Tatsache vorbei, daß die päpstliche Kurie eine derartige Absetzung nicht anerkannte und daß ein neuer Erzbischof für Hamburg-Bremen in der Person des Rüstringer Archidiakons Burchard Grelle erst nach Grands Tod providiert – und in Avignon auch geweiht wurde.

Reichsrat, Danehof und skandinavisches Städtewesen um 1300

Das dänemarkferne Ende von Dänemarks höchsten Kirchenfürsten Jakob Erlandsen und Johann Grand ist verfassungsgeschichtlich deshalb beachtenswert, weil dem dänischen Reichsrat – ähnlich wie dem schwedischen – gewöhnlich der Vorsitz des Erzbischofs unterstellt wird. Ansonsten umfaßte diese königsnahe Institution mit Ratseid und spätestens 1320 Indigenatsprinzip neben hoher Geistlichkeit und weltlicher Aristokratie auch Verwaltungsfachleute und hat spätestens nach der letzten erheblichen Danehofsitzung von 1413, auf der das Herzogtum Schleswig zum immerwährenden Teil des Dänenreichs erklärt wurde, vollständig das Erbe des Danehofs, hier seiner Gerichtsbarkeit, angetreten.

Setzte sich damals letztlich ein königliches Regierungsinstrument durch, so war der Danehof des 13. Jahrhunderts wiederholt nur durch Zugeständnisse zu einer Zusammenarbeit mit König und Rat zu bewegen. 1276 beispielsweise entzweite man sich angesichts außerordentlicher Steuerbegehren König Erichs V. gar über der Frage, wie eventuelle Majestätsverbrecher zu behandeln seien. Auf dem 1282er Danehof von Vordingborg und Nyborg erließ Erich V. schließlich die erste Handfeste der dänischen Geschichte. Mit ihrer Habeas-Corpus-Passage und der Dienstpflichtenbegrenzung wirkt sie dem König abgetrotzt; aber die gleichzeitige Beschneidung von Strandrecht und Grundruhr (*ius naufragii*) auf Reichsebene kam stadtbürgerlichem Unternehmertum zugute. Als König Erich V. 1284 im Danehof das Reichsrecht ausfertigte, bot es gar Hilfen für den angespannten Fiskus, beschränkte das Fehderecht und regelte Versorgungen für die königsverwandten Seitenlinien. Nach dem „Mord in der Scheune von Finderup" von 1286 wurde 1287 vor dem Danehof die Friedlossetzung der Tatverdächtigen vorgenommen. Aber schon danach schwand die Bedeutung dieser Reichsversammlung trotz regelmäßigem Tagungsrhythmus, und nach 1305 wurde sie kaum noch einberufen.

Weder an Reichsrat noch Danehof nahmen Städtevertreter teil. Grund war die anhaltend abhängige Position der durchweg kleinen Städte im dänischen Reich. Bezeichnenderweise hieß *by* sowohl Dorf als auch Stadt, war *villanus* in Skandinavien sowohl der Dörfler als auch der Städter – als solcher sonst im Mittellatein anscheinend äußerst selten belegt. Tatsächlich ist dänisch und norwegisch *borger*, schwedisch *borgare*, erst spät und aus dem Niederdeutschen entlehnt worden, und an jenen Handelsplätzen, die es während des ganzen skandinavischen Mittelalters gegeben hat, scheinen vornehmlich Bauernkaufleute gewohnt zu haben.

Wenn sich das dänische Königsitinerar gleichwohl auf Städte stützte, stand deren vielfältige Nutzung im Vordergrund – bis hin zu Münzstätten wie Aarhus und Ripen. Stadtbürger allerdings waren nicht Glieder jener Freien Stände, die adligen oder kirchlichen Landbesitz erwerben durften. Entsprechend scheinen Städte weitestgehend von Stadtherren abhängig gewesen zu sein: Was für eine königliche Gründungsstadt von 1288 namens Køge an Seelands Ostküste selbstverständlich ist, kann für Næstved nahe von Seelands Südwest-Küste schon für 1140 aus Abgaben erschlossen werden. Gleichwohl haben sich Stadtrechtskreise erkennen lassen: für Seeland in Abhängigkeit von Roskilde, Schleswiger Recht in Hjørring, Flensburg, Viborg, Aarhus und Æbeltoft sowie Lübisches in Tondern und Ripen. Eigenbewußtsein wider den Stadtherrn machte sich historisch nicht geltend; ein Kopenhagener Aufstandskeim von 1296 gelangte nicht zur Entfaltung, wohl wegen der bischöflichen Privilegierungen von 1254 und 1294. Schließlich waren die Einwohnerzahlen sehr gering: um 1300 für Ripen unter und für Kopenhagen vielleicht nahe an 3000 Menschen einschließlich der Geistlichkeit. Ein Vielfrontenkampf hielt Dänemarks Städter unter Druck, und sie mochten froh sein, wenn sie freie Konkurrenz deutscher Kaufleute durch deren weitgehende Integrierung in die Bürgerschaft kontrollieren konnten.

Auf der Suche nach ihren Aufgaben in Deutschland und Europa: König und Reichsangehörige um 1300

Von Nord- und Ostdeutschlands Küstenstädten und deren Hinterland aus waren deutsche Handelsherren tätig, denen bereits um 1300 neben der Kaufleute-Hanse Elemente einer Städte-Hanse zu Hilfe kamen. Sie waren Nutznießer jener Zweiteilung Europas, die für seine Geschichte seit spätestens 1000 als charakteristisch gilt: Quasi-trägen Landmassen mit relativ beschwerlicher Verkehrserschließung und Agrarproduktion infolge härterer Kontinentalklimata entzogen sich kommunikative Küstengebiete und große Täler wie diejenigen von Weichsel, Rhein, Donau und Po. Hierher gehörige Küstenstreifen und Städte genossen infolge von Seeverkehr und -handel beziehungsweise starker Binnenkommunikation Wohlstand und Autonomie, jedenfalls im Vergleich mit weniger mobilisierten und leichter beherrschbaren Binnenländern. Dem entsprach die Bevölkerungsdichte: Bis zur Anbindung an Eisenbahnnetze seit der Mitte des 19. Jahrhunderts waren Binnenländer Europas deutlich dünner besiedelt als Küsten- und Flußgebiete. Insgesamt wird dies für den Aufweis eines langfristigen West-Ost-Unterschieds in Europa ausgemünzt;[75] für Deutschland bedeutete dies aber auch ein gewisses Binnengefälle zwischen geographischer Mitte und Randbereichen, zumal wenn diese in steigender Königsferne agierten und nicht einmal vom Königsitinerar „erfaßt" wurden.

Parallelisieren könnte man die bloße „Grafenherkunft" römisch-deutscher Könige und Konkurrenzherrscher seit Wilhelm von Holland (1247/48–1256) und Richard von Cornwall (1257–1272). Gegenüber den dynastiebewußten Nachbarmonarchien sah das wie ein Mangel aus, entsprach aber längst einer gewissen übereuropäischen Tendenz: Zu Kaisern von Konstantinopel waren seit 1204 wiederholt bloße Grafen von Flandern und ihre – auch weiblichen – Nachkommen sowie Herren von Courtenay im Gâtinais und ein Graf von Brienne aus der Champagne aufgestiegen, und dieser Johann V. († 1237) war vorher durch seine erste Ehefrau König von Jerusalem (1210–1225) geworden. Entsprechend waren auch hier nach dem niederlothringischen Herzog Gottfried von Bouillon bloße Grafen zur Königswürde gelangt: aus den Häusern Rethel in der Nord-Champagne und aus Anjou, während das im Heiligen Land ebenfalls reüssierende Haus Montferrat sich immerhin mit dem Markgrafentitel schmückte – und 1204–1224 zwei Könige von Thessalien gestellt hatte.

Solche Könige bedurften tatkräftiger Unterstützung der Magnaten ihrer Reiche, und das bedeutete deren Mitregierung.

Karte 10: Deutschland I.

gen. Albrecht dem I. hing an, daß er als bäurisch, kurz angebunden und besitzgierig galt, und weder Blutsverwandtschaft noch Verschwägerung machten ihn sympathischer – wohl erst 1295 sollte der Verlust eines Auges seinen Anblick noch unwirscher machen, wie die Erste bairische Fortsetzung der Sächsischen Weltchronik zu 1298 plastisch festhielt.

Als Kompromißkandidat der habsburgischen Partei gilt seit einer jüngeren Monographie über den „König für einen Tag"[78] Herzog Konrad II. von Teck. Ist er doch laut Owener Meßbuch aus der Mitte des 14. Jahrhunderts und laut dortigem Grabstein – wohl frühestens von 1332 – am 1. oder 2. Mai 1292 als Königselekt (*electus in regem*) gestorben. In der Zimmerschen Chronik wurde daraus im 16. Jahrhundert ein tatsächliches Königtum, wobei der Tecker Herkunft eine phantasievolle und römervergleichende Frühgeschichte geliefert wurde, anderseits aber auch auf den für die Zeit um 1300 nicht ungewöhnlichen Grabstein mit gekröntem Adlerkopf verwiesen werden konnte: Die Teckschen Wecken immerhin fanden Eingang ins Württemberger Wappen seit 1495. Argumente für Konrad II. von Teck als Nachfolger Rudolfs I. von Habsburg sind inzwischen zur konversationslexikon-reifen Hypothese, wenn nicht gar Faktendarstellung für eine tatsächliche Weinheimer Wahl vom 30. April 1292 kumuliert worden, allerdings ohne gewichtige Einwände zu berücksichtigen, die aus quellenkritischer und landeshistorischer Sicht vorgelegt worden sind[79]: Die Nachrichten über Herzog Konrad II. als Elekten haben als ein einziger Überlieferungsstrang aus Owen zu gelten. Königskandidaten gab es auch aus dem Hennegau mit Brabant, aus Geldern und aus Rieneck. Zudem ist das Fehlen Herzog Konrads II. oder denn auch „König" Konrads V. in den Königsgenealogien der Zeit schwer zu erklären. Schließlich hat ein hühnerei-großes Loch im Schädel eines der in Owen bestatteten Tecker Herzöge die Phantasie hin zur Königsmordhypothese zusätzlich angereizt. Nimmt man die „württembergischen" Einwände ernst, so handelte es sich bestenfalls um ephemeres Elektentum, wahrscheinlich sogar um eine nur vorübergehende Kandidatur, aber immerhin als Signal für eine abermals drohende Konkurrenzwahl, wie seit 1198 in der römisch-deutschen Geschichte allgegenwärtig und letztlich seit den Konkurrenzkönigtümern der Investiturstreitzeit mit 1077, 1081, 1093, 1106 und 1127 vorbereitet. Historisch wirksam wurde übrigens der Tecker Herzogstitel insofern, als man die Herzogserhebung der Grafen von Württemberg durch Römerkönig Maximilian I. 1495 auch mit dem Tecker Erbe begründen mochte, obgleich die von Herzog Konrads II. älterem Bruder Ludwig I. abstammende Tecker Linie ihre Hälfte bereits 1303 an die Habsburger verkauft hatte.

Hof- und Reichshoftage unter König Adolf 1292–1296

Für die Reichstage des römisch-deutschen Reichs seit ungefähr 1470 gilt, daß sie sich aus Elementen der königlichen Hoftage und von königslosen Tagen entwikkelt haben. Tatsächlich gab es königslose Reichsversammlungen schon seit der Minderjährigkeitszeit Heinrichs IV. 1062. Am bekanntesten ist das Gegenüber von Oppenheimer Königshof und Treburer Reichsversammlung plus päpstlichem Legaten 1076, wo Heinrich IV. seine Herrschaft nur durch Eingehen auf Bedingungen retten konnte, die in seiner Abwesenheit ausgehandelt worden waren.

Königsfrei waren alle Wahltage, die nach dem Tod eines mitkönigslosen Herrschers angesetzt und denn auch wiederholt verschoben wurden, bis ihr Geschäft erledigt war. Anderseits traten Hoftage stets auf königliche Ladung hin zusammen, um im gleichsam erweiterten Königshof Rat und Hilfe für den Herrscher zu tätigen oder zu organisieren. Ständische Repräsentanz fehlte; jeder Teilnehmer stand gewöhnlich nur für sich selbst, und die regionale Unterstützung wurde durch Könige und Kaiser mittels Reiseherrschaft eingeholt: eben auch auf Hoftagen.

Als spätmittelalterliches Kennzeichen gilt, daß territorialfürstliches Konkurrententum dem Hoftag fürstliche Teilnehmer entzog. Gleichwohl gehörten Kurfürsten zu den führenden Teilnehmern, darüber hinaus Gefolgsleute aus königsnahen Landschaften oder/und Erbländern, Leute aus des Tagungsorts Umgebung sowie natürlich anliegenmotivierte Einzelgänger. Tendenziell wurden Grafen und Herren immer einflußreicher, und über eine jüngere Überschau[80] hinaus, in der zumindest „Reichsstädte als Leistungsträger neben den Kurfürsten" angesprochen werden, ist zu fragen, seit wann das städtisch-bürgerliche Element auch hier wenigstens wahrgenommen wurde, nachdem es sich ohnehin schon im Herrscheritinerar und in militärischen Bereichen bemerkbar machte.

Ohnehin ist mit der älteren Forschung[81] zu prüfen, ob nicht doch die Gliederung in Hof- und Reichshoftage sinnvoll bleibt und tatsächlich nur letztere mit dem zukunftsträchtigen Terminus *parlamentum* belegt worden sind. Übergänge mögen fließend sein, so wenn man zum Aufweis der Regel aus Goldener Bulle 29:1, die *prima regalis curia* nach der Königsweihe sei in Nürnberg zu feiern, bereits auf „eigentliche Reichs(hof)tage" abstellen muß. Immerhin kann mit dieser Einschränkung der Nürnberg-Brauch für Rudolf I., Albrecht I. und Ludwig den Baiern reklamiert werden. Mochte er doch in der Reihung „Wahlort Frankfurt am Main – Weiheort Aachen – erster Hoftagsort Nürnberg" auch der regionalen Erfassung des Reichs dienen. Die Liste von König Adolfs Hoftagen beginnt jedoch mit Köln Anfang Oktober 1292, wo zumindest ein Landfriede auf zehn Jahre erneuert wurde. Es folgte Esslingen nach dem 24. Februar 1293 mit starkem schwäbischem Besuch und ebenfalls Landfriedenserrichtung, dann Mühlhausen in Thüringen eventuell schon ab Weihnachten 1294 mit gleichem Anliegen, während der Weihnachtshoftag 1293 zu Landau bis auf die Anwesenheit des Mainzer Erzbischofs keine Nachrichten hinterlassen hat. Dazwischen liegen Tage, die durch die ältere Forschung mit guten Gründen an anderer Stelle zu den Reichshoftagen gezählt werden, wobei nicht zuletzt die Hoffahrtspflicht ausgerechnet Ende Juni 1296 auf einem „allgemeine(n) ‚Parlament'" (*generale parlamentum*) zu Frankfurt am Main eingeschärft wurde.

In Nürnberg wurden um Ostern 1294 auffällig allgemeine Rechtssprüche auf Ersuchen Graf Rainalds I. von Geldern gefällt. Sie betrafen Grafenrechte, Beweispflichten und -rechte in Totschlag- und Schuldsachen, Hörige in einer Stadt und willkürliche Burgenbelagerung im Reich. Auch hat der König damals seinen Kauf Thüringens von Landgraf Albrecht dem Entarteten perfekt gemacht.

Ähnlich allgemein war das Reich betroffen bei Nürnberger Regelungen vom August/September 1294: König Adolf ratifizierte sein Bündnis mit König Eduard I. von England, sagte König Philipp dem Schönen die Fehde an, verheiratete seine Tochter Mechthild mit Rheinpfalzgraf Rudolf, behielt den Romzug im Blick und brach zur wettinischen Heerfahrt auf. Anwesend waren damals in Nürnberg wohl auch die Erzbischöfe von Salzburg und eventuell Köln sowie die Bischöfe von Bamberg und Brixen, so daß trotz dem bloßen Annalen-Terminus „Versammlung" (*congregatio*) von einem Reichshoftag gesprochen werden kann.

Spätestens am 14. Januar 1295 ausgeschrieben wurde jenes „‚Parlament' mit Zusammenkunft von unseren und des Imperiums Fürsten" (*parlamentum cum conventu principum nostrorum et imperii*), auf dem zu Lätare 1295 in Frankfurt am Main auch hochrangige Bevollmächtigte König Eduards I. erwartet wurden. Als Anwesende des tatsächlich stattgefundenen Reichshoftags sind mindestens die Erzbischöfe von Salzburg und Köln bezeugt; stadtbürgerliche Anliegen reichten von der Verpfändung Sinzigs bis hin zur Erteilung Überlinger Rechts an Wangen.

Spätestens unter dem 8. April 1296 erging die Ladung zum „allgemeinen ‚Parlament'" (*generale parlamentum*) auf Johanni 1296 nach Frankfurt am Main, und zwar für „die Fürsten, Barone, Adligen und andere Getreue des Imperiums" (*principibus, baronibus, nobilibus et aliis fidelibus imperii*). Unter diesen wurden auch Gesandte aus der Reichsstadt Besançon erwartet, und zwar gegebenenfalls schon zu Vorbesprechungen zusammen mit anderen Königsgetreuen aus Burgund. Als dieser Reichshoftag stattfand, war Herzog Albrecht von Österreich aber bereits gegen den *könig von Rom* aktiv. Entsprechend diente eine Kaadener Zusammenkunft vom August 1297, die der König beispielsweise durch Belagerung des Mainzer Erzbischofs in einer seiner Burgen als königsfreien Fürstentag zu verhindern suchte, lediglich der Formierung der nassau-feindlichen Wahlfürsten. Insgesamt ergibt sich als Ergebnis, daß Städte durchaus schon im Horizont von Hof- und besonders Reichshoftagen standen – sie waren nicht zuletzt die Tagungsorte –, daß aber *parlamentum* ausgerechnet dann in den diplomatischen Sprachgebrauch eindrang, als dem König Englands die Notwendigkeit begreiflich gemacht werden sollte, eine entsprechende Delegation zu einem Reichshoftag zu entsenden.

Doch warum begannen König Adolfs Hoftage in Köln? Noch wenige Tage vor seiner Weihe hatte Adolf als schon erwählter Römerkönig dem Kölner Erzbischof und der Kölner Kirche zugesichert, er werde sich binnen acht Tagen nach seiner Aachener Weihe zu Johanni 1292 ins Neußer oder Bonner Einlager begeben, um Versprechungen an die Kölner nach Art einer Wahlkapitulation aus seiner Nassauer Grafenzeit realisieren zu lassen.[82] Seinen ersten Nürnberger Hof- oder Reichshoftag hätte er damit auf die lange Bank schieben müssen. Dazu war er durch eine gewisse Abhängigkeit vom Kölner Erzbischof Siegfried von Westerburg bis hin zu notorisch besitzgierigen, aber auch territorialpolitisch nützlichen Wahlkapitulationen gezwungen worden. Aber gerade deren Exorbitanz mochte die Realisierbarkeit beeinträchtigen. Auf jeden Fall schwamm König Adolf sich mit Hilfe von Laienfürsten frei und schwang sich sogar zu mitteldeutscher Hausmachtpolitik auf. Am Ende von König Adolfs auffällig weitgespannten Bemühungen stand jedoch der erste Juli-Mittwoch 1298, der für ihn und seine Anhänger Schwarze Tag von Göllheim am 2. Juli. In dieser Ritterschlacht,[83] 23 Kilometer westlich von Worms, verlor er sein Leben, seine Anhänger aber nicht unbedingt auch den Einfluß im Reich. Wie war es dazu gekommen?

Bedeutung und Vorgeschichte des Schwarzen Tags von Göllheim 1298

Über das persönliche Schicksal der Unterlegenen und das Leid ihrer Angehörigen hinaus kam dem Ausgang der Schlacht bei Göllheim auch verfassungspolitische Bedeutung zu. Sie schien tatsächlich die nachstaufische Königswählerkonzeption zunichte zu machen: Auch hier sprechen die Fakten für sich, sofern man nur die römisch-deutsche Herrscherreihe unter Betonung der Herkunft des einzelnen Königs auflistet, nämlich Wilhelm von Holland; Alfons von Kastilien; Richard von Cornwall; Rudolf von Habsburg; Adolf von Nassau. – König Wilhelm hatte von 1247/48 bis 1256 amtiert. Alfons X., der Weise, von Kastilien mochte vom 1.IV.1257, einem der wenigen Aprilscherze der Weltgeschichte, bis zu seinem behutsam veranlaßten Verzicht im Sommer 1275 berücksichtigt werden; in Kastilien und León war er König von 1252 bis zu seinem Tod 1284. Die etwas arrogant wirkende Rückschau mit „Aprilscherz" für die Frankfurter Wahl von 1257 wage ich deshalb, weil dieser römisch-deutsche Konkurrenzkönig nie Reichsboden betreten hat[84] -„Konkurrenzkönig" deshalb, weil vom 17. Mai 1257 bis zum 2. April 1272 der Plantagenet-Sproß Richard von Cornwall ebenfalls Anerkennung fand; es war dessen Tod, der dann die Königserhebung des ersten Habsburgers 1273 zur Folge hatte. Aber dieser Rudolf I. von Habsburg – die Ordnungszahl empfiehlt sich deshalb, weil Rudolf II. (1575–1612) auch Habsburger war – vermochte nicht, seinen politisch und militärisch begabten Sohn Albrecht sofort als seinen Nachfolger im römisch-deutschen Reich durchzusetzen; die geistlichen Kurfürsten von Köln und Mainz sorgten für die Erhebung des gleichsam „kleinen Grafen" Adolf von Nassau nach König Rudolfs I. Tod vom 15. Juli 1291, und zwar erst am 5.V.1292, also „spät genug...". Sichtlich war bis dahin vermieden worden, daß sich eine staufergleiche oder auch nur -ähnliche Königsdynastie fürs römisch-deutsche Reich bildete.

Da bedeutete der Schwarze Tag von Göllheim eigentlich eine Kehrtwende: Die gewaltsame Ausschaltung König Adolfs von Nassau durch den Sohn des Vorgängers stellte gegen den Grundsatz der gleichsam springenden Königswahlen nachträglich die Sohnesfolge her, wie man sie vom quasi-dynastischen Mittelalter kannte: Reiche pflegten an Söhne vererbt zu werden, am sichtbarsten bei „Hinz und Kunz" und Fritz, also den Heinrichen, Konraden und Friedrichen der Salier und Staufer. Und schon die Sächsischen Herrscher aus liudolfingischem Haus waren von der Sohnesfolge ja nur bei Sohnes-Mangel abgegangen, als Otto III. 1002 nicht nur unverheiratet, sondern wohl auch kinderlos starb: Sein Nachfolger Heinrich II. stammte ebenfalls von Heinrich I. ab – womit fixiert sei, daß die vielfach so genannten Ottonen von Heinrich I. bis zu Heinrich II. reichten.[85]

In Konsequenz jenes 2. Juli 1298 schien die Königserhebung Albrechts I. von Habsburg für das römisch-deutsche Reich die nachstaufische Realisierung der reinen Wahlmonarchie zu makulieren. Aber neben Konkurrenz und gegenseitiger Durchdringung von Erbrecht und Wahl ist auch der Wettstreit der ranghöchsten geistlichen Wähler zu beachten. Während Adolf von Nassau als Kreatur des Kölner Erzbischofs Siegfried von Westerburg galt, war Albrechts I. schließlicher Aufstieg zum Thron besonders das Werk des Mainzer Erzbischofs Gerhard II. von Eppstein. Entsprechend hat dieser sich denn auch unter dem 23. September 1298 seinen Vorrang vor allen Fürsten durch den neuen König Albrecht I. verbriefen lassen, und zwar auf der Rechtsgrundlage der Erzkanzlerwürde für Germanien: Nach Reihenfolge und Ehrenstellung bei Prozession, Sitzung, Aufzählung und Niederschrift müssen sie wegen ihrer Erzkanzlerwürde für Deutschland unter den Fürsten die ersten sein (*in ordine et honore processionis, sessionis, nominationis et scripture, ratione archicancellarie per Germaniam, inter principes esse debent... priores*), heißt es über Erzbischof Gerhard II. und seine Nachfolger.

Damit jeder die Ernsthaftigkeit dieses Anspruchs erkennen möge, wurde dann auch gleich ein gegebenenfalls entgegenstehender Präzedenzfall ausgeräumt. Die Aussteller-Reihung „Trierer, Mainzer, Kölner Erzbischof" in der Wahlbekanntmachung an Papst Bonifaz VIII. vom 28. Juli 1298 aus Frankfurt am Main wurde ausdrücklich als Irrtum verworfen – obgleich das gleichzeitige Wahldekret an die Reichsangehörigen ohnehin die Reihenfolge „Mainzer, Trierer, Kölner Erzbischof" in der Intitulatio führte. Eine gewisse Pikanterie liefert die Tatsache, daß Gerhard von Eppstein 1288/89 als Konkurrent bei der Erhebung des Trierer Erzbischofs Bohemund I. von Varsberg aufgetreten war, der sich dann vom Papst 1289 hatte providieren und weihen lassen. Aufschlußreicher wäre allerdings die Stoßrichtung gegen den Kölner Amtsbruder: Gerhards II. erschließbares Königserhebungsgrabmal im Mainzer Dom wird als Fortsetzung der Sepulkralpropaganda schon Erzbischof Siegfrieds III. von Eppstein gesehen, der 1249 gestorben war. Verblüffenderweise sind die Könige, die für beide Königserhebungsgrabmäler unterstellt werden, nur in einem der vier Fälle vom Mainzer Erzbischof geweiht worden: König Wenzel II. zu Prag 1297, während Heinrich Raspe überhaupt nicht geweiht, Wilhelm von Holland zu Aachen durch den Kölner und Albrecht I. 1298 ebenfalls durch den Kölner Erzbischof geweiht wurden, hier immerhin mit Assistenz von dessen Amtsbrüdern. Die Sepulkralpropaganda erfolgte also nicht über Krönungsgrabmäler. Vorauszuverweisen ist auf den Tripel-Königserhebungsgrabstein Peters von Aspelt, der mindestens acht Jahre nach dem Ableben dieses Kirchenfürsten von 1320 angesetzt wird.

1298 als Neuansatz innerhalb der Periode „um 1300" hatte seine Vorgeschichte, zumal die Konkurrenz zwischen dem Nassauer und dem Habsburger bereits mit 1292 begonnen hatte. Immerhin hatte Albrecht I. nach Niederwerfen der Aufstände in seinen Herzogtümern und seinen Stammlanden am Königshof zu Hagenau so etwas wie eine Aussöhnung erreichen können, zumal er gleichsam als Gegengabe für seine Belehnung Reichsinsignien aushändigte. Mit diesem Quasi-Ausgleich – vielleicht muß man auch das gottesurteilsähnliche Ende des Elekten Konrad von Teck, des angeblichen „Königs für nur einen Tag", im Hintergrund sehen – wurden Abmachungen König Adolfs mit König Wenzel II. von Böhmen makuliert. Anderseits ist bei der Nürnberger Hochzeit von 1294 zwischen Nassau und Kurpfalz nicht nur der Mainzer Kurfürst als Territorialfürst gleichsam eingekreist, sondern auch die habsburgfreundliche Politik der Kurpfalz aufgegeben worden.

Habsburgerfeindlichen Zusammenhang suggeriert auch Mathias von Neuenburg in seiner Chronik, wobei hier verwandtes *Metza* für die Braut Mechthild von

Nassau noch keine Nichtachtung bedeuten dürfte und ohnehin die durch Mathias referierte Söhnetrias des neuen Paars mit dem später so genannten *Adolfus Bawarus* als Pfalzgraf an der Spitze eher die Hochachtung für die neue Königsfamilie belegt. Um so stärker verblüfft der Erzählzusammenhang:

König Adolf, Herzog Albrecht I. und der englisch-französisch-deutsche Krieg von 1294–1298

Mathias von Neuenburg, der habsburgfreundliche Chronist für die Zeit bis zur Mitte des 14. Jahrhunderts, erweckt den Eindruck, als habe von Anfang an nicht nur adelsübliche Rivalität, sondern binnen kurzem sogar Haß zwischen dem neuen König aus Nassau-Weilburg und dem Habsburger Herzog Albrecht I. geherrscht. Die dies auslösende Eheplanungsepisode für die jeweiligen Kinder gibt vor allem einem auffällig selbstgefälligen Rangbewußtsein des Habsburgers Ausdruck – als sei nicht auch dessen Haus erst seit einer Generation königsfähig und damit fürstengleich. Immerhin ist König Adolfs Selbständigkeit auch seinen direkten Wählern gegenüber früh zu konstatieren. Mit der niederrheinischen Reichspflegschaft des Herzogs von Brabant schon 1292 stützte der neue König ausgerechnet einen territorialpolitischen Rivalen des Erzstifts Kurköln.

Außenpolitisch blieb König Adolf jedoch in kölnischen Bahnen: Am Laurentiustag 1294 schloß er ein England-Bündnis gegen den König von Frankreich, und tatsächlich gab es mindestens drei territoriale Gravamina: Pfalzburgund, auch Freigrafschaft genannt; Valenciennes und Luxemburg. Seit 1291 wandte sich Pfalzgraf Ottenin-Otto IV. von Burgund so nachdrücklich dem französischen Königshaus zu, daß ihm auf dem Main-Frankfurter *generale parlamentum* von 1296 tatsächlich seine Reichslehen aberkannt werden sollten. Valenciennes hatte 1292 seine römisch-deutsche Reichszugehörigkeit zugunsten der französischen Krone aufgegeben, obgleich es auf dem östlichen Schelde-Ufer lag. Schließlich sollte der Luxemburger Grenzgraf Heinrich VII. im November 1294 formell Kronvasall König Philipps des Schönen werden. Da lag das erwähnte England-Bündnis durchaus im erklärbaren Abwehrtrend gegen Frankreich.

Allerdings hatte der Luxemburger keineswegs „gegen jedermann“ seine Kapetinger-Vasallität fixieren lassen, wie an sonst maßgebender Stelle suggeriert wird,[86] und auch eine jüngere Auflistung der von Bündnispflichten ausgenommenen Gegner[87] muß sich eine Korrektur gefallen lassen. Darüber hinaus läßt aber das schriftliche und reichsrechtliche Reagieren auf Pfalzgraf Ottenin-Ottos IV. Kapetinger-Umarmung erkennen, daß bei aller Rivalität zwischen den Erzbischöfen von Mainz und Trier bei Hofe doch an eine Politikabsicherung durch Archivalien-Registratur gedacht, das Verhältnis zu Frankreich also sehr ernst genommen wurde.

Auf die römisch-deutsche Kriegserklärung von Ende August 1294 und Dordrechter Subsidienzahlungen auf Veranlassung des Plantagenet-Königs folgten sehr wahrscheinlich Burgund- und zweifellos Elsaß-Vorstöße König Adolfs, so schwierig sie auch in das etablierte Itinerar des Königs zwischen Schwäbisch Hall am

2. Februar 1295, Laupen am 27. Februar und Hagenau am 11. März 1295 einzuordnen sind. Nach König Eduards I. Landung zu Sluis 1297 allerdings läßt sich keine breite Reichshilfe fassen. Entsprechend negativ fielen zeitgenössische Wertungen aus, wie sie im Kodex Ellenhards des Großen in Gestalt der Gesta Alberti von 1298/99 überliefert sind. Habe doch der König zuerst sich und dann das Reich dadurch in Unordnung gebracht, daß er unberechtigte Soldzahlung empfangen habe; Römerkönige vor ihm hätten das kaum getan: *sic confudit se ipsum primo et per consequens imperium, eo quod stipendia immerita recepit, quod predecessores sui reges Romani fecissent inviti.*[88] Über die Straßburger Chronisten Fritsche Closener und Jakob Twinger von Königshofen blieb ein solches Urteil nicht nur in direkter Benutzung des Ellenhard-Kodex wirksam, sondern auch in der Historiographie des Südwestens. Demgegenüber wußten die Gesta Adolfi von 1299/1316, daß König Adolf eines Jahrs sehr wohl mit einem Kriegszug zugunsten des England-Königs gegen den König Frankreichs zugange gewesen war,[89] und die Colmarer Annalen verzeichneten nach Kriegshandlungen von 1295 zu 1297 gar, König Adolf sei mit 2000 prachtvoll geschmückten Pferden dem England-König zu Hilfe gezogen: [...] *venit in adiutorium regi Anglie cum equis duobus millibus valleratis.*

Zur Außen- und Hausmachtpolitik König Adolfs aus dem Hause Nassau

Durch die Forschung ist König Adolf allerdings in den Verdacht fast der Doppelzüngigkeit geraten: Zwei Reisen des Florentiner Bankiers Musciatto dei Franzesi zum „König von Deutschland" im Jahr 1297 und eine Quasi-Entlohnung des Florentiners mit italienischem Reichsbesitz haben zu der umstrittenen Forschungshypothese geführt, König Adolfs Ausbleiben an der englisch-französischen Front von 1297 sei Ergebnis kapetingischer Bestechungsgelder an ihn gewesen. Möglicherweise hängen die Vergabungen an Musciatto jedoch mit einer gewissen Italienpolitik König Adolfs zusammen, und als *roi d' Alamaigne* gerät Albrecht I. in den Blick, der ja im Einverständnis mit den Kapetingern stand. Auf jeden Fall haben Johann von Avesnes und Floris von Holland die Fronten von dem englischen zum französischen König gewechselt, und Geldern und Savoyen taten es umgekehrt. Als 1297 ein Waffenstillstand geschlossen wurde, räumte man dem römisch-deutschen König als englischem Verbündeten noch Handlungsfreiheit ein; beim endgültigen Frieden von Rom 1298 war er schon nicht mehr berücksichtigt: Die kapetingische Expansion, geschweige denn ihre etablierte Herrschaft konnte durch die deutschen und englischen Stoßtrupp-Unternehmen jedenfalls nicht gefährdet werden.

Parallel zu diesen Ereignissen lief eine aufsehenerregende und feindeschaffende Hausmachtpolitik Adolfs von Nassau. In der Grafenzeit – wie für seinesgleichen üblich – Burgmann verschiedener Lehnsherren und im militärischen Dienst von Kurköln, ist von einer äußerst löchrigen Territorialherrschaft dieses Nassauers vor 1292 auszugehen. Neben der Samtherrschaft mit seinen Verwandten für Burg Nassau selbst und auf dem Einrich, verfügte er ungeteilt nur über vier Kleinbereiche: die wormsische Hochstifts- und die Stiftsvogtei Weilburg, die Herrschaft Idstein, die Vogtei Bleidenstadt sowie Hof und Stadt Wiesbaden; dieses kristallisierte sich gerade erst in den territorialen Kämpfen des Interregnums als nassauische Stadt heraus – und wurde Nassaus Hauptstadt ohnehin erst mit dem Anfall an Nassau-Usingen 1744. Immerhin zeigt schon die Zeit vor 1292 den kleinen Grafen Adolf von Nassau in gewisser Analogie zu dem seinerzeit rührigen Grafen Rudolf von Habsburg in dessen Stammlanden, und die Analogie geht sogar noch weiter: So wie Rudolf I. von Habsburg als König nach Österreich und dem Osten überhaupt für sein Haus ausgriff, so auch Adolf von Nassau als König. Dabei nutzte er Erbauseinandersetzungen im Hause Wettin. Hier hatte Heinrich der Erlauchte zwar bis 1288/91 für sich und seine Nachkommen den größten Teil des Raspe-Erbes sichern können, da lediglich die Landgrafschaft Hessen an Heinrich I. gelangt war, und der wurde gar gleich unter dem neuen König noch 1292 zum Reichsfürsten erhoben. Aber seit 1291 schon gab es Erbauseinandersetzungen im Hause Wettin, die dem neuen König die Gelegenheit boten, Meißen als erledigtes Reichslehen einzuziehen. Die stets prekäre Finanzlage Albrechts des Entarteten ermöglichte gar 1294 den Zukauf Thüringens durch König Adolf, auch wenn Mathias von Neuenburg und die Oberrheinische Chronik von wohl 1334/35 die Umwidmung der englischen Subsidien für Meißen und nicht für Thüringen vermerken – weit von den Ereignissen entfernt und mindestens in der zweiten Generation nach den Vorgängen, aber doch als Zeugnisse für das Aufsehen, das König Adolfs Mitteldeutschland- oder besser sogar Ostpolitik erregte. Daß dieser König die übergangenen Erben Friedrich den Freidigen und Diezmann ächtete und in zwei Feldzügen 1294 und 1295 gar verdrängte, ließ ihr Vater Albrecht der Entartete geschehen.

Dabei hatte er selber eigentlich gar nicht unter dem notorischen Generationenkonflikt mit mangelnder Abschichtung der Söhne zu leiden gehabt, wohl aber durch mehrere Ehen und Erben eben aus mindestens zwei von ihnen Rivalitäten geschaffen, die durch die verschiedenen Stiefmütter noch verschärft werden mochten. Die Generationenverschiebung läßt sich allerdings kaum daran ablesen, daß Albrecht der Entartete von seiner dritten Ehefrau um rund zwanzig Jahre überlebt wurde. Diese Elisabeth von Orlamünde und Witwe Graf Ottos von Arnshaugk hatte der Entartete nur wenige Jahre vor der Verwitwung seines Sohnes Friedrich des Freidigen geheiratet, und als dieser sich 1300 wiedervereheIichte, wurde das Stiefmutterproblem verblüffend gelöst: Er heiratete seine Stiefschwester Elisabeth von Arnshaugk.

Doch das greift den Ereignissen von 1294/95 vor. Hier zeigte sich zunächst die ganze Schwierigkeit des Viel-Generationen-Hauses, wenn man auch Friedrich Ohneland, den um 1273 geborenen Enkel des Entarteten von dessen ältestem Sohn Heinrich vom Pleißenland, mitberücksichtigen wollte – er sollte tatsächlich „ohne Land" in der schlesischen Heimat seiner Mutter sterben ... Doch auch der König begab sich ins adelsmoralische Abseits, als er die männlichen Wettiner mit Hilfe ihres Vaters, des Landgrafen Albrecht des Entarteten, gänzlich überging und eben nur dem Entarteten und nicht auch dessen Erben Thüringen „zur Nutzung durchs Reich" (*ad usus imperii*) abkaufte.

Obgleich „der Entartete" (*dēgener*) für Land- und Pfalzgraf Albrecht erst spät überliefert ist, hat es sich als Beiname behauptet. Entsprechend sollte der moderne

Betrachter sich fragen, ob hier wirklich systembedingte Probleme dahinterstanden, wenn auch mehrere Generationen eines Fürstenhauses auf dasselbe Erbe reflektierten und gar noch Konflikte durch mehrere jüngere Stiefmütter aus nächster Umgebung hinzukamen. Friedrich der Freidige hat sie 1300 für seine Person entschärft. Sein Beiname bewahrt bis heute mittelhochdeutsch *vreidic*; das kann „treulos, abtrünnig, flüchtig; herrenlos; schrecklich, wild, trotzig" u. a.m. heißen, und von allem trifft etwas auf Lebensweg und Verhalten eben Friedrichs des Freidigen zu, weniger die moderne Wiedergabe mit „der Starke, Mutige, Tapfere". Er wurde schließlich in Parallele zu Konrad von Wettin – dieser hatte 1156 resigniert und war jahrs darauf im Kloster Petersberg bei Halle gestorben – gesehen und als zweiter Begründer wettinischer Macht gewertet: Er starb 1323 auf der Wartburg – ähnlich dem Stuttgarter Tod Graf Eberhards I. von Württemberg als des schließlichen Begründers dieses Territoriums 1325. Beide sind durch den frühen Tod ihres königlich-kaiserlichen Hauptgegners entlastet worden.

Doch zunächst ließen die Einsetzung des Königs-Vetters Heinrich von Nassau-Siegen als Statthalter in Meißen und die Vertreibung Friedrichs des Freidigen und Diezmanns durch zwei Feldzüge von 1294 und 1295 Ernsthaftigkeit und Erfolgsaussichten der Nassauer Hausmachtpolitik in Mitteldeutschland erkennen und bedeuteten gleichzeitig eine Enttäuschung für Wenzel II. von Böhmen, dem noch am Tage vor Adolfs Königsweihe zumindest Konsultation bei der Verfügung über Meißen urkundlich zugesichert worden war. Bei Wenzels II. Prager Weihe zu Pfingsten 1297 versammelten sich dann die Adolf-Gegner von Mainz bis Meißen und von Kursachsen bis Österreich, um sich auf gemeinsames Vorgehen gegen den Nassauer zugunsten Albrechts I. von Habsburg zu einigen. Der stieß denn auch seit März 1298 mit Heeresmacht über Straßburg bis Schafhausen östlich von Alzey vor, während auf Initiative des Mainzer Erzbischofs Gerhard II. von Eppstein eine Kurfürstenversammlung zu Mainz den geladenen, aber nicht erschienenen König nach dem Vorbild der Absetzung Kaiser Friedrichs II. durch Papst Innocenz IV. von 1245 absetzte und am 23. oder 24. Juni 1298 auch gleich eine Neuwahl vornahm.

Wenige Tage später raubte der neue König Albrecht I. seinem Widersacher bei Göllheim Sieg und Leben, vermied aber das Odium des sogenannten Gegenkönigtums insofern, als er sich einer zweiten – nun Main-Frankfurter – Wahl am 27. Juli und der formvollendeten Aachener Weihe am 24. August 1298 unterzog. Daß König Wenzel II. von Böhmen nicht nur durch freie Hand für seine Polenpolitik, sondern neben der Pfandschaft Eger auch im Nordwesten mit Reichsvikariaten für Meißen, Osterland und Pleißenland belohnt wurde, verhieß den Wettinern allerdings nichts Gutes. Waren sie für den neuen König eine unerhebliche Größe?

Die Regierungsanfänge König Albrechts I.

1298 ist durch jüngste Forschung als derjenige Thronwechsel im römisch-deutschen Reich gewertet worden, bei dem die rheinischen Kurfürsten am wenigsten an Vorteilen erlangten. Anderseits wird Wert auf die Feststellung gelegt, daß im Schlüsseljahr 1298 der Mainzer Erzbischof erstmals die reale Bedeutung des Erzkanzleramts zu unterstreichen suchte.[90] Aber während sicher nicht die exorbitanten finanziellen Zusagen Adolfs von Nassau durch Albrecht I. wiederholt wurden, so ist doch gerade der Zuwachs für den Mainzer hinsichtlich seines Erzkanzleramts nicht so recht zu belegen: In dem einschlägigen Privileg König Albrechts I. für Erzbischof Gerhard II. von Eppstein steht 1298 zwar das Recht zum Empfang des Judenzehnts und zur Einsetzung des Reichshofkanzlers; aber der gesamte sonstige Text stimmt – entgegen den Angaben des kritischen Editors – fast wörtlich mit einer gleichsinnigen Verleihung/Bestätigung durch König Adolf von 1292 überein. Judenzoll und Kanzlerbestellung sind denn auch ausdrücklich als Erklärungen der Erzkanzler-Rechte mit „nämlich“ eingeschaltet. Entsprechend hat die ältere Forschung mit Recht lediglich die Präzisierung von 1298 als neu hervorgehoben, nicht die Rechte selbst – und 1314 sollten dann noch die Bestellungsrechte für Protonotar und Notare zusätzlich eingeschaltet werden: eine weitgehende Zusammenarbeit der Zentralgewalt mit dem höchstrangierenden Kurfürsten.

Im selben Jahr hatte ein Reichshoftag zu Nürnberg mit Königinweihe für Elisabeth von Görz-Tirol das Einverständnis mit den Kurfürsten demonstriert, unter denen besonders der Böhmenkönig mit den erwähnten Reichsvikariaten für Meißen sowie das Oster- und Pleißenland und mit der Pfandschaft über Eger hohen Lohn einstrich, ganz abgesehen von der Habsburger Zustimmung zur Polenpolitik des Přemysliden; diese führte seit 1300 tatsächlich zum dortigen Königtum Wenzels II. Ebenfalls in Nürnberg scheint die Verteilung der Erzämter festgeschrieben worden zu sein, und bei der Erneuerung des Mainzer Reichslandfriedens von 1235, nunmehr in rudolfinischer Fassung, kam es zu Zugeständnissen sowohl an die Kurfürsten als auch – in der Zollfrage – an städtische Bestrebungen. Schließlich mochte die Weitergabe des Babenbergererbes an seine Söhne die Bereitschaft König Albrechts I. zum Ausgleich mit den Kurfürsten signalisieren, ohne jedoch auf die Dauer einen Bruch verhindern zu können: Gegen die habsburgische Frankreich-Politik, die im Gefolge des Königstreffens von Quatrevaux bei Toul im Dezember 1299 mit Verzichten auf Reichsgebiet südlich Verduns, in der Freigrafschaft Burgund und im Arelat belastet schien, erhob sich der Vorwurf der Reichsschädigung, und im Gefolge der Vereinbarungen, die zur Pariser Hochzeit von Albrechts Sohn Rudolf zu Pfingsten 1300 führten, konnten dem Habsburger sogar Erbmonarchiegelüste in Deutschland unterstellt werden. Die Befürchtungen für die französisch-deutsche Grenze bestanden zu Recht: Für den Arelat verdient festgehalten zu werden, daß schon Rudolf I. 1280 die Provence an Karl I. von Anjou verlehnt hatte, und als Karl IV. 1378 den französischen Thronfolger zum Reichsvikar für den ganzen Arelat ernannte, war dessen Anfall an Frankreich vorprogrammiert.

Auch König Albrechts I. Holland-Politik erweckte Befürchtungen, allerdings in anderer Richtung, wenn auch nun noch stärker habsburgische Übermacht zu drohen schien. 1299 starb das holländisch-seeländisch-friesische Grafenhaus mit Johann I. aus, dem einzigen und söhnelosen Sohn des mächtigen Grafen Floris V. Noch im selben Jahr etablierte sich hier Hennegaus Graf Johann II. von Avesnes, und zwar als Enkel des Holland-Grafen Floris IV. und der Margarete von Konstantinopel. Johann II. war mit Philippine von Luxemburg verheiratet, einer Vaterschwester des späteren Kaisers Heinrich VII.

Johanns II. Hauptgegner war Wido III. von Dampierre: nicht sein Halbbruder, wie man unterstellt hat,[91] aber doch sein „Halbonkel" – und direkter Schwager durch Widos zweite Ehe mit Isabella von Luxemburg seit 1264, einer Schwester der Johann-Gattin Philippine. Johann II. erfuhr Unterstützung durch Floris V. von Holland und sogar durch König Rudolf I., der ihn 1279 mit Reichsflandern belehnte, so daß er 1280 im Hennegau als schon nicht ganz unbedeutender Graf nachfolgen konnte. Hier trug sein Wirken für Mons, wie es 1290 in Ummauerung und Privilegierung faßbar wird, städtefreundliche Züge, während sich Valenciennes seit 1290 und Maubeuge seit 1293 im Aufstand befanden. Damals rief – wie früher schon angedeutet – Valenciennes König Philipp IV. von Frankreich zu Hilfe, so daß Frankreich mit in Johanns II. Kalkül einbezogen werden mußte.

Der Beginn von Albrechts I. Hausmachtbestrebungen auf der Folie europäischer Vorgänge um 1300

Als hennegauische Städte den französischen König um Hilfe gegen ihren eigenen Grafen Johann II. von Avesnes angingen, hatte Philipp der Schöne 1292 ausgerechnet dessen Intimfeind Wido III. von Dampierre, seit 1278/79 Graf von Flandern, mit der militärischen Hut (*garde*) betraut: ein um so unglücklicherer Schritt, als Wido III. schon in Flandern mit den flämischen Städten nicht zurechtkam. Als er sich 1297 auch von seinem französischen Lehnsherrn abwandte, ergriff Großgraf Johann II. von Avesnes die Gelegenheit, das flandrisch-englische Bündnis durch eigene Verbindung mit Philipp dem Schönen zu beantworten. Im Ergebnis ist seine Dynastie damit letztlich gut gefahren, wenn auch die Flandernkämpfe bis hin zu Kortrijk 1302 harte Opfer von ihm forderten. Am Ende stand mit dem holländisch-französisch-genuesischen Seesieg vor dem flämisch belagerten Zierikzee die Konsolidierung der Avesnes-Herrschaft auch in Holland und Seeland sowie die Nachfolge von Johanns II. Sohn Wilhelm noch 1304.

Als Graf Johann II. nach dem Anfallen von Holland und Seeland 1299 nicht um Belehnung bei König Albrecht I. einkam, nutzte dieser die durch Fürstenurteil bereitgestellte Gelegenheit, beide Grafschaften einzuziehen. Als er selber in Nimwegen stand, reichten seine Bündnispartner bereits bis nach Flandern. Aber da trug die habsburgisch-kapetingische Verbindung nicht mehr: Philipp IV. ließ zu, daß sein Bruder Karl von Valois Flandern besetzte; erst Brügger Mette und Goldsporenschlacht von Kortrijk 1302 sollten hier die französische Sache und damit diejenige auch Johanns II. von Avesnes in Holland und Seeland gefährden. Vorher hatten englisch-habsburgische Kontakte die niederrheinischen Fürsten vollends ein übermächtiges Habsburg befürchten lassen, und so verstieg sich die rheinische Kurfürsten-Quadriga unter Führung des Mainzer Erzbischofs Gerhard II. von Eppstein im Zusammenhang mit dem Heimbacher Kurverein von Mitte Oktober 1300 zu Absetzungsplänen: Siegfried von Ballhausen bei Weißensee in Thüringen erzählte um 1307 sogar, der Mainzer habe sich des öftern anmaßend und prahlerisch gebrüstet, er habe – ich umschreibe: wie ohnehin schon bisher – auch noch drei weitere Römerkönige in seinem Köcher, als könne er sie alleine absetzen und neue kreieren. Dieses Unrecht sei – ich interpretiere erneut – durch Gott dadurch gestraft worden, daß der Mainzer lange vor dem Habsburger gestorben sei: ... *archiepiscopus Gerhardus sepius arroganter et iactanter dicere solebat, se habere adhuc tres reges in pera sua. Sed mentitus est iniquitas sibi. Ipse namque longe ante regem Adelbertum mortuus est*[92] – was immerhin gut drei Jahre auseinanderlag. Tatsächlich haben die Mitglieder des Heimbacher Kurvereins sich durch den König einzeln niederwerfen lassen, so daß ihnen durch die Forschung sogar mittelbar Willebriefe nach 1301/02 abgesprochen werden[93] – etwas zu Unrecht; denn schon Ende Oktober 1302 sind die ersten drei wieder ausgestellt worden. Gleichwohl sind sich Wimpfener Chronik und moderne Beurteilung darin einig, daß nach 1302 die Kurfürsten nicht mehr zu mucksen wagten: ... *ita potenter sibi subegit, ut de cetero contra eum mugire non auderent*; angeblich binnen eines Sommers seien sie bezwungen worden.[94]

Ungefähr gleichzeitig stand Papst Bonifatius VIII. in immer schärferem Disput mit König Philipp IV. von Frankreich, so daß die Rechenschaftslegung, die der Papst Mitte April 1301 von König Albrecht I. forderte, in den Hintergrund trat. Mit der 1296er Bulle *Clericis laicos* hinsichtlich klerikaler Steuerimmunität zunächst infolge Ausweisungsreaktionen König Philipps IV. in Frankreich gescheitert und sogar zur Kanonisierung König Ludwigs IX. findend, hatte der Papst im Hochgefühl des Jubeljahr-Erfolgs zwar nicht schon am 5. Februar,[95] aber doch am 4. und 5. Dezember 1301 mit den Bullen *Salvator mundi* und *Ausculta fili* den Kapetinger seiner Privilegien beraubt und gar zur Rechenschaftslegung nach Rom zitiert.[96]

Papst und König in der Sicht Papst Bonifaz' VIII.

Das Quasi-Nebeneinander von Widerruf der Privilegien für den französischen König in *Salvator mundi* und Rechenschaftsforderung mit Zitieren an die Kurie in *Ausculta fili* von Anfang Dezember 1301 veranlaßte den französischen Königshof zu gründlicher Vorbereitung einer möglichst breitgestreuten öffentlichen Reaktion. *Ausculta fili* wurde in Frankreich unterdrückt und durch eine verschärfende Fälschung mit dem Initium *Deum time* ersetzt sowie durch eine höhnische Königsantwort mit dem Incipit „Es nehme Deine größte Albernheit zur Kenntnis" (*Sciat maxima tua fatuitas*) öffentlich-wirksam begleitet. Entsprechend eindeutig fiel die Ablehnung der Papstforderungen auf der Pariser Ständeversammlung vom 12. April 1302 aus.

Wie bereits angedeutet, war unter dem 13. April 1301 auch Römerkönig Albrecht I. durch Papst Bonifaz VIII. zur Rechenschaft binnen sechs Monaten aufgefordert worden. Doch am römisch-deutschen Königshof wurde hinhaltend und quasi-nachgiebig reagiert: Mit 5 1/2-monatiger Verspätung lieferte König Albrecht I. eine historische Darstellung zur Rechtfertigung seiner Handlungen, und gleichzeitig plädierte Reichshofkanzler Johann von Zürich an der Kurie für *unio* und *concordia*. Die Nichtzuständigkeit des Papstes ließ sich argumentativ schwierig darlegen. Anderseits hatten die Ereignisse seit 1292 den römisch-deutschen König eigentlich in Sicherheit wiegen können: Der Papstthron war durch den Tod Nikolaus' IV. am 4.IV.1292 gerade auf 2 1/4 Jahre vakant geworden, als es am 5.V.1292 zur römisch-deutschen Königswahl Adolfs von Nassau kam. Der ersehnte „Engelpapst" Coelestin V. war Mitte Dezember 1294 nach rund fünfmonatiger Amtszeit zurückgetreten. Sein demonstrativ auftretender Nachfolger Bonifaz VIII. mit Wahl am Weihnachtsabend 1294 und Krönung am dritten Sonntag nach Epiphanias 1295 verfügte über das ganze Arsenal päpstlicher Herrschaftsfiliationstheorien, tat aber dem König Adolf Unrecht, als er das Ausbleiben der königlichen Bitte um die Papstgunst monierte. Der Brief war unterwegs, und seit Mai 1295 ist König Adolf denn auch als voll berechtigter Herrscher sogar an der Kurie geführt worden: Damals waren Schreiben „dem sehr lieben Sohn in Christus, dem berühmten Römerkönig Adolf" (*karissimo in Christo filio Adolfo, regi Romanorum illustri*) zugedacht. Bei der Herrscherablösung von 1298 allerdings mochte der Papst sich übergangen fühlen, während anderseits die These von einer damaligen Kapetinger-Kandidatur für den römisch-deutschen Thron als widerlegt gelten kann.[97] An die kapetingische Gratulation für den Sieger von Göllheim 1298 braucht nur erinnert zu werden.

Gemäß päpstlich-kurialem Legitimationsdenken mochte der Thron seit Göllheim aber als vakant gelten. Obgleich es keinen päpstlichen Protest gegen König Adolfs Beseitigung gab, wurde die Approbation König Albrechts I. seitens des Papstes dadurch hinausgezögert, daß dieser Tuszien für den Kirchenstaat forderte und Vorwürfe wegen der Vereinbarungen von Quatrevaux 1299 erhob. Hinzu kam die Allgemeinverbindlichkeit des Gehorsams gegenüber dem Papst, die Bonifaz VIII. mit der Bulle *Unam sanctam* vom 18. November 1302 aus Gründen des Seelenheils forderte: *de necessitate salutis*. So sehr der katholische Grundsatz „außerhalb der Kirche kein Heil" (*extra ecclesiam nulla salus*) bis in die Gegenwart nachwirkt: Die Argumentation von 1302 wird heute kaum mehr geteilt. Ging sie doch im Polyptoton von der scheinbaren Tautologie „Glaube durch drängenden Glauben" (*urgente fide*) aus, ohne die Unmöglichkeit von Heil und Sündenvergebung (*extra quam nec salus . . . nec remissio peccatorum*) außerhalb der Kirche anderweitig zu begründen. Immerhin erschien diese als mystischer Leib mit allein einem Herrn, einem Glauben und einer Taufe analog zu der einen Arche Noahs: *corpus mysticum* mit *unus dominus, una fides, unum baptisma* gemäß *una arca Noë*. Suggestiv wurde mit Iohannes 19,33 auf Jesu ungenähten Rock (*tunica . . . Domini inconsutilis*) verwiesen, um als alleiniges Haupt nur Christus und dessen Vikar Petrus beziehungsweise dessen Vikar, den Papst, zu begründen: *Unum caput Christus . . . et Christi vicarius Petrus Petrique successor*, und zwar gemäß Iohannes 21,17. Für diese eine Herde (*unum ovile*) konzentriert sich auf deren einen Hirten gemäß Iohannes 10,16 sowohl das geistliche als auch das materielle Schwert, da beide auf des Geistlichen Wink und Duldung hin gebraucht werden: *spiritualis . . . gladius et materialis . . . ad nutum et patientiam sacerdotis*. Und natürlich fehlte auch nicht der neutestamentliche Locus classicus fürs Gottesgnadentum der Obrigkeit, hier wörtlich nach der Vulgata: „Es gibt keine Gewalt außer von Gott; vorhandene Gewalten sind von Gott eingesetzt" (Römer 13,1).[98] Damit wird sogar in *Unam Sanctam* weltliche Herrschaft legitimiert, darüber hinaus aber in Konsequenz des monistischen Denkens allgemeine Superiorität des Papstes erklärt. Die Unterstellung einer weltlichen Gottunmittelbarkeit laufe auf eine Analogie zum Manichäismus hinaus und sei deshalb häretisch. Mit Thomas von Aquin wurde die Heilsnotwendigkeit der Unterwerfung unter den Papst formuliert, und ähnlich hat sich Bonifaz VIII., trotz Eigendiktat, an anderen Stellen von *Unam Sanctam* an das Nicaeno-Constantinopolitanum angeschlossen, des weiteren an Cyprian, Pseudo-Dionysius Areopagita, Hugo von St. Viktor, Bernhard von Clairvaux und an *De ecclesiastica potestate* des Aegidius Romanus. Diese Traditionsgebundenheit mochte als die Stärke von *Unam Sanctam* gelten. Und doch gelang es dem kapetingischen Königshof, bei Papst Clemens V. sowohl die Spitzen gegen Frankreichs Souveränität abzubrechen als auch die Verurteilungen König Philipps IV., seiner Parteigänger und seines Reichs zurücknehmen zu lassen: so die Konstitution *Meruit* von 1306 und besonders 1311 die Bulle *Rex glorie*, auf die jüngst wieder bei Überlegungen über die kaiserliche Herrschaft eines Königs aufmerksam gemacht worden ist. War das der deutliche Sieg des französischen Königtums über den päpstlichen Universalismus,[99] so ist gleichwohl dogmatisch an der päpstlichen Superiorität festgehalten worden, beispielsweise 1375 durch Papst Gregor XI. und 1516 auf dem Fünften Laterankonzil unter Papst Leo X. Kommentierung und Verbreitung von *Unam Sanctam* unter den Extravaganten lief nebenher.

Zwar ist *Unam Sanctam* selbst zögerlich veröffentlicht worden; aber das für die Superiorität des Papstes auch in weltlichen Dingen entscheidende Arsenal hatte 1301/02 bereits Aegidius Romanus eingängig und predigtähnlich propagiert; geschickt geht beispielsweise auch dessen Schlußkapitel summierend darauf ein, „daß die Kirche so große Gewaltenfülle in sich vereinige, daß ihr Handlungsvermögen jedes Gewicht, jede Zahl und jedes Maß übersteigt" – alles bezogen auf „die kirchliche Amtsgewalt oder diejenige des Papsts",[100] wie die Schlußsätze akzentuieren. An solchen Ansprüchen kam auch der römisch-deutsche König nicht vorbei, und so leistete Albrecht I. gar einen neuartigen Abhängigkeitseid kirchenrechtlich-italienischer Prägung und sistierte die Bestellung reichsitalischer Reichsvikare, bewahrte rechtlich aber Tuszien dem Reich und hielt sogar habsburgische Erbreichspläne im Gespräch. War er plötzlich doch willkommener Bundesgenosse gegen den so apostrophierten Hochmut jener Gallier, die aus Gier zu Lasten ihrer Abhängigkeit vom römischen Kaiserreich lögen, obgleich sie wie alle anderen Reiche auch untertan seien: Die päpstliche Formulierung *non obstante superbia Gallicana, qui... mentiuntur per gulam, quia subesse debent, sicut omnia alia regna* datiert von König Albrechts I. Approbationstag, vom 30. April 1303, aus dem Lateran, ohne allerdings in weitere Fassungen der damaligen Papstschreiben so Eingang zu finden.

Tatsächlich waren die Habsburger um so willkommenere Bundesgenossen der päpstlichen Kurie, als diese die neapolitanischen Anjous als Arpaden-Nachfolger in Ungarn zu lancieren suchte. Als nämlich König Ladislaus IV., der Kumane, 1290 söhnelos ermordet worden war, hatte sich bis 1301 König Bélas IV. Neffe Andreas III. durchgesetzt, und zwar im Bündnis sowohl mit den Habsburgern als dann auch mit den Přemysliden. Doch als der päpstliche Anjou-Kandidat Karl Robert – seine Mutter war König Rudolfs I. Tochter Clementia – trotz seiner Weihe durch den Elekten von Gran in Agram von 1301 durch eine Stuhlweißenburger Erhebung Wenzels III. von ebenfalls 1301 gefährdet schien, änderte sich die Haltung König Albrechts I. Die přemyslidische Expansion lediglich nach Polen hin hatte er unterstützt, und zwar bis hin zu deren Legitimierung durch König Wenzels II. Gnesener Weihe und dessen großpolnische Ehe von 1300; aber Wenzels III. eventueller Erbanspruch in Ungarn gründete sich immerhin darauf, daß er Enkel von König Bélas IV. Enkelin Kunigunde von Tschernigov und Halitsch war.

Zur Machtpolitik König Albrechts I. seit 1301

Wahrscheinlich für die Habsburger überraschend, hatten sich die Přemysliden 1301 auch in Ungarn als königsfähig und sogar kirchlich legitimierbar erwiesen. König Albrecht I. befürchtete nunmehr eine Umfassung der Habsburgerherrschaft durch die Přemysliden und forderte deshalb im Einvernehmen mit Bonifaz VIII. den Rückzug aus Ungarn, zur Vorbereitung eines einträglichen Kompromisses aber darüber hinaus auch noch den Abzug der Přemysliden aus Meißen, dem Pleißenland und Eger sowie 80 000 Mark in bar oder eine entsprechende Direktbelieferung aus den Kuttenberger Silbergruben.

Militärisch fuhr sich die Auseinandersetzung eben vor Kuttenberg fest und kostete den Habsburger sogar seine Verbündeten aus Niederbaiern und Württemberg, so daß erst das Ableben des höchstens 34-jährigen Wenzel II. am 21. Juni 1305 einen Ausgleich zugunsten des römischen Königs ermöglichte, und als jahrs darauf Wenzel III. zu Olmütz überraschend ermordet wurde, konnte König Albrecht I. Böhmen sogar als erledigtes Reichslehen für seinen ältesten Sohn Rudolf III.[101] einzuziehen versuchen. Dabei überging er allerdings Wünsche aus dem Lande selbst: Seit dem 13. Februar 1306 war Albrechts I. Schwager Herzog Heinrich VI. von Kärnten Gatte der ältesten überlebenden Wenzel-Tochter Anna, und so wurde er gegen die drohende Habsburgerherrschaft nach Böhmen gerufen. Dem militärischen Zangenangriff durch König Albrecht I. und Rudolf III. von Nürnberg über Eger beziehungsweise von Wien aus mußte Heinrich von Kärnten, der gleichzeitig Graf von Tirol war, jedoch weichen und schien endgültig verdrängt, als König Albrecht I. am 18. Januar 1307 die Zustimmung der böhmischen Stände für eine Samtbelehnung seiner Söhne gewann. Ohnehin hatte Rudolf III. gar Wenzels II. großpolnische Witwe Rixa-Elisabeth schon 1306 in Prag geheiratet. Eine Wiederbelebung jenes přemyslidischen, aber deutsch geprägten Ottokar-Reichs, das 1270–76 vom Riesengebirge bis zur Adria gereicht hatte, schien sich anzubahnen: nun unter Habsburger Führung.

Damit war jedoch der Scheitelpunkt habsburgischer Erfolge in Böhmen überschritten: Friedrich der Freidige und Heinrich von Kärnten verbanden sich und konnten im Mai 1307 Albrechts I. Reichsküchenmeister bei Lucka schlagen; Rudolf III. starb schon am 3. oder 4. Juli desselben Jahres auf dem Zug gegen westböhmische Rebellen zu Horaždiowitz links der oberen Wottawa (tschechisch Otava), und Heinrich VI. von Kärnten wurde noch Mitte dieses Monats in Böhmen zum König gewählt. König Albrechts I. militärischer Gegenstoß fuhr sich im Herbst 1307 erneut vor Kuttenberg fest, und bevor er mit neuen Truppen aus dem Mittelrheingebiet und Süddeutschland samt den habsburgischen Stammlanden zurückgekehrt war, wurde er durch seinen Neffen Johann am 1. Mai 1308 unweit von Schloß Baden nach einem Reuß-Übergang meuchlings niedergestochen.

Johann Parricida, wie der Mörder seitdem hieß, war als Sohn Rudolfs des Jüngeren und der Böhmin Agnes, einer Tochter König Ottokars II., bisher herrschaftlich nicht ausreichend ausgestattet worden, obgleich er darauf bereits seit seiner Volljährigkeit, also wohl seit Vollendung des 14. Lebensjahres im Jahr 1304, wartete. Daß er sonst unbekannte adlige Mittäter gefunden hat, läßt die Verständnisschwierigkeiten ahnen, auf die König Albrechts I. Bestreben nach Zusammenhalten des gesamten Habsburgerbesitzes auch beim niederen Adel stieß. Durch die überraschende Beseitigung des römischen Königs, der zunächst in der Zisterze Wettingen bestattet wurde, entstanden aber weit bedeutendere Folgen.

Folgen des Königsmords an der Reuß und Voraussetzungen für die römisch-deutsche Königswahl 1308

Mit König Albrechts I. plötzlicher Beseitigung vom 1. Mai 1308 zerstob die Aussicht, das Reich Ottokars II. in habsburgischer Hand wiederzubeleben, in ein Nichts, zumal die habsburgischen Brüder durch Gegenbewegungen sogar in ihren Erblanden und Herzogtümern unter Druck gerieten. In Mitteldeutschland blieb Friedrich der Freidige im Wettiner-Erbe ungefährdet und konnte seit 1310 zum zweiten Begründer der wettinischen Herrschaftsstellung werden. Auf Reichsebene war eine Nutzung des umfangreichen habsburgischen Hausmachtkomplexes zur Stabilisierung des deutschen Königtums endgültig vereitelt. Der nach König Rudolfs I. Zurückhaltung durch König Albrecht I. signalisierte Rückzug aus aktiver Italienpolitik wurde durch die ganz andere Stoßrichtung seines Nachfolgers rückgängig gemacht, aber dessen Promotion ist auch wieder nur zu verstehen auf dem Hintergrund der Tatsache, daß das reiche personelle Reservoir des Hauses Habsburg für die Kurfürsten geradezu eine Bedrohung ihres Anteils an der Reichsherrschaft darstellte, sofern einer von den noch lebenden fünf Albrecht-Söhnen zum Römerkönig erhoben und auch nur dessen Blutsverwandtschaft am Herrschaftsgewinn teilhaben lassen würde – auf vergleichbare Situationen in der Reichs- und Regionalgeschichte unter den Königen und Kaisern Heinrich II. und Friedrich I. im luxemburgischen beziehungsweise saarbrückischen Bereich kann verwiesen werden, zumal es sich hier jeweils nur um angeheiratete Verwandtschaft gehandelt hatte.

Zwar ist jüngst behauptet worden, keiner von Deutschlands Nachbarn habe während des Bestehens des römisch-deutschen Reichs dessen riesiges Territorium beherrschen wollen;[102] aber zunächst schienen 1308 für eine kapetingische Königskandidatur im römisch-deutschen Reich gute Aussichten zu bestehen: Seit der demonstrativen Demütigung des Papstes Bonifaz VIII. durch den Überfall Wilhelms von Nogaret und Sciarra Colonnas vom 7. September 1303 in Anagni war die päpstliche Kurie immer stärker in französische Abhängigkeit geraten, zumal Benedikt XI., der schon am 7. Juli 1304 starb, die Drahtzieher gar nicht und die Täter nur lau verfolgte und mit der Erhebung des Erzbischofs von Bordeaux am 5. Juni 1305 ein Gascogner[103] auf den Papstthron gelangte. Die epochale Bedeutung des Coups von Anagni wird gar an der relativen Schwäche der unmittelbar nachfolgenden Papate erst so recht offenbar. Im Detail ist darauf zu achten, daß die Tatsache, daß Papst Bonifaz VIII. das Attentat überlebte – wenn auch nicht „wenige Monate",[104] sondern nur knapp fünf Wochen –, nicht zur Minimierung der historischen Folgen verkommt, zumal seinem persönlichen Sturz keineswegs die Ausschaltung der mächtig etablierten Gaetani-Familien folgte. Der Weltherrscher von *Unam sanctam* hatte sich als Pappkamerad erwiesen, der nicht einmal mehr zur persönlichen Rache fähig war, geschweige denn zur Wahrung des Ansehens des päpstlichen Stuhls. Die charakterlichen Fehler des Gaetani-Papstes auf der Folie des zurückgetretenen Eremitenpapstes Coelestin V. dürften zudem die Zeitgenossen stark beunruhigt und die Institution selbst in Verruf gebracht haben. Der Historiker wird demgegenüber die Bonifatius-Verdienste in kanonischem und Verwaltungsrecht sowie seine klärenden Bullen zu Bildung und Abgrenzung des Pfarrklerus von den übermächtigen Mendikanten nicht geringschätzen und ihn auch als Förderer der künftigen Universitäten in Rom und Avignon in Erinnerung behalten. Aber die Übersteigerung der päpstlichen Vollgewalt (*plenitudo potestatis*) zu maßlos-konsequenter Hierokratie, gepaart mit persönlich nahezu menschenverachtender Schroffheit, belastete schließlich auch den Erfinder des Heiligen Jubiläumsjahrs.

Selbst 1308 machten sich noch Nachwehen des Coups von Anagni 1303 bemerkbar: Der zweite Bonifatius-Nachfolger Clemens V., bisher Bertrand *de Goto*, blieb durch die Drohung Philipps IV. und seiner Berater, einen Ketzerprozeß gegen den toten Papst Bonifatius VIII. anzustrengen, erpreßbar – ein nicht zu übersehendes Zeugnis für nachlassende Selbstgewißheit hinsichtlich der je aktualisierten Papstlegitimation durch apostolische Sukzession. Ohnehin schien der nunmehrige Petrus-Nachfolger ein Kirchenoberhaupt zu werden, das trotz seiner guten England-Kontakte den französisch sprechenden Raum und damit das Zugriffsgebiet des Königs von Frankreich und seine unmittelbare Nachbarschaft nie verlassen sollte: Clemens V. residierte bis zu seinem Ableben am 20. April 1314 vornehmlich in Lyon, Poitiers, bei Bordeaux und seit 1309 in Avignon, Le Groseau, Châteauneuf und Monteux.[105] Zudem reicherte er die päpstliche Kurie mit vielen weiteren Franzosen und besonders auch eigenen Verwandten an; sein Geburtsort Villandraut soll gar einen neuen Residenzpalast erhalten haben.

Kapetinger-Freunde schienen seit 1305–07/08 auch auf den wichtigsten rheinischen Erzstühlen zu sitzen. Denn Heinrich von Virneburg war nach seinem Trierer Mißerfolg und seit 1304 stagnierender Erhebung in Köln endlich um den 18. Dezember 1305 durch Clemens V. für eben Köln providiert worden, und die unmittelbar anschließende Treueverpflichtung gegenüber Philipp dem Schönen gibt zu erkennen, daß hier kapetingische Fürsprache den Weg geebnet hatte – bezeichnenderweise ließ sich Kölns neuer Erzbischof Heinrich II. von Virneburg denn auch in Lyon weihen, übrigens möglicherweise erst kurz vor dem 4. Februar 1306, also nach weiterem mehrwöchigem Aufenthalt an der Kurie. Wie selbstbewußt er aufzutreten pflegte, ersieht man aus der Urkunden-Intitulatio „von Gottes Gnaden Dompropst", die er bald nach seiner Provision für jenes Kölner Amt von 1297 führte, die übrigens auf Fürsprache König Adolfs bei Papst Bonifaz VIII. erfolgt war. Die gelegentliche Suggestion, der Virneburger habe trotz entgegenstehendem päpstlichem Votum seinen Trierer Elektentitel von 1300 weitergeführt, wird beiseitegeschoben; tatsächlich paßt sie schlecht zu Heinrich von Virneburgs papstgeförderter Karriere auf den Kölner Erzstuhl. Ebensowenig trifft zu, daß Papst Clemens V. die nicht mehr ausgefertigte Erzbischofsprovision gleich bei seiner Lyonnaiser Krönung vom 14.XI.1305 vollendet habe und die Selbstverpflichtung auf Kapetinger-Treue durch den neuen Erzbischof erst vier bis fünf Wochen später in Lyon erfolgte. Vielmehr bleibt der Eindruck zurück, daß die mögliche Aufeinanderfolge „päpstliche Provision – Treuegelöbnis" am 18./19. Dezember 1305 dem Verhältnis von Leistung und Quittung für die französische Empfehlung bei Papst Clemens V. entsprang.

In die seit Ende Februar 1305 anstehende Neubesetzung des Mainzer Erzstuhls spielte entfernt die Wormser Neubesetzung nach dem Ableben des dortigen Bischofs Eberwin von Kronberg 1303 hinein. Angesichts einer Wormser Doppelwahl providierte der direkte Bonifaz-Nachfolger Papst Benedikt XI. den Mainzer Domscholaster und Main-Frankfurter Propst Emicho von Schöneck als gleichsam unbeteiligten Kompromißkandidaten, ohne die Urkunde noch ausfertigen zu können. So stand Emicho von Schöneck noch zur Verfügung, als vor dem 4. Juli 1305 in Mainz die Nachfolge Gerhards II. von Eppstein geregelt werden sollte. Trotz seinen Pfründen und seiner bisherigen Karriere wurde ihm, der 1299 von König Albrecht I. mit Lobesworten als sein Kapellan bezeichnet worden war, ein bloßer Domherr aus dem Mainzer Kapitel gegenübergestellt, der allerdings bereits gelegentlich den Dompropst unter Verwendung des Propsteisiegels vertreten hatte, zusätzlich noch mit dem Lütticher Archidiakonat bepfründet war und vor allem als Sohn Graf Johanns des Lahmen von Sponheim-Kreuznach zur Verwandtschaft des vorletzten Römerkönigs Adolf von Nassau gehörte. Hier spiegelten sich anscheinend noch die Fronten der Jahre 1296–98. Wie in Worms, hielt sich das Papsttum auch hier aus solchen Spannungen heraus.

Betroffen war von der Mainzer Besetzung auch die 1305 bereits notwendig gewordene Weihe zum Böhmenkönig. Vielleicht vor diesem Hintergrund ist die Karriere des schließlich durchgesetzten und nur quasi-unbeteiligten Dritten zu verstehen: Am 10. November 1306 wurde der ehemalige Luxemburger Ministeriale, habsburgische Leibarzt, böhmische Kanzler mit kapetinger-freundlicher Politik und nunmehrige Bischof von Basel Peter von Aspelt für das Erzbistum Mainz providiert, und hierfür bezeugt Papst Clemens V. die Fürsprache Graf Heinrichs VII. von Luxemburg. Schließlich wurde am 7. Dezember 1307 desselben Heinrich des VII. jüngster Bruder Balduin von der Trierer Kapitelsmehrheit zum Erzbischof postuliert, und zu seiner Durchsetzung soll nach dem Zeugnis Peters von Zittau in dessen Cronica Aule Regie I 112 Graf Heinrich VII. dergestalt beigetragen haben, daß er den Papsthof aufsuchte und dem Bruder den Trierer Erzstuhl verschaffte: *cathedram procuravit.*

Die Zuverlässigkeit dieser unmißverständlichen Nachricht hängt an ihrer quellenkundlichen Einordnung. Ort der Niederschrift ist die trierferne Zisterze Königsaal-Zbraslav, heute südlicher Vorort von Prag. Schwankungen im Chronicon- oder Chronica-Titel lassen sich zugunsten des Femininums Singular aber unmißverständlich aus vielen Selbstbezeichnungen des Werks entscheiden – also keine klassische oder gar antike Tradition. Stufenweise von zwei deutschen Äbten Königsaals verfaßt, ist allerdings die Glaubwürdigkeit im Detail möglicherweise dadurch beeinträchtigt, daß es sich lediglich um die noch nicht vollendete Teilvorlage für eine Vers-Chronik handelt.

Zur Zuverlässigkeit der historiographischen Nachrichten über die Erzbischofserhebung Balduins von Luxemburg 1307/08

Der Verdacht, es handle sich bei der überlieferten Fassung der Cronica Aule Regie und insbesondere bei den Partien über Heinrich VII. und Balduin von Luxemburg nur um die Rohvorlage für eine Reim- oder Verschronik, entfällt angesichts der überzeugenden Einordnung des Gesamtwerks in die Verbreitung des Prosimetrums seit der Spätantike. Dieser jeweils beabsichtigte Wechsel von Prosa- und Verspartien war dem Frühmittelalter durch so bekannte Werke wie *De nuptiis Mercurii et Philologiae* des Martianus Capella und durch *De consolatione philosophiae* des Boethius, der 524 enthauptet wurde, vermittelt worden. Ein prosimetrisches Werk in der Historiographie lieferte Liutprand von Cremona mit seiner Antapodosis, und besonders variantenreich schmiedete Dudo von Saint-Quentin seine Verse in der quasi-nationalen Fürstentumsgeschichte *De moribus et actis primorum Normannorum ducum* wohl während des ersten Drittels des 11. Jahrhunderts.

Ausgerechnet die Cronica Aule Regie ist nun das umfangreichste prosimetrische Werk des Mittelalters überhaupt. Es erweckt mit seiner gezielten Verwendung der Verspartien für Reden, Totenklagen, Fürbitten, Betrachtungen und Ekphraseis den Verdacht rhetorischer Durchformung zu Lasten der historischen Tatsachenmitteilungen, und die zusätzliche Konzentrierung auf die vier Persönlichkeiten Wenzel II., Heinrich VII., Elisabeth von Böhmen und deren Gatten Johann den Blinden könnte zu Verzeichnungen geführt haben, zumal angebliche Rührszenen dramatischen Zuschnitts durch die Forschung gar mit dem Etikett „novellistisch“ versehen werden.

In einer Detailfrage, nämlich hinsichtlich des tränenreichen Abschieds von der Mutter 1310, hat sich allerdings die genaue Spiegelung von politisch relevanten Demutsakten selbst einer Römerkönigin herauskristallisieren lassen.[106] Hinzu kommt die zeitlich ereignisnahe Stellung gerade des „kurzgefaßten Traktats über den durchlauchtigsten Fürsten Herrn Heinrich VII., den römischen Kaiser, und seine günstigen Erfolge“ (*Tractatus breviloquus de serenissimo principe domino Heinrico Septimo, Romano imperatore, et prosperis suis successibus*) infolge einer sicher vor Ende 1317, vielleicht sogar zu 1313/14 gehörenden Abfassungszeit. Wo allerdings keine augenbezeugte Situation präzis gespiegelt werden konnte, haben sich Ungenauigkeiten und sogar regelrechte Fehler eingeschlichen, und die lassen sich gerade auch im für Balduins Erhebung einschlägigen Kapitel I 112 nachweisen: Die Herkunft der Königs- und Kaisermutter Beatrix von Beaumont-Avesnes wird zu nahe an das inzwischen erfolgreiche Großgrafenhaus im Hennegau, in Seeland, Holland und Friesland herangerückt; über Opfer und Fronten der epochemachenden Schlacht bei Worringen 1288 bestehen ungenügende und sogar ganz falsche Vorstellungen; der angebliche Trierer Balduin-Vorgänger „Reimund“ führt von dem unmittelbaren Vorgänger Diether von Nassau ab und bestenfalls zu dessen Vorgänger Bohemund von Varsberg (1286/89 – 1299). Schließlich ist die Stilisierung der Eheverbindung Graf Heinrichs VII. mit Margarete von Brabant von 1292 als Erbheirat irreführend angesichts der Tatsache, daß Margarete einen schon 1290 verheirateten Bruder Johann II. hatte und dessen Sohn Johann III. noch bis 1355 amtierte; die brabantisch-luxemburgische Heirat von 1292 sollte vielmehr zu einer Ausgleichsehe zwischen ehemaligen Gegnern führen, die in der Schlacht bei Worringen hohen Blutzoll entrichtet hatten. Da es in dem einschlägigen *Tractatus breviloquus* erklärtermaßen um Heinrichs VII. Erfolge ging, besteht der Verdacht, auch bei der Schilderung der Gewinnung von Trier für seinen Bruder Balduin seien in der Cronica Aule Regie des Grafen Erfolge überbewertet worden.

Tatsächlich erfahren wir aus dem „Buch der gesicherten Geschichte(n)" (*Liber certarum historiarum*) des Johann von Viktring, daß die „Besorgung" Heinrichs VII. durch Intervention, wenn nicht sogar entsprechende Forderungen des französischen Königspaars flankiert worden war: „[...] wobei der Bruder sowie Frankreichs König und Königin intervenierten" bzw. „nachdrücklich für ihn baten"[107] formulierte der Kärntner Abt. Seit 1312 und bis zu seinem Ableben 1345/47 in dieser Würde, ist ihm lange Zeit Herkunft aus der Gegend von Metz zugeschrieben worden, zumal Nachrichten über die Zisterze Weiler-Bettnach, 20 km nordöstlich von Metz, sich auf diese Weise erklären lassen. Doch Weiler-Bettnach war Viktrings Mutterkloster – trotz dessen Lage 5 km südwestlich Klagenfurts –, und Zisterzienseräbte hatten ohnehin durch die Generalkapitel in Dijons Nachbarkloster Cîteaux reichlich Möglichkeit, sich mit Nachrichten aus dem Westen zu versorgen.

Gegen die Hypothese einer lothringischen Herkunft jenes Johann von Viktring, der dem französischen Königspaar nachdrückliche Mitwirkung bei der Erhebung Balduins zum Erzbischof von Trier zuspricht, ist eingewandt worden, Sprache und Stil verräten eine baierisch-österreichische Prägung.[108] Das sind schwer abzuschätzende Argumente. Um so größeres Gewicht erhält, was über Lebensweg und Kontakte mit führenden Persönlichkeiten der Zeit schon durch den kritischen Editor des *Liber certarum historiarum* ermittelt worden ist: Obgleich bereits 1312 zum Abt erhoben, datiert ein Zeugnis für Kontakte mit dem Landesherrn, also mit dem verdrängten Böhmenkönig, aber weiteramtierenden Herzog Heinrich von Kärnten, auch Grafen von Tirol und Görz, erst von 1321. Sollte mit dessen Aufenthaltsort St. Veit[109] dasjenige an der Glan in Kärnten, mit Burg des Herzogs und nach „österreichischem" Zwischenspiel seit 1311 wieder in dessen Besitz,[110] gemeint sein, hätte jene erste Privilegierung gar aus einer Routine-Begegnung wegen Klosternähe im Itinerar des Herzogs resultiert. Als dessen Kapellan konnte sich Abt Johann tatsächlich erst 1334 nennen lassen, als schon Kontakte mit dem Böhmenkönig Johann spätestens in Trient 1330 vorausgegangen waren. Immerhin ist es dann auch zu Treffen mit Kaiser Ludwig dem Baiern und den Habsburgern sowie zu Kapellanaten bei Herzog Albrecht dem Lahmen von Österreich und bei Patriarch Bertrand von Aquileja gekommen. Da Abt Johann bis zuletzt auch außerhalb seines Klosters aktiv blieb, an seinen Geschichtsaufzeichnungen weiterarbeitete und auch stilistisch die Zeitgenossen überragte, wird ihm durch die moderne Forschung hohes Lob als Historiker zuteil, und dem entspricht sein Versuch, stets Zusammenhänge aufzuzeigen.

Nun ist sogar sein Handexemplar[111] erhalten, das über die Benediktinerabtei Wessobrunn nach München gelangte. Aus diesem geht hervor, daß die erste Fassung für 1231–1341 in einem Zuge geschrieben worden ist und die letzte Fassung bis 1343 reicht. Angesichts derart später Niederschrift ist bei Geschehen von 1307/08 fast nur noch mit Wahrscheinlichkeiten für seine besonderen Mitteilungen zu argumentieren: Maßgebliche Beteiligung des französischen Königspaars beim Karrieresprung eines Pariser Studenten lag nahe, zumal sich dieser aus dem kapetingischen Geldlehen seines gräflichen Bruders vom Tempel zu Paris mitfinanzieren mochte. Nicht ganz auszuschließen bleibt, daß sich in Abt Johanns Aufzeichnungen Eindrücke aus der Frankreichpolitik erst König Johanns von Böhmen eingeschlichen haben. Und doch darf man resümieren: Vielleicht herkunftsmäßige, auf jeden Fall aber zisterziensische West-Interessen trafen sich im Werk Abt Johanns von Viktring mit landes- und reichsgeschichtlicher Aufgeschlossenheit wegen des spektakulären böhmischen Engagements des Meinhard-Sohns Herzog Heinrich VI. aus Kärnten. Doch die Entstehungszeit, also bis 1341, liegt recht weit vom Vorgang von 1307/08 entfernt, ist aber immerhin in des Autors eigener und kritischer Überarbeitung bestätigt worden: mit charakteristischen Veränderungen gerade an dieser Stelle, also ausdrücklich neu bedacht! – Und Trierer Zeugnisse?

Eine gewisse Enttäuschung bereiten die Gesta Baldewini, die als eingehendste Schilderung der Erzbischofskarriere von Heinrichs VII. Bruder Balduin zu erwarten sind: Keine Mitwirkung Heinrichs VII., wohl aber ein Teil bisheriger Würden und das Postulationsverfahren sind aus Gesta I 1–4 zu ersehen. Zudem kann als Berichtszeit zwar 1288–1354 gelten, aber zusammenhängende Niederschrift oder Schlußredaktion erst nach Balduins Ableben vom 24. Januar 1354, wenn auch – was aufschlußreiche Positionen versprechen könnte – eventuell durch einen Laien. Zu Kurtrier und Balduin selbst kann man mit älteren Aufzeichnungen als Vorlagen rechnen, aber das schützte nicht vor Einseitigkeiten und Lücken im allgemeinhistorischen und reichsgeschichtlichen Bereich – so sprechend die erklärte Berücksichtigung auch von allgemein verbreiteten Gerüchten sein mag. Bereits den Namen von Balduins kurzzeitigem Gegenkandidaten, nämlich des Lütticher Archidiakons und Mainzer Domherren Emicho von Sponheim, erfährt man nur aus der Papstkanzlei, und dabei wurde nebenbei auch deutlich, daß Balduin noch ein Metzer Kanonikat innegehabt hatte.

Schließlich geben auch die leicht schwankenden Mitteilungen über Balduins Alter bei seiner Postulation in den Gesta zu Überlegungen Anlaß, zumal damit die Fixierung von Balduins Geburtsjahr zusammengehen könnte.

Zu Umständen und Begleiterscheinungen von Balduins Erhebung zum Erzbischof von Trier seit spätestens 1306

Die Unterstellung Johanns von Viktring, Balduin von Luxemburg habe im November/Dezember 1307 bei seiner Postulation für den Trierer Erzstuhl erst im 18. Lebensjahr gestanden, hat bereits der kritische Editor mit dem knappen Vermerk „22 Jahre alt" zurückgewiesen. Dies würde bedeuten, daß Balduin wohl 1285 geboren worden wäre. In eine ähnliche Richtung weist die Nachricht von Gesta Baldewini I 6, beim Schlachtentod seines Vaters nahe Worringens sei er noch nicht drei Jahre alt gewesen. Da Vater und Vaterbrüder hier am 5. Juni 1288 gefallen waren, hat eine solche Nachricht besonders dann Sinn, wenn Balduins Geburtstag nicht allzunah beim 4. Juni 1286 gelegen hätte, also wohl eher noch ins Jahr 1285 gehört hätte.

Verblüffenderweise vermerkt das Proöm zu den Balduineen I-III aber, Balduin habe bei seiner Postulation von Anfang Dezember 1307 im zweiundzwanzigsten Lebensjahr gestanden.[112] Daß der Autor damit den Luxemburgern nicht etwas auswischen wollte, geht aus der Hochstilisierung von Balduins Vater Graf Heinrich VI. zum Kölner Kirchenkrieger mit Quasi-Martyrium hervor: Der Luxemburger sei „für die Kölner Kirche des heiligen Petrus in der Worringen-Schlacht gefallen".[113] Diese offizielle Einleitung zu drei Urkundenbüchern des noch lebenden Erzbischofs gibt damit ausgerechnet zu erkennen, daß das Geburtsjahr 1286 gleichsam authentisiert wurde. Trotz der ursprünglichen Übertreibung bei Johann von Viktring kann an dem völlig unkanonischen Alter Balduins von Luxemburg bei seiner Trierer Erhebung somit kein Zweifel sein – auch wenn der sonst so gut informierte Mathias von Neuenburg in seiner Chronik den Erzbischof, dann übrigens auch gleich mit seinen Brüdern, erst im Herbst 1310 in seinen Blick nimmt.

Zusätzliches Gewicht erhalten Zeugnisse für Aktivitäten Graf Heinrichs VII. zugunsten der Kirchenkarriere seines jüngeren Bruders, die seit dem 2. Januar 1306 datieren und einen gewissen Höhepunkt mit Empfehlungsbriefen König Eduards I. aus Winchester an den Papsthof unter dem 3. Mai 1306 erreichten. Damals waren noch nicht Trier, wohl aber Bayeux und – attraktiver – Vienne und Mainz vakant. Konkurrenz allerdings erwuchs den Luxemburgern bei entsprechenden Ausstattungswünschen beispielsweise durch die Grandsons in England und Lothringen. Gerade damals zahlte sich nämlich die inzwischen nach Krieger- und Diplomatentätigkeit eingeschlagene Kirchenkarriere Ottos von Grandson noch nicht aus: Kanoniker zu Verdun, Archidiakon von Besançon und Scholaster in Toul, ward er vielleicht durch das kurzzeitige Auftreten seiner Vaterbrüder Gerhard und Heinrich von Grandson als Verduner Bischöfe 1275–78 beziehungsweise 1284–86 eher belastet denn für die Schwesterwürde in Toul empfohlen. Seine Familie kam von Burg und inzwischen Schloß Grandson aus dem Waadt, und da war das Bistum Basel ein eher erstrebenswertes Ziel, wenn schon das quasi-Familienbistum Lausanne nicht zu erlangen war, anderseits Basel aber auch attraktiver zu sein schien: Immerhin folgte ihm hier für 1309–25 sein Vetter Gerhard nach, 1301–09 Bischof von Lausanne!

Angemerkt sei, daß mit „Otto von Grandson" gewöhnlich jener Savoyarde in England benannt wird, der 1238–1328 lebte und als einer der wichtigsten Mitarbeiter König Eduards I. gilt. Seine dortige Karriere führte ihn bis zur Justitiar-Würde für Wales und zu Herrschaften über die Kanalinseln und in Irland, und auch als er mit Eduards I. Tod 1307 auf seine Inseln und den Kontinent zurückkehrte, hat er König Eduard dem II. noch manchen Dienst an der Avignoneser Kurie erwiesen. So leicht beide Ottos miteinander verwechselt werden konnten: Deutlich wird, daß den Luxemburgern am Papsthof damals durchaus Konkurrenz um hohe Kirchenwürden erwachsen war, daß sie 1306 – eventuell für Mainz – zurückstehen mußten und dann 1307/08 um so nachdrücklicher zum Zuge kamen. Erster Höhepunkt waren Balduins Priester- und Bischofsweihen am 10. und 11. März 1308 zu Poitiers, und König Philipp IV. ließ sich dies auch gleich noch im April quittieren: Anfang 1306 war durch Graf Heinrich VII. in sein Kapetinger-Bündnis lediglich sein sehr lieber Bruder eingeschlossen worden, in welchen Stand dieser auch aufsteigen werde;[114] 1308 nun hatte dieser selber eine solche Treueurkunde auszustellen, allerdings vorbehaltlich seiner Verpflichtungen gegenüber der Römischen Kirche und gegenüber dem hier so genannten „König von Deutschland".[115]

Aus politischen Konzeptionen des *Petrus de Bosco*

Sich die Loyalität einzelner Großer, ja, Kurfürsten des römisch-deutschen Reichs durch beurkundetes Versprechen zu sichern, wirkt eigentümlich statisch gegenüber den hohen Gedankenflügen, die im Umkreis der kapetingischen Zentralgewalt zu fassen sind. Pierre Dubois, gemäß dem Mittellatein seiner Schriften auch *Petrus de Bosco* zu nennen, gilt zwar kaum mehr als Ideengeber an den Schaltstellen der Macht im Frankreich Philipps des Schönen; aber einer der Legisten, also *advocatus regis*, war er doch sowie praktisch auch als königlicher Amtmann, also *ballivus* oder *bailli*, zu Coutances in der äußersten West-Normandie und 1313 dann (?) im Artois tätig; seinen 1314 gestorbenen König überlebte er um mindestens sieben Jahre. Grundsätzlich plädierte er, vielleicht nicht nur mit dem reinen Kreuzzugswunsch als Motiv, für Stärkung der französischen Königsgewalt. Das Papsttum gedachte er auf eine nur geistliche Rolle zuzüglich letztinstanzlicher Schiedsgewalt[116] zu reduzieren, Kirchenbesitz und -einkünfte zu säkularisieren und auch den kirchlichen Zölibat aufzuheben. Überwölbt wurden seine Vorstellungen vom Wunsch nach allgemeinem Frieden unter französischer Führung, nach internationaler Schiedsgerichtsbarkeit und nach einer quasi-utopischen Bildungsgesellschaft im Heiligen Land.

In seiner *Summa brevis* von 1300 scheint es noch ganz um die Steigerung der französischen Königsgewalt gegangen zu sein, und zwar mittels neuartiger Kriegsführung und durch Ausschaltung geistlicher Gerichtsbarkeit. Es mag bei seiner als besonders wichtig angesehenen Schrift „über die Wiedergewinnung des Heiligen Landes" (*De recuperatione Terre Sancte*) verblüffen, daß sie erst 1305/07 entstand; denn der für den Nahen Osten epochemachende Verlust von Akkon an die Mamlūken hatte bereits 1291 auch die abendländische Welt erschüttert. War Akkon seit 1191 doch im wesentlichen der Regierungs-und Ritterordenssitz des Königreichs Jerusalem gewesen, nur unterbrochen durch Friedrichs II. Verhandlungskreuzzugserfolge für 1229 44, und durch einträglichen Handel zu einer Stadt mit rund 30 000 Einwohnern angewachsen. Akkons Zerstörung durch die Mamlūken trotz dem todesmutigen Engagement von vier dortigen Ritterorden währte ja so lange, daß erst für 1749 von dem Beginn eines Wiederaufbaus die Rede ist.

Jener vierte Ritterorden – nach den Templern, Johannitern und Deutschherren – waren die 1191 ebenfalls in Akkon zentrierten Lazariten. Sie hatten eben für ihre Akkoner Zeit die militärischen Aufgaben zu Lasten ihrer Aussätzigenpflege wachsen lassen, gleichzeitig aber an ihr Lehnsverhältnis zum französischen König für Boigny von 1154 eben in Westeuropa angeknüpft und hier seit ungefähr 1254 für weitere Verbreitung gesorgt, und zwar in einem Gebiet von Schottland bis Italien. Obgleich 1251/54 mit der Erlaubnis versehen, auch einen einfachen Ritter zum Großmeister zu erheben, schob dessen Übersiedlung nach Boigny nordöstlich vor Orléans nicht nur das Heilige Land aus ihrem Tätigkeitsfeld, sondern ging auch einher mit der vollen Rückkehr zu den Hospitalaufgaben: in einer Zeit, in der beispielsweise zu Anfang des 13. Jahrhunderts einem einzigen Leprosorium zu Aachen sieben Aussätzigenhäuser im Bistum Würzburg bis 1300 gegenüberstanden! Ein Ritterorden dieser Prägung wirkte wie das verkündigungsgetreue Gegenbild zu den herrschergewaltigen, selbstsicheren und reichen Templern gerade in Frankreich. Die Templerkatastrophe konnte leichter akzeptiert werden, wenn man jenen Ritterorden der „Hospitaliter vom heiligen Lazarus in Jersusalem" vor Augen hatte: den *Ordo [hospitalis] sancti Lazari Hierosolimitani.*

Dubois hat denn auch nicht Ritterordenskontingente, sondern zum großen Teil Söldner für seinen geplanten Großkreuzzug vorgesehen. Vorangehen sollte das konziliar bestellte internationale Schiedsgericht zur Friedensschaffung. Aus dem *Memoriale Petri de Bosco*, das nach dem 23. Mai 1308, aber noch in dieses Jahr, datiert wird,[117] geht hervor, wie Dubois sich die Aktualisierung der Rolle Deutschlands und des Kaiserreichs nach dem Königsmord vom 1. Mai 1308 dachte. Für die Kolonisierung des Heiligen Lands, das ja nur auf einem solchen Weg behauptet werden könne, war das sehr große und nach seinen Worten überreichlich bevölkerte Deutschland sowohl Menschenreservoir als auch Durchgangsland. Um das zu organisieren, sei die Beseitigung des kurfürstlichen Wahlrechts und die Übernahme von römisch-deutschem Königtum und westlichem Kaisertum durch Frankreichs König Philipp den Schönen notwendig. Die Kurfürsten sollten durch den Papst mit ein oder zwei Grafschaften gelockt und ihre Kontingente aus den Kirchenzehnten Deutschlands finanziert werden, während der Papst schließlich bis auf Wohnung und Lebensunterhalt enteignet werden möge: Es ist vorteilhaft, daß der Herr König vom Papst das ganze Eigengut der Kirche in Besitz nimmt und behält, mit Ausnahme lediglich von Gütern, die sich zum Wohnen eignen,[118] heißt es im Schlußkapitel des Memoriale. Ob das tatsächlich für die Veröffentlichung bestimmt war? Nichts von solchen Kreuzzugsplänen trägt die Signatur dessen, der von Akkons Fall 1291 beeindruckt worden ist;[119] es waren Gedankengebäude eigener Art, mit denen französische Zeitgenossen und vor allem der kapetingische Königshof beeindruckt werden sollten.

Königswahlvorbereitungen nach dem 1. Mai 1308

Nicht die Eigenkandidatur von Frankreichs König Philipp dem Schönen sollte – entgegen der Empfehlung des Pierre Dubois – auf dem politischen Programm in Paris stehen, sondern laut bald einsetzenden Brieftexten Philipps des Schönen an geistliche und weltliche Kurfürsten sowie weitere Große in Deutschland der Königsbruder und somit Prinz von kapetingischem Geblüt Karl von Valois: durch die jüngere Forschung[120] recht hochgeschätzt, laut älterer deutscher Forschung aber „Karl ohne Land"[121] – mit nicht glücklicher Hand.

Noch vor die ersten Texte vom kapetingischen Königshof führt ein Bündnis niederrheinischer Fürsten unter Luxemburger Beteiligung aus Nivelles, nahe der Grenze von Brabant und Hennegau. Die erste Bündnisurkunde datiert vom 11. Mai 1308. Als Beteiligte treten, trotz so lautender Intitulatio-Spitze, weniger Lothringen denn Brabant und Limburg; Hennegau und Seeland, Holland und Friesland; Luxemburg mit Laroche und Arel; Namen (französisch Namur, luxemburgisch Namür), Jülich sowie Looz und Chiny entgegen.

Bei dieser Partner-Auswahl möchte man eine brabantische Initiative vermuten. Doch Brabants derzeitiger Herzog Johann II. ist eigentlich nur als Nachfolger seines Vaters, des Siegers von Worringen 1288, sowie durch seine Gattin und durch sein Quasi-Testament hervorgetreten. Nach dem Tod seines Vaters im Gefolge von Verwundungen nach einem Barer Turnier 1294 war er mit 18 oder 19 Jahren zur Regierung gelangt, wobei ihn der Vater schon 1290 durch Vermählung mit der englischen Königstochter Margarete von York gleichsam auf gute Zusammenarbeit mit England festgelegt hatte. Verblüffenderweise hat Jan van Heelu seinen berühmten „Tatenbericht über die Schlacht von Worringen" (*Yeeste van de slag van Woeronc*) kurz vor Herzog Johanns I. Ableben nicht diesem, sondern dessen Schwiegertochter Margarete gewidmet, damit sie leichter das ihr immer noch ungeläufige Deutsch lerne – als sei Hofsprache in Brüssel eben ein mittelniederdeutscher Dialekt gewesen. Im Vorgriff sei festgehalten, daß Herzog Johanns II. bedeutendste Tat die Fortführung der Testamente-Tradition seiner Vorgänger Heinrich II. 1248 und Heinrich III. 1261 gewesen ist: Auf seinem Totenbett hat er den brabantischen Städten mit der Landcharta von Kortenberg ihre Rechtsgewohnheiten bestätigt und einen Rat avisiert, und dieser sollte unter seinem Sohn Johann III. ab 1332 die herzogliche Regierung umfassend kontrollieren – wohl zugunsten eben der Städte.

Bleibt aus der Vogelperspektive die Initiative Brabants unwahrscheinlich, so verdient der Bündnisinhalt von Nivelles um so größere Beachtung. Erklärtermaßen ging es um Frieden der Vertragspartner und ihrer Länder, wie die Präambel festhielt. Keine Bündnisgegner sollten „unsere Herren" sein, nämlich die Könige von Deutschland – man beachte die inoffizielle Titulierung! – und von Frankreich. Nach einer Regelung für interne Streitigkeiten wurden Kontingente von Panzerreitern im Umfang von 40–100 Einheiten zugesagt und deren Anmarsch auf Selbstkostenbasis zugesichert. In diesem Zusammenhang kamen als weitere Nicht-Gegner Bischof Wido von Utrecht sowie Erzbischof Balduin von Trier und der Kölner Erzbischof Heinrich II. von Virneburg in den Blick.

Hier mag dessen Verbindung zu den Pellenzgrafen seines Hauses im Vordergrund gestanden haben. Waren doch die Virneburger auf pfalzgräflichem Eigengut inzwischen zu Sachwaltern von Kurtrier und Kurpfalz im Voreifelgebiet zwischen Andernach und Mayen mit elf Dörfern geworden, so daß sich eine entsprechende Berücksichtigung der Trierer Belange um den Mendiger Berg empfahl. Das Lebenszeitbündnis war der Schweizer Einigung vom 1. August 1291 vergleichbar, also über die bislang befristeten Landfrieden hinausreichend.

Anscheinend wurde Unruhe erwartet – oder ihr sollte gesteuert werden. Tags darauf verbündeten sich dieselben Partner unter zusätzlicher Einbeziehung eines Wido von Flandern als des Bruders Graf Johanns I. von Namen auf Wahrung des

Status quo, falls einer von ihnen zum „König von Deutschland" (*roys d'Allemagne*) gewählt werde. Empfänger des erhaltenen Texts war Wilhelm I. (oder III.) von Hennegau (beziehungsweise Holland), wie die Adresse an ihn in § 1 erkennen läßt. Die Wahrung des Status quo in Königshuld und die Zuständigkeit des königlichen Hofgerichts für etwaige Streitigkeiten unter den Vertragspartnern sollte auch gelten, wenn n i c h t einer von ihnen zum König von Deutschland gewählt werden sollte. Anderseits wurde aber auch der Adressat des erhaltenen Texts in die Pflicht genommen: Für den Fall einer Königswahl des Hennegauers verspricht dieser sinngemäß dasselbe.[122] Tatsächlich wird in der Corroboratio nicht nur auf die Besiegelung des Briefs, sondern auch auf seine Übergabe an Graf Wilhelm hingewiesen.[123] Der überlieferte Text entstammt also dem Urkundenexemplar, das an den Hennegauer ging; ähnliche Exemplare sind für die anderen Bündner vorauszusetzen. Erst frühestens acht Tage später setzten die kapetingischen Zeugnisse für Wahlwerbung ein. Zu Nivelles hatte man eine Art Wahlbündnis zur Wahrung des Status quo vereinbart und anscheinend jedem Bündner verbrieft. Am Niederrhein suchte man nicht nur Schaden aus einer Thronvakanz zu vermeiden, sondern schloß auch eine erfolgreiche Königskandidatur eines der Vertragspartner nicht aus.

Schwer wiegt der Einwand, zu Beginn der zweiten Mai-Dekade habe in Nivelles noch nicht bekannt sein können, was an der Reuß zu Monatsbeginn geschehen war. Träfe das zu, müßte man wohl mit Absetzungsplänen gegen König Albrecht I. rechnen. Deren Träger wären erfahrungsgemäß die rheinischen Kurfürsten gewesen. Erzbischof Balduin kam dafür noch nicht in Frage, weil er erst Pfingsten 1308 in Trier einzog. Von den neuen Erzbischöfen Heinrich II. von Virneburg in Köln und Peter von Aspelt in Mainz weiß man, daß sie sich seit Mitte April beziehungsweise Anfang Juni 1306 und somit verhältnismäßig schnell mit dem habsburgischen König arrangierten. Auch wo im Unterschied zu Erzbischof Peters physischer Anwesenheit am Königshof der Kölner eher seinen Territorialinteressen im Kampf mit dem mächtigen Rietberger auf dem Paderborner Bischofsstuhl nachging, kann man keinen Konfliktkurs gegen den Habsburger erkennen. Zwar versuchten beide vorsichtig, auch Verluste der rheinischen Zolleinnahmen aus der Zeit ihrer Vorgänger wohl zu Lasten des Reichs wiedergutzumachen; aber dies geschah nicht in rücksichtslos-provozierender Form, und so wird zu unterstellen sein, daß auch sie von der Mordnachricht überrascht wurden.

Aber konnte der Königsmord an der Reuß bereits zehn oder elf Tage später auch in Nivelles bekannt sein? Von der Habsburg bis Basel waren 50, von Basel bis Nivelles 400 Kilometer Luftlinie zu überwinden; die Zahl der Straßenkilometer für reitende Boten dürfte somit rund 550 betragen haben. Eilboten mochten eine solche Strecke in fünf bis sechs Tagen zurücklegen; doch sie pflegten dann einem bekannten Ziel zuzustreben. Trotz der guten Zusammenarbeit zwischen König Albrecht I. und Erzbischof Peter von Mainz, dem der König gar noch Anfang März seine Abgaben von den Main-Frankfurter Juden mittelbar bestätigte, hat sich für Mainz zeigen lassen, wie verhaßt Albrecht I. beim dortigen Klerus war. Wenn dies durch die verdienten Regestenmacher des Erzstifts auch für Erfurt mit seinen mainzischen Küchendörfern in Anspruch genommen wird, ist allerdings die Herkunft der einschlägigen Nachricht in den berühmten Monumenta Erphesfurtensia

Oswald Holder-Eggers von 1899 zu beachten: Cronicae minoris minoritae Erphordensis Continuatio VI Teil III wird in Böhmen lokalisiert. Gleichwohl bleibt der hier vermittelte Eindruck sprechend genug: Die Mordschilderung läuft darauf hinaus, daß Albrecht I. ein entsetzliches Ende gefunden hat: Nicht nur vom Schwert des eigenen Neffen und Lehnsmanns mehrfach durchbohrt, sondern auch vom eigenen Kriegergefolge – es fällt gar der Terminus „Heer" (*exercitus*) – verlassen, habe er ohne geistlichen Beistand seine – ich ergänze – schwarze Seele ausgehaucht. Obgleich für des Ermordeten Seelenheil ein Nonnenkloster am Tatort gegründet worden sei, habe er jene drei Übel auf sich gezogen, wie es zu einem notorischen Verfolger des Klerus passe: Er sei der Infamie verfallen; das Glück dieser Welt behandle ihn stiefmütterlich; gefehlt habe ihm am Lebensende die Gnade der Kleriker (*gracia clericorum*): ein hier mehrfach verwandter Begriff, dessen selbstbewußte Klerikermentalität nahezu an die Heilsnotwendigkeit erinnert, die Papst Bonifaz VIII. dem weltlichen Gehorsam gegenüber dem Papst unterstellte. Dem entspricht der Lehrvers am Schluß der Würdigung des Klerus-Verfolgers (*persecutor... cleri*) König Albrecht I.: „Derjenige liebt nicht das Wahre, der ausgerechnet den Klerus verfolgt./Er ist Verräter der [wichtigen] Dinge, und findet ein hartes Ende." Daß der Ermordete gleich in der benachbarten Zisterze Wettingen bestattet – oder doch zumindest aufgebahrt -worden war, wird in dieser böhmischen Cronica-Minor-Continuatio übergangen.

Nun mag die Schlußstilisierung dieser Nachrichten und Wertungen erst der Zeit um 1330 entstammen; aber die mainzische Kleriker-Aversion gegen denselben König ist zeitgenössisch bezeugt, und so wird man mit einer allgemeinen Anspannung im Verhältnis zu König Albrecht I. zu rechnen haben. Das mochte alle Nachrichten beschleunigen, die sein Schicksal betrafen – besonders dann, wenn sie das eigene Leben zu erleichtern schienen.

Zurück zu Nivelles im Mai 1308: An der Datierung der dortigen Vertragsurkunden vom 11. beziehungsweise 12. Mai 1308 läßt sich nicht deuteln: Die Ziffern der fortlaufend gezählten Monatstage sind sogar in (französischen) Wörtern ausgeschrieben, unterliegen also nicht dem Verschreibungsverdacht der Zahlzeichen. Anderseits hat man eben in Teil III der Cronicae Minoris Continuatio VI ausdrücklich festgehalten, daß die tatenlose Begleitung, die vom gegenüberliegenden Flußufer der Ermordung ihres Königs hatte zusehen müssen, ein Heer (*exercitus*) gewesen sei. Mag dieses Erinnerung an die militärische Aktivität des Königs kurz vor seinem Tod bewahren, so jenes Nacheinander der Daten auch einen Charakter als Nachgedanken für die Erwägungen zu den Wahlmöglichkeiten oder auch nur -eventualitäten am 12. Mai 1308 in Nivelles.

Doch es bleibt dabei: Nivelles lag rund 550 Straßenkilometer vom Ort des Mordgeschehens am 1. Mai 1308 entfernt. Hier zu unterstellende Schnellboten mit 80–100 km Tagesleistung pflegten einem festen Auftrag zu gehorchen und ein bestimmtes Ziel zu wissen. Dies kann für die Situation von Anfang Mai 1308 nur zum Teil vorausgesetzt werden. Aber weitere Bedingungen begünstigten die schnelle Ausbreitung der Todesnachricht, und zwar auch ins Niederrheingebiet hinein: Der König war mit dem erklärten Ziel nach Südwestdeutschland gezogen, Truppen für einen entscheidenden Vorstoß nach Böhmen und vielleicht sogar Mitteldeutschland zusammenzubringen. Sein vorangehender Aufenthalt in

Frankfurt am Main von gut 14 Tagen[124] legt nahe, daß seine Werber das Rheingebiet kaum ausgespart haben werden. An Mittel- und Niederrhein saßen diejenigen, die unter Albrechts I. gezieltem Zugriff der Jahre 1301/02 am stärksten gelitten hatten, und hier mochte man Boten aus Basel für diese ihre gute Nachricht am ehesten honorieren. Schließlich ist das gleich zu erörternde Schreiben König Philipps des Schönen vom 20. oder 27. Mai 1308 aus Poitiers für die Zweistufigkeit der Verbreitung gerade dieser Todesnachricht ein ausdrückliches Zeugnis: Selbst am Kapetingerhof berief man sich nicht nur auf die verläßliche Versicherung von Boten, sondern auch auf die vorherige Bekanntgabe durch das laufende Gerücht.[125]

Die ersten Zeugnisse für eine kapetingische Einflußnahme auf die römisch-deutsche Königserhebung von 1308

Jene Differenzierung gehört bereits zur französischen Thronbewerbung seit der zweiten Mai-Hälfte 1308: dies von mir so ungenau datiert, weil Schwankungen in der Forschung bestanden, ob dieses Schreiben auf den Montag vor – so der überlieferte Text – oder nach Himmelfahrt 1308 zu beziehen ist, also den 20. beziehungsweise 27. Mai 1308. Mit reicher Rhetorik ersuchte Frankreichs König Philipp der Schöne den namentlich durch seine Initiale *H.* angesprochenen Böhmenkönig Heinrich [von Kärnten] als deutschen Kurfürsten um überlegtes Vorgehen: Er möge zunächst auf Aufschiebung des Wahltermins drängen, damit der französische König – dieser suggeriert Einverständnis mit dem Papst – ihm seine Vorstellungen mitteilen könne. Ohnehin müsse es sich um einen römisch-deutschen Herrscher handeln, der einem Kreuzzug ins Heilige Land aufgeschlossen gegenüberstehe, ja, für ihn eifrig wirke.

Eine solche Argumentation hat nur Sinn, wenn bei dem Adressaten ebenfalls Aufgeschlossenheit für die Dringlichkeit eines Kreuzzugs zu erwarten ist. Tatsächlich ist inzwischen gezeigt worden, daß Kreuzzüge keineswegs nur „Gottes Taten durch Franzosen" (*Dei gesta per Francos*) gewesen sind. Vielmehr haben von 13 römisch-deutschen Herrschern der Jahre 1095–1245 nur drei keine erkennbaren Verbindungen zu einem Kreuzzug gehabt; die Kreuzzugsidee war also in Deutschland sogar in der Reichsspitze lebendig.[126] Der Fall von Akkon von 1291 mit seinem Nachruhm bis hin zur Verlegung der Aktivitäten des Deutschen Ritterordens nach Altpreußen sowie die Rekrutierung eben der dortigen Ordensritter und -priester aus Deutschland taten ein Übriges, um den Kreuzzug als ein Thema wachzuhalten, das auch in Deutschland samt Kärnten, der Ausgangslandschaft des angesprochenen Böhmenkönigs Heinrich, in der nicht allzu entfernten Nachbarschaft des derzeitigen Hochmeistersitzes Venedig, und im böhmischen Königreich selbst auf anhaltendes Interesse stieß: Königsberg ist seit 1255 wohl nach König Ottokar II. von Böhmen benannt worden, und die Preußen- oder Litauenreisen des europäischen Adels hatten gerade erst 1304 wieder begonnen, und zwar aus Deutschland.

Die Diskretion Philipps des Schönen in der Kandidatenfrage war politisch klug. Sie wurde erst zwei oder drei Wochen später unter dem 9. Juni 1308 und wieder mit Schreiben aus Poitiers ausgemünzt in eine Empfehlung für Karl von Valois: Dieser französische Königsbruder werde derjenige sein, durch den nicht nur die Kreuzzugsangelegenheit betrieben werde, sondern auch Deutschland und das Kaiserreich, wie es die Augustus-Würde erfordere, stets angenehme Mehrung erfahren würden. Angesichts von Reichsverlusten an der Grenze nach Westen und Südwesten war das ein äußerst geschicktes Anspielen auf die inzwischen vorherrschende Wiedergabe von *semper augustus* schon im römisch-deutschen Königstitel mit „allzeit Mehrer des Reiches". Im übrigen werde der Böhmenkönig durch eine solche Wahl nicht nur seinen guten Willen gegenüber König Philipp dem Schönen zeigen, sondern auch für sein eigenes Königreich Böhmen Gnadengaben zu erwarten haben.

Weitere Zeugnisse lassen erkennen, daß man am kapetingischen Königshof auch entsprechende Finanzmittel einzusetzen bereit war: Unter dem 11. Juni 1308 wurden drei namentlich genannte Gesandte bevollmächtigt, Subsidien und Renten jedweder Höhe aus Frankreich zuzusagen, ja, sonstige Förderungen der römisch-deutschen Wahlangelegenheit vorzunehmen. Wir wissen es sogar noch genauer: Mitte Juni erging König Philipps des Schönen Schatzanweisung an Hugo *de Cella*, nämlich denjenigen der Deutschland-Gesandten, der vier Tage zuvor an dritter Stelle namhaft gemacht worden war. Er sollte die ihm und seinen Mitgesandten zugedachten 1300 Pfund kleiner dicker Turnosen uneingeschränkt ausgezahlt beziehungsweise überwiesen erhalten für seine Aufwendungen, die durch seine Delegation nach Deutschland für gewisse königliche Angelegenheiten entständen.[127] Die Abwicklung solcher Zahlungen wird dadurch beleuchtet, daß auch an Überbringung durch Boten oder an Kaufmannsbriefe bis nach Deutschland gedacht wurde.

Nur wenig später flankierte Papst Clemens V. diese kapetingischen Wunschäußerungen und Maßnahmen. Unter dem 18.[128] Juni 1308 erbat der Papst vom namentlich ungenannten Trierer Erzbischof und vom hier so genannten Baiernherzog Rudolf Kontaktaufnahme und Gedankenaustausch in der Wahlfrage. Daß Brieftexte nur an je einen der geistlichen und weltlichen Kurfürsten erhalten sind, mag Zufall sein. Und auch auf dieser verhältnismäßig schmalen Grundlage sollten die Unterschiede im wesentlichen gleich formulierter Schreiben nicht übersehen werden. Es mag offen bleiben, ob sie sich lediglich unter Hinweis auf den unterschiedlichen offiziellen Charakter der jeweiligen Empfänger erklären: ein hoher Geistlicher auf der einen, ein weltlicher Kurfürst auf der anderen Seite. Balduin von Trier wurde angeredet und angesprochen als „verehrungswürdiger Bruder" beziehungsweise „Deine Bruderschaft", Baiernherzog und Pfalzgraf Rudolf I., der Stammler, hieß „geliebter Sohn, adliger Mann Rudolf" beziehungsweise „Deine Adeligkeit".[129] Dem Erzbischof wurde als Absicht des neu zu wählenden Königs der Nutzen des Reichs genannt; dem Pfalzgrafen zusätzlich auch sein, also des Pfalzgrafen, eigener Vorteil und derjenige der anderen Reichsfürsten sowie ihre Erhöhung durch großartige Ehren – oder Ämter?[130] Beide Kurfürsten werden nachdrücklich gebeten, im Sinne der päpstlichen Darlegungen nachzudenken; der Trierer aber erhält zusätzlich noch den entsprechenden päpstlichen Auftrag.[131] Auch daß es s e i n e Überlegungen sind, die erbeten werden, und daß er sich dabei eifrig erweisen möge, wird nur dem Kirchenmann nahegelegt. Ihm gegenüber konnte der Papst Kompetenzen in Anspruch nehmen; gegenüber dem weltlichen Großen, der sich nichts Kirchenrelevantes hatte zu Schulden kommen lassen, konnte er nur auf Einsichten pochen.

Die Imitation des kapetingischen Wahlwerbens durch den Papst ging so weit, daß auch dieser noch keinen Kandidatennamen nannte, sondern lediglich einen Tugendkatalog bereitstellte und diesen mit dem Wunsch krönte, der neue König möge nachdrücklich für den längst fälligen Kreuzzug ins Heilige Land eintreten.

Erst im folgenden Monat wurde die Kandidatenempfehlung auch hier konkretisiert. Diese Aufgabe übernahm allerdings nun der Papstneffe und Kardinaldiakon von Santa Maria Nuova Raimund von Got. Erhalten ist der Text seines Briefs an den Kölner Erzbischof Heinrich II. von Virneburg, und dieser Wortlaut war zumindest doppeldeutig, wenn nicht sogar einer Kandidatur des nun ausdrücklich namhaft gemachten französischen Königsbruders Karl von Valois abträglich. Schon die fast gleichzeitige Nennung mit seinem königlichen Bruder mochte die Perhorreszierungen sich ausbreitender französischer Herrschaft im Osten der französischen Monarchie und im Westen und Südwesten des römisch-deutschen Reichs seit spätestens 1287 in Erinnerung rufen, und da auf dem damaligen Würzburger Reichshoftag in Gestalt des päpstlichen Legaten und Kardinal-Bischofs von Tusculum-Frascati Johannes Boccamazzi eine hohe kuriale Persönlichkeit mitbetroffen war, dürfte an der Kurie die Aversion höchster deutscher Kreise gegen französische Ausdehnungsbestrebungen an den Reichsgrenzen bekannt gewesen sein. Die schließliche Namensnennung Karls von Valois mit der Begründung, dieser habe seit seiner Jugend die Erhöhung der Kirche im Sinn gehabt und sich gerade für die Verteidigung der Kirchenfreiheit und die Hilfe fürs Heilige Land mit seiner Person eingesetzt, forderte geradezu eine Überprüfung der bisherigen Valois-Karriere heraus.

Sie hatte bezeichnenderweise überregional mit einer Königskandidatur begonnen. Schon dem Dreizehnjährigen war seit 1283 Aragoniens Thron zugedacht und dies auch mittels Belehnung durch Papst Martin IV. konkretisiert worden. Seinen Verzicht hatte man nur erreichen können, indem man ihn 1291/95 mit einer hohen Geldsumme abfand, obgleich er bereits seit seiner Apanagierung mit der Grafschaft Valois noch durch seinen Vater im Jahre 1285 in Höhe von rund 10 000 Pariser Pfunden ausgestattet war. Gerade gegen Ende des Aragonien-Abenteuers hatte er 1290 durch seine Ehe mit Margarete von Anjou-Sizilien auch Hand auf die reichen Grafschaften Anjou und Maine gelegt.

Man versteht somit, daß trotz Jahren wachsenden Einflusses am Königshof des Bruders Philipp des Schönen 1290–1300 Sizilien nicht ganz aus dem Blick blieb. Entsprechend sah Papst Bonifaz VIII. die Möglichkeit, den königsblütigen Großgrafen für seine Politik gegen den Aragonier auf Siziliens Thron zu gewinnen. Dafür erhielt Karl von Valois die Hälfte eines Zehnten zugesprochen. Flankiert wurde dieses Bündnis durch den päpstlichen Auftrag von 1301, auch als Pazifikator Italiens zu wirken. Ergebnis waren jedoch keine diplomatischen Erfolge, sondern Feldzüge in Tuszien, Neapel-Süditalien und auf Sizilien.

Hier nun scheiterte die größte Militärexpedition der Franzosen auf der Insel nach nur drei Monaten bereits am ungebrochenen Widerstand der sizilischen *borghi*, der befestigten Kleinstädte in strategisch günstiger Lage, und am Partisanenkrieg unter Führung katalanischer Söldner, wie sie später zur Katalanischen Kompanie im byzantinischen und lateinischen Osten zusammengefaßt werden sollten. Daß nicht nur Karl II. von Anjou-Neapel, sondern auch Karl von Valois sich schon 1302 auf den Frieden bei Caltabellotta in Südwestsizilien einließen, ist dann aber auch noch auf König Philipps des Schönen Wunsch zurückzuführen, den kriegstüchtigen Bruder möglichst bald gegen jene flämische Koalition einzusetzen, die Mitte Juli 1302 dem französischen Ritterheer die verheerende Goldsporen-Niederlage von Kortrijk beigebracht hatte.

Seither hat sich Großgraf Karl von Valois als erfolgreicher Kriegsmann erwiesen. Beispiele sind die Siege von Mons-en-Pévèle (bei Lille) 1304 – und 20 Jahre später das Einsetzen von Geschützen durch Karl von Valois vor La Réole gegen die dortige Plantagenet-Herrschaft. Die flämische Niederlage von 1304 hatte aber nicht nur niederlothringische Flandern-Verbündete wie Johann von Namen und Wilhelm von Jülich mitbetroffen, sondern der Jülicher gehörte auch zu den rund 7000 Opfern auf flämischer Seite, welche die Kriegsführung Karls von Valois, wenn auch unter nominellem Oberbefehl König Philipps des Schönen, gefordert hatte. Übrigens hat man auch aus Karl Ohnelands Florentiner Auftritt vom November 1301 in Erinnerung behalten, daß dadurch viele Stadtbürger getötet oder zumindest ausgeplündert wurden und andere tuszische Städte in Kriegszustand gerieten.[132]

Schließlich hatte Karl von Valois 1308 auch noch nicht jenen Anspruch auf das Lateinische Kaisertum aufgegeben, den er wohl 1301 durch seine zweite Eheschließung erheiratet hatte, nämlich mit Katharina von Courtenay – dies eine Burg im Loiret, 25 km östlich von Montargis –, Tochter des Titularkaisers Philipp von Konstantinopel. Für Realisierungswünsche dieser Spitzenwürde flossen hohe Summen aus Paris und vom Papsthof in Großgraf Karls Kassen. Wenn in Deutschland einiges von diesen Karrierestufen des französischen Königsbruders bekannt war, fiel die entsprechende Kandidatennennung Kardinal Raimunds vom Juli 1308 aus Poitiers zumindest ambivalent aus. Angesichts des Juli-Termins dieses Schreibens wird man trotz textlichen Übereinstimmungen mit dem Papstschreiben vom 18. Juni 1308 auch unterstellen dürfen, daß diese Art der Stellungnahme eines Papstneffen vom Papsthof in Poitiers das Ergebnis längerer Überlegungen gewesen ist.

Eigentlich benötigte das Papsttum inzwischen ein Gegengewicht gegen den kapetingischen Einfluß, so daß sich die vorgetragene Interpretation des Kardinalsschreibens gut verständlich machen läßt. Die ältere Forschung hat jedoch in Papst Clemens dann doch denjenigen Franzosen auf dem Papstthron sehen wollen, der den kapetingischen Wünschen so stark geneigt gemacht worden sei, daß die Vermeidung von Karls römisch-deutscher Königserhebung letztlich alleiniges Verdienst der Kurfürsten gewesen sei.[133] Ein weiteres Papstschreiben weist in mehrfacher Hinsicht in eine andere Richtung, obgleich es ausgerechnet an Philipp den Schönen gerichtet war. Unter dem 1. Oktober 1308 teilte Clemens V. aus Cadillac, 20 km von seiner Geburtsveste Villandraut entfernt, dem Kapetinger mit, er habe gerade erst an drei geistliche und drei weltliche Kurfürsten geschrieben, wobei er Karl von Valois besonders nominiert habe.[134] Im Unterschied zu König Philipps Wunsch nach erneuten Papstbriefen an deutsche Königswähler wolle er, Clemens V., jetzt die entsprechenden Reaktionen abwarten, zumal der Kölner Erzbischof bereits kapetingerfreundlich reagiert habe. Dem kapetingischen Wunsch, einen päpstlichen Legaten zum römisch-deutschen Wahltag abzuordnen, begegnete der Papst mit der Bitte, der König möge einen geeigneten Mann vorschlagen; den werde Clemens V. dann ernennen – ein Hin-und-Her, das den Eindruck erweckt, der Papst spiele auf Zeit.

Geradezu abweisend klingt die Reaktion des Papstes auf den kapetingischen Wunsch, Clemens V. möge in der Wahlangelegenheit an Graf Heinrich VII. von Luxemburg schreiben: Erzbischof Balduin von Trier und Graf Heinrich VII. seien selber wegen dessen Königserhebung beim Papst vorstellig geworden; entsprechend seien diesem gleichsam die Hände gebunden. Aber der Graf sei doch König Philipps des Schönen Lehnsmann; deshalb empfehle es sich, daß Philipp der Schöne sich in dieser Angelegenheit unmittelbar mit angemessen drängenden Briefen an den Luxemburger wende. Glatt abgeschlagen wurde schließlich der kapetingische Wunsch, der Papst möge dem Mainzer Erzbischof untersagen, vor der Wahl des Römerkönigs den Kärntner zum Böhmenkönig zu weihen: Das lasse sich mit der päpstlichen Rechtsauffassung nicht vereinbaren. Im übrigen legte Clemens V. Briefe Erzbischof Heinrichs II. von Köln und Herzog Johanns II. von Sachsen-Lauenburg bei; deren Texte scheinen nicht erhalten zu sein.

Am deutlichsten wurde dieses Schreiben Papst Clemens' des V., als dieser sich dem erpresserischen Verfahren versagte, die böhmische Kurstimme für Karl von Valois durch des Böhmenkönigs Königsweihe gleichsam bezahlen zu lassen. Diese relativ selbständige Position paßt so gar nicht zu dem Bild eines Papstes, der sich schließlich französischem Druck gebeugt hat. So darf die Frage erlaubt sein, ob Clemens V. mit seinem Aufenthalt in Cadillac und Umgebung nicht an seine sechsjährige Erzbischofszeit in Bordeaux anzuknüpfen und den Schutz des neuen Plantagenet-Königs Eduard II. zu gewinnen hoffte. Bordeaux mit Umgebung stand noch bis in die Mitte des 15. Jahrhunderts unter den Plantagenets. Unter ihnen ging es Stadt und Umland wirtschaftlich besonders gut, und gerade für 1308/09 ist dies in Gestalt der Rekord-Ausfuhrmenge von Wein nach England zu fassen. Die damaligen 850–900 000 Hektoliter hatten aber nur erzeugt werden können, weil das Bordelais sich inzwischen ganz auf die Monokultur Weinbau eingelassen hatte und über den Verkaufserlös hinaus auf Getreide und weitere Wirtschaftsgüter, beispielsweise Tuche, angewiesen war, die als Vor- oder Rückfrachten aus England kamen. Eine derartige wirtschaftliche Verklammerung mit England macht verständlich, warum in Bordeaux und Umgebung die Plantagenet-Herrschaft weiterwährte, ja, weshalb dem König-Herzog aus dem Hause Plantagenet viel Loyalität in der Gascogne begegnete. Hier gab es ein Umfeld, das dem Papst gegenüber den Kapetingern eine größere Standfestigkeit nahelegte.

Und so war es denn erneut ein Brief aus dieser Gegend, der drei Wochen später[135] den Papst lediglich als Briefübermittler agieren ließ, und zwar eines Schreibens Kurfürst Rudolfs des Stammlers hinsichtlich der künftigen Römerkönigswahl.[136] Das Original ging an Frankreichs König; dessen Bruder Großgraf Karl von Valois erhielt eine Kopie. Es mag in diesem Zusammenhang allgemein festgehalten werden, daß sich Clemens V. mit „König der Römer" oder auch „Römerkönig" der offiziellen Kanzleisprache eben der römisch-deutschen Herrscher bediente. Eine Einschränkung nach Art eines „Deutschen-“ oder „Deutschland-Königs“ gehörte nicht zu seinem Programm. Insofern entzogen er und seine Berater sich jener quasi-nachbarlichen Sprachregelung, wie sie in der Vertrags- und Briefüberlieferung bislang beobachtet, aber hier noch nicht zusammenfassend aufgelistet worden ist.

Reichsbezeichnungen und weitere Wahlvorbereitungen

Papst Clemens V. und Kardinal Raimund von Got haben uneingeschränkt den offiziellen Titel des Römerkönigs auch zu dessen Titulatur verwandt. Sogar im dankbaren Treueversprechen des endlich providierten Kurkölner Elekten Heinrich II. von Virneburg standen Mitte Dezember 1305 „römischer Kaiser“ und „König der Römer“, dies auch analog zum vermutlichen „König der Franzosen“ des Adressaten.[137] „König der Römer“ war aber auch für König Philipp den Schönen der jüngst beseitigte Albrecht I. gewesen, als wegen dessen Nachfolge der Kapetinger sich an den von ihm so genannten „König Böhmens“ Heinrich von Kärnten in der zweiten Maihälfte 1308 wandte, und als unter dem 9. Juni des Jahres schließlich der Kandidatenname Karl von Valois auch schriftlich fixiert wurde, kandidierte dieser kanzleigerecht zum „Römerkönig“ (*rex Romanorum*), übrigens entsprechend fürs „(König-)Reich der Römer“ (*regnum Romanorum*). Die kapetingischen Wahlwerber gingen mit ihren Geldern und Vollmachten aber ins Gebiet des (König-)Reichs Deutschland (*ad regni Alemannie partes*) oder schlicht ins Gebiet Deutschland (*ad partes Alemannie*).[138]

Dem entsprach „König von Deutschland“ (*roy d'Almeigne* o.ä.) bei Graf Heinrichs VII. Lehns- und Soldverträgen mit Philipp dem Schönen von 1294 sowie 1308 bei Balduin von Triers Pariser Dankeseid für die Karriere-Hilfe am Papsthof. Der „König Deutschlands“ (*rex Alemannie*) war es, den 1305 der Verduner Bischof Thomas von Blâmont von seinem Verteidigungsbündnis mit Philipp dem Schönen „gegen alle“ ausgenommen hatte, und von „Königen Deutschlands“ pflegte auch Pierre Dubois zu sprechen, sowohl im Buch über die Rückgewinnung des Heiligen Landes – übrigens neben dem „König der Franzosen“ – als auch 1308 in seiner Denkschrift für Philipp den Schönen hinsichtlich von Vakanz-Beseitigung in Deutschland und vermögensmäßiger Zurückdrängung des Papsts in Europa.[139] Deutlich auf das territoriale Nebeneinander stellten dann die Vertragstexte von Mitte Mai 1308 aus Nivelles ab: Für die niederlothringischen Vertragspartner standen „ihre Lehnsherren, die Könige von Deutschland und von Frankreich (*nos seigneurs . . . le roy d'Alemaingne et le roy de France*) nebeneinander; im Eventualitätsvertrag bei anstehender Königswahl war denn auch in drei Paragraphen gleich achtmal der „König von Deutschland“ (*roy*[*s*] oder *rois d'Allemagne*) erwähnt.

Inzwischen waren Vorverhandlungen in Deutschland über das Stadium des Nivelles-Bündnisses hinausgelangt. Zunächst allerdings findet sich eine ungefähre Parallele in einer Vereinbarung zur Wahrung der öffentlichen Ordnung, wenn auch im „römischen Königreich“ (*regnum Romanum*) und unter Berücksichtigung des künftigen Römerkönigs (*Romanorum rex*), in Gestalt des Friedens, der unter dem 11. Juli 1308 in Au am Inn – wohl dem dortigen Augustiner-Chorherrenstift

– durch die Baiernherzöge Rudolf den Stammler und Ludwig den Baiern beurkundet wurde. Sie sicherten dem Würzburger Bischof Andreas von Gundelfingen (1303–13) und anscheinend auch dem Fulder Abt Heinrich V. von Weilnau (1288–1313) zu, daß sie einander zur Wahrung des Status quo beistehen würden, und zumindest die Wahrung der Würzburger Hochstift-Rechte sollte auch für den Fall garantiert sein, daß einer der beiden Wittelsbacher nunmehr König und Kaiser werde: an die Spitze des römischen Imperiums träte.[140] Es steht zu vermuten, daß auch der Fulder Abt miteinbezogen gedacht wurde, zumal gerade von Heinrich V. bekannt ist, wie nachdrücklich er seine Herrschaft gegenüber der Stadt Fulda geltend machte: bis hin zur Errichtung der Neuenburg.

Historiographen wie Peter von Zittau, Johann von Viktring und der anonyme Autor der Gesta Baldewini erwecken demgegenüber den Eindruck, als seien nur der Trierer Erzbischof Balduin von Luxemburg, der Mainzer Erzbischof Peter von Aspelt und gerade noch Graf Heinrich VII. von Luxemburg selber in der Wahlangelegenheit tätig geworden. Das dürfte verengte Sicht aus der Perspektive des schließlichen Erfolgs sein. Denn auch die weiteren Wahlvorbereitungsurkunden kommen nur zum geringsten Teil von diesen Ausstellern. Zunächst fällt die erfolgreich wirkende Aktivität des Kölner Erzbischofs auf. Seit dem 29. Juli 1308 gelangen ihm mehrere Wahlbündnisse. Sein frühester Partner war der Brandenburger und Landsberger Markgraf Otto IV. „mit dem Pfeil“: inzwischen ein rund 70-jähriger Herr, der denn auch noch im selben Jahr 1308 starb. Er sicherte dem Kurkölner zu, in dieser schwierigen Angelegenheit seinen Rat und seinen Erhebungswunsch zumindest einzuholen. Otto „mit dem Pfeil“ hatte sich im Kreis der zahlreichen brandenburgischen Askanier als die führende Persönlichkeit erwiesen, und das dürfte nicht nur für die johanneische,[141] sondern auch für die ottonische Linie der Askanier gegolten haben, zumal unter ihm die Markgrafschaft ihre größte Ausdehnung erhielt: Auf den Kauf der sogenannten Markgrafschaft um Landsberg am Strengbach (15 km ostnordöstlich Halles an der Saale) nach dem Tod von Dietrichs des Weisen Sohn Markgraf Friedrich Tuta 1291 braucht nur verwiesen zu werden. Seinen Beinamen „mit dem Pfeil“ (*cum telo/Pileman*) verdankte Otto IV. einer entsprechenden Kopfverletzung bei einer Belagerung von Staßfurt an der Bode; die Pfeilspitze soll ein Jahr lang oder gar länger in seinem Kopf gesteckt haben. Bekannt war der glänzend auftretende und ritterlich repräsentierende Fürst aber auch durch seine Verbindungen zum Minnesang; entsprechend ist er im Anfangsteil der Manessischen Liederhandschrift von wohl kurz nach 1300 mitabgebildet, und zwar als höfischer Schachspieler mit einer Dame und unter Musikbegleitung. Die Entstehung dieser Sammelhandschrift im Kreis der Familie Manesse in Zürich scheint aus sprachlichen und paläographischen Gründen gesichert zu sein, Ottos IV. überregionales Ansehen ist also belegt.

Diesem Ruhm Ottos „mit dem Pfeil“ entsprach, daß sein Neffe Woldemar von Brandenburg, Landsberg und der Lausitz erst zögerlich nachzog. Da Woldemars Urkunde, in der er die gegenseitige Konsultation zugunsten eines gemeinsamen Kandidaten zusicherte, zu † Brume in der Altmark ausgestellt wurde, liegt die Annahme nahe, der Kölner habe sich um die Absicherung beziehungsweise Geschlossenheit der Brandenburger Voten bemüht. Demgegenüber verrät der Urkundenkomplex über Absprachen mit Herzog Albrecht von Sachsen-Lauenburg einschließlich von dessen Bruder Johann II. (1286–1322) den Beurkundungs- und dann wohl auch Verhandlungsort Brühl, also einen Residenzort des Kölner Erzbischofs zwischen Köln und Bonn. Hier scheint der Lauenburger die ersuchende Partei gewesen zu sein – mit einem für den Kurkölner äußerst attraktiven Ergebnis: Band Herzog Albrecht doch seine und seines Bruders Wahlentscheidung an diejenige Kurfürst Heinrichs II. von Virneburg.[142] In zwei weiteren und gleichzeitigen Urkunden versicherten sich die Lauenburger, daß der Kurkölner das lauenburgische Kurrecht für Sachsen anerkannte, doch wohl zu Lasten des wittenbergischen.

Aber auch in ihrer unmittelbaren Nachbarschaft suchten sich die Lauenburger Rückhalt zu verschaffen, wiewohl auch diese Initiative nur zu erschließen ist. Jedenfalls kamen sie mit den brandenburgischen Markgrafen hinsichtlich der bevorstehenden Königswahl überein.[143] Der mittelniederdeutsche Wortlaut vom 30. September 1308 liegt im brandenburgisch besiegelten Original aus dem Lauenburger Archiv vor,[144] also in dem Exemplar, das Herzog Albrecht von Sachsen-Lauenburg von den Brandenburger Markgrafen Otto IV. „mit dem Pfeil" und Woldemar erhalten hat. Vereinbart wird, daß der Lauenburger hoch entschädigt wird, wenn er die Brandenburger bei der ersten Wahl mitvertritt. Anderseits sichern die Markgrafen unbeschwerte gemeinsame Reise zum Wahlort zu, wollen sich aber in der Frage der sächsischen Kur, die zwischen Lauenburgern und Wittenbergern umstritten ist, neutral verhalten, da sie mit beiden Familien verwandt sind. Das Kurkölner Dreiecksbündnis zur Wahl schließt sich hier insofern, als auch bei allen weiteren Verhandlungen *nicht wedder den bischop* [!] *van Köllen* agiert werden soll. Angesichts des Ausstellungsorts Werbellin, also inmitten eines Brandenburger Waldgebiets am Werbelliner See mit entsprechender Jagdresidenz, wird man von einer lauenburgischen Initiative in der Hoffnung auf Anerkennung des Lauenburger Kurrechts ausgehen dürfen, bei der sich die Brandenburger aber nicht in eine Frontstellung zu Sachsen-Wittenberg hineinmanövrieren ließen. Ohnehin scheinen auch sie initiativ geworden zu sein, als sie ein eigentümliches Wahlbündnis der weltlichen Kurfürsten zugunsten einer geistlichen Mehrheit zustandebrachten.

Doch vor diesem Bopparder Vertrag vom 25. Oktober[145] 1308 hatte sich die Stärke der Kurkölner Position bereits ausgewirkt: Unter dem 20. September 1308 beurkundete Heinrich VII., Graf von Luxemburg und Markgraf von Arel, das erste seiner angeblich beängstigend großzügigen[146] Wahlversprechen eben an den Kölner Erzbischof und Kurfürsten Heinrich II. von Virneburg.

Wahlversprechungen Graf Heinrichs VII. von Luxemburg

Heinrich VII. war hierin kein Neuerer. Immerhin waren territoriale Bestandsgarantien und Zusagen zu Lasten des Reichsguts zum guten Teil bereits durch eine vergleichbare Urkunde des späteren Königs Adolf aus dem Hause Nassau unter dem 27. April 1292, acht Tage vor seiner Königswahl, garantiert worden. Die damals und 1308 verzeichneten Burgen, Städte, Höfe und eine Vogtei wurden jetzt zwar zugunsten einer Preisgabe ausdrücklich auch der Dortmunder Juden präzisiert, erhielten aber durch Einräumung einer Rückkaufsmöglichkeit für – sicher exorbitante – 100 000 Mark reinen Silbers formal den Charakter einer Reichspfandschaft, waren rechtlich also keineswegs preisgegeben. Sofern nunmehr über 1292 hinaus die allodiale Bindung von Besitzungen, die der Kölner Kirche zu restituieren seien, zu einem Veräußerungsverbot hochstilisiert wurde, war aber auch der Freiraum des so großzügig bedachten Empfängers eingeschränkt. Sicher ein Verlustgeschäft zu Lasten von königlicher Manövriermasse war die Abschaffung der Zollstelle Hammerstein, während sich die Zulassungsgarantie nur für kölnische und kaiserliche Münzen „in Land oder Diözese Köln“[147] zugunsten der Landeshoheit der Kurkölner Landesherrschaft auswirken mochte und den neuen König gegebenenfalls mittelrheinische Anhänger kosten konnte.

Der 6. von insgesamt 21 Paragraphen des luxemburgischen Wahlversprechens an Erzbischof Heinrich II. und die Kölner Domkirche, das unter dem 20. September 1308 in Ochtendung beurkundet wurde, scheint auf den ersten Blick nur die allgemeine Rechtsgarantie zugunsten des bisherigen Rechts-, Privilegien- und Freiheitszustands zu bieten, wie sie auch schon 1292 ins Auge gefaßt worden war. Doch zeigt die 1308 zusätzliche Auflistung derjenigen, die sich in der Diözese Köln an jenes Hergebrachte halten sollen, daß hier ein Systematiker am Werk war: Kirchen, einflußreiche Personen und institutionalisierte Großgruppen sollen vom zu erwartenden König verpflichtet werden; die Termini reichen von der Beschreibung der Kirchengemeinde aus Klerus und Volk über Adel und Vasallen, Ministerialen und Bürger bis zu Städten und Dörfern.[148] Nicht nur beschreibend, sondern auch in der Zahl der Objekte geht dann der Fluß- und Landzoll-Paragraph 7 über die 1292er Zusicherung hinaus: War seinerzeit nur der Andernacher Zoll dem Erzbischof bestätigt worden, so kommen jetzt noch die Zölle zu Bonn und Neuss hinzu, und zwar alle als diejenigen, auf die Erzbischof Wikbold von Holte auf den Druck König Albrechts I. hin verzichtet hatte – der Andernacher war gar schon 1167 durch Kaiser Friedrich I. Barbarossa seinem vertrauten Mitstreiter Erzbischof Rainald von Dassel aus Dank für Hilfe in Italien bei Übergabe der Königshöfe in Andernach und Eckenhagen,[149] hier einschließlich von Silbergruben, mitabgetreten worden.[150] Völlig neu sind 1308 die formellen Zusagen, der neue König werde nicht nur dem Kölner Erzbischof seine Ersten Bitten um Propstwürden in Aachen, Utrecht, Lüttich und Kaiserswerth abtreten, sondern sein entsprechendes Königsrecht sogar für alle Kirchen und Klöster in Stadt und Erzdiözese Köln: so die Ochtendunger §§ 8 f.

Der Charakter der Neuerung gegenüber 1292 haftet auch dem Verwandtschafts- und Verwandtenkomplex in den §§ 10, 11 und 17 an. Heinrichs VII. Bruder Walram von Luxemburg wird eine Virneburgerin der Generation Graf Ruprechts II., der gerade seinen 1308 verstorbenen Vater zu ersetzen beginnt, zur Ehefrau nehmen – immerhin darf er aus den Ruprecht-Schwestern auswählen. 1292 waren die Westerburger bereits mit den Nassauern versippt beziehungsweise anderweitig verheiratet oder geistlich gewesen; von zwei Ruprecht-Schwestern ist bekannt, daß sie 1308 gerade verheiratet beziehungsweise zum Eheschließen noch zu jung waren. Dieses gilt für die spätere Habsburger-Gattin Elisabeth, die 1327 durch den Tod Heinrichs des Freundlichen verwitwete und in Königsfelden als 40jährige ihre Tage beschloß, jenes für Mechthild, Frau von Dinslaken seit ungefähr dem 1. August 1308. Daß gar keine weitere Virneburgerin dieser Generation genannt wird, läßt das Fehlen von Realisierungschancen erahnen.

Um so konkreter war die Aussicht für Graf Ruprecht II. von Virneburg, Kurtrierer Amtmann in Cochem, Münstermaifeld und Mayen zu werden. Ähnlich konkret konnte der Ruprecht-Schwager Otto von Kleve sein Bestätigt-Werden in Zöllen und anderen Rechten kaum ausmünzen: all dies die Bestimmungen der Ochtendunger §§ 10, 11 und 17, die neue Königsnähe immerhin dynastisch und herrschaftsvermehrend oder doch -sichernd ausnutzen sollten. Überdeutlich war dieser Wunsch denn auch bei kurkölnischer Reichsheerfahrt nur mittels Besoldung durch den König oder Kaiser, bei der Erwartung von insgesamt 56 000 Mark kleiner Turnosen für Albrecht-Schäden und Wahlkosten und bei der Erlaubnis zur Vermehrung des Reichslehnbesitzes. Die direkte Einweisung in die Nutzung des Judenregals sollte dessen Ausbeutung nicht anderweitig versickern lassen, und ihre Feinde wollten die Kölner auf jeden Fall auch durch den König bekämpft wissen, allerdings mit der Einschränkung, daß nur Angreifer die Königshilfe provozieren würden. Mit Blick auf 1292 mag das Fehlen jedweder Burgenauslieferungen konstatiert werden, wie sie Adolf hatte zusagen müssen, ohne über all die genannten Vesten zu verfügen – man denke nur an den Teilbesitz Siegen und die umstrittene Burg Villmar über der Lahn östlich Limburgs.

Bereits im § 3 hat sich der Kölner Erzbischof 1308 die Stadt Düren und die Vogtei Aachen mit Schultheißenamt sowie Boppard und Oberwesel zusichern lassen. Hiervon waren 1292 nur Düren und die Vogtei genannt worden. Immerhin hatte der Kurkölner Anspruch auf die Stadt Düren signalisiert, daß der Erzbischof sich nicht mit der Jülicher Pfandherrschaft im Bereich des Wegs nach Aachen abzufinden gedachte, die seit 1242/46 zu fassen ist. Stadtrechtsbestätigung durch Ludwig den Baiern 1324 und deren Weiterführung durch Jülicher Herzöge seit 1369 lassen jedoch eine allmähliche Verfestigung der Zurückdrängung Kurkölns in diesem Gebiet erkennen.

Auch im Südosten waren Kurkölner Ambitionen, wie sie im Wahlversprechen von 1308 akzeptiert wurden, trotz ihrem Fehlen im Jahr 1292 nicht völlig neu. Immerhin war das Bopparder Reich zwischen den Fisci Rhens und Oberwesel besonders lange königsunmittelbar gehalten worden. Erst unter König Rudolf I. entstand der Eindruck, daß hier habsburgische Manövriermasse zugunsten lokaler Herren wie der Katzenelnbogener Grafen gesehen wurde. Ohnehin war parallel zur Vergabe von Oberwesel an Magdeburg und Koblenz an Trier schon zur Ottonenzeit auch im Bopparder Reich eine Durchlöcherung eingetreten, nicht zuletzt durch wachsende Selbständigkeit des *oppidum regale* oder *imperiale* Boppard laut Urkunden von 1245 und 1248.

Nun gab es längst Kurkölner Rechte in dieser Landschaft, und zwar über Rhens und Bacharach bis Kaiserslautern, flankiert durch den Besitz von Kölner Kirchen wie St. Pantaleon, St. Ursula und St. Kunibert im Land des Weinaufkommens und des Weinhandels. Verblüffenderweise hatte sich gar Kaiser Heinrich VI. dazu bereitgefunden, seine verstärkte Abschöpfung des 1190 fürs Reich zurückerworbenen Bopparder Zolls nicht zu Lasten von erzbischöflich-kölnischen Städten zu tätigen. Es waren ausgerechnet die *nobiles cives* von Köln, denen noch 1273 König Rudolf I. eben auch den alten Minderzoll *ex certa scientia* direkt und ohne Rekurs auf eine vorgelegte Erzbischofsprivilegierung bestätigte. 1252 war eine Rechtsschutzvereinbarung der Stadträte von Köln und Boppard ausgehandelt worden, so daß Erzbischof Heinrichs Vorstoß von 1308 gut in die Gesamttendenz kölnischer Wirtschafts- und Besitzpolitik paßte. Da sich die angeblich erste Trierer Pfandherrschaft schon seit 1306 als moderner Druckfehler für 1309/12 entpuppt, ist für Boppard ein zeitgleicher Trierer Zugriff mit demjenigen auf Oberwesel zu konstatieren: wo übrigens schon 1275 der Graf von Jülich als Pfandherr aufgetreten war. Nicht Köln reagierte auf den Trierer, sondern Kurtrier und erst nach Heinrichs VII. Königserhebung auf den Kölner Vorstoß, und dieser ist in Parallele zu anderen Konkurrenzsituationen mit dem Grafen von Jülich zu sehen.

Die letzten vier Kapitel der Ochtendunger Vereinbarungen vom 20. September 1308 dienten der Sicherheit für den Empfänger: Graf Heinrich VII. sagte für die Zeit unmittelbar nach seiner Aachener Königsweihe einen Köln-Aufenthalt zusammen mit seinen Brüdern und mit Arnold V. von dem Fels, Ägidius III. von Rodenmacher und Robert II. von Useldingen zu, bis über all die Ochtendunger Versprechen Königsurkunden ausgestellt seien. Darüber hinaus wollte der neue König möglicherweise abweichende Kurherren nur unter Einschwören auf die Kölner Ziele in seine Huld aufnehmen, wollte die Zustimmung des Papsts für alle Vereinbarungen erwirken und auf jedwede Rechtsmittel gegen die Wahlversprechungen verzichten.

Im Hintergrund und mittendrin stand Erzbischof Balduin von Trier; denn für die Ochtendunger Zusagen hatte auch der Ausstellungsort Bedeutung. Bekannt ist ja das Kurtrierer Amt Ochtendung, vor allem seit seiner Sicherung gegen Kurköln und die Virneburger durch die Grenzveste Burg Wernerseck von 1402 und der seitherigen Funktion dieser demonstrativen Anlage Erzbischof – besser: Kurfürst – Werners von Falkenstein als Sitz des Amtes Ochtendung. Aber schon 1308 dürfte die *villa Offendinc*, deren Name auf eine Gerichtsstätte weist,[151] kurtrierisch bestimmt gewesen sein: Kurfürst Balduin von Trier war also nicht nur materiell in die Wahlzusagen des Bruders eingebunden, sondern scheint auch der Gastgeber für die Verhandlungen gewesen zu sein.

Mit der Gewinnung des Kölner Amtsbruders für die luxemburgische Partei war die Kandidatur Karls von Valois endgültig gescheitert. Er blieb tatsächlich jener „König Karl Ohneland“, als den ihn die italienische Überlieferung apostrophiert.[152] Im übrigen kann festgehalten werden, daß im Zuge der Erfüllung dieser Wahlzusagen insgesamt 26 entsprechende Heinrich-Diplome gezählt werden.

Kurmainz zog nach. Unter dem 28. Oktober 1308 beurkundete Heinrich VII., nunmehr als „Graf von Gottes Gnaden“ (*Dei gracia comes de Luzzelenborg*), zu Rhens die Zusage von einschlägigen Beurkundungen unter Königssiegel zugunsten der Rechtsstellung der Mainzer Kirche, für seinen auch militärischen Schutz gegen Mainzer Stadtbürger (*cives*) und gegen Erfurter Festungsbürger (*burgenses*), für das Privilegium fori der mainzischen Geistlichkeit, für den Lahnsteiner Zollbesitz, für das Eigentum an Seligenstadt und der Grafschaft Bachgau, für das „besondere Vorrecht“ (*specialis prerogativa*) des erzbischöflichen Gerichtsstands von Mainzer Kirchenministerialen und -burgleuten, für die personal-und abgabenintensive Nutzung des Mainzer Reichserzkanzleramts einschließlich der zugehörenden Judenzehnten, für die Refundierung der Albrecht-Schäden von über 100 000

Mark, aber dann doch gemäß Abschätzung durch den neuen König, für die Erstattung der Wahlauslagen u. a.m. – bis hin zu dem bekannten Rechtsmittelverzicht im Schlußparagraphen. Das Kölner Vorbild wurde mit Ausnahme der Wiedergutmachung der Albrecht-Schäden jedoch nicht überboten; eher mag man ein Interesse des Mainzers am guten Start des neuen Königs herauslesen.

Dies würde sich gut erklären mit der Hypothese, daß eigentlich schon eine Verständigung in Rhens zusammengekommener Kurfürsten auf Heinrich VII. stattgefunden hatte, und zwar im Zusammenhang der mainzischen Ladung zur Römerkönigswahl von vielleicht Mitte Oktober 1308.

Deutsche Gegenkandidaten gegen Heinrich VII.

Ein gewisses Nachklappen, auch hinsichtlich der Kandidaten, würde dann auch für den Bopparder Vertrag vom 25. Oktober 1308 gelten. Die erhaltene Urkunde ist durch Graf Berthold VII. von Henneberg und den Ritter Konrad von *Ryeder* als Prokuratoren der askanischen Markgrafen Otto IV. „mit dem Pfeil“ und Woldemar von Brandenburg ausgestellt, die außerdem noch für Herzog Rudolf I. von Sachsen-Wittenberg agieren dürfen, weil dieser seine Stimme auf Markgraf Otto IV. übertragen hat.[153] Ihre Vertragspartner sind die hier so genannten Pfalzgrafen Rudolf I. und Ludwig IV., der später so genannte Baier. All diese weltlichen Königswähler einigen sich auf einmütige Stimmabgabe, und zwar zugunsten desjenigen Kandidaten, den die geistlichen Kurfürsten mehrheitlich aus sechs namentlich genannten erwählen. Man denkt sofort an Heinrich VII.; und doch sind diese Kandidaten nur – oder noch? – Otto IV. und Woldemar von Brandenburg, Rudolf I. und Ludwig IV., Friedrich von Österreich und Albrecht I. von Anhalt. Andere Kandidaten kommen angeblich nicht mehr in Betracht; die Wahlkostenfragen sollen Bischof Johann von Straßburg und Graf Berthold VII. von Henneberg beantworten.

Friedrich von Österreich, der dann 1314 Konkurrenzkönig Ludwigs des Baiern wurde, hatte im August auf Böhmen zugunsten Herzog Heinrichs VI. von Kärnten verzichtet, um dessen böhmische Kurstimme für seine römisch-deutsche Königswahl zu gewinnen.[154] Doch die eigentliche Überraschung war der Anhaltiner. Schien hier doch eine Situation gegeben, die vielleicht entfernt derjenigen des Hauses Nassau im Jahr 1192 ähnelte, auch wenn sich der jeweils älteste Graf von Anhalt mit dem Fürstentitel schmückte – damals noch als einziger Graf im römisch-deutschen Reich.[155] Seit 1250 oder 1252 und spätestens 1270 auf die Linien Aschersleben, Bernburg und Köthen-Dessau mit demnächst Zerbst verteilt, waren die ursprünglichen Hausgüter der Askanier zwischen Ostharz und Mittelelbe mit Benennung nach der entlegenen Burg Anhalt im ostharzischen Selketal eigentlich alles andere als ein eindrucksvolles Territorium, geschweige denn ein bloßer Teil desselben naheliegendes Sprungbrett für überregionale Politik. Immerhin begegnete Albrecht I. 1291 vor der Herlingsburg in Ostfalen als einer von mehr als zwei Dutzend Gegnern Heinrichs des Wunderlichen von Braunschweig-Grubenhagen: gemäß älterer Vorstellung in seiner ersten größeren quasi-selbständigen Unternehmung nach dem angeblichen Eintritt seines Vaters Sigmund-Siegfried I. in ein Dominikanerkloster von ca. 1290, nach jüngeren Ergebnissen schon ein Jahrzehnt nach dem Tod des Vaters von 1281. Als Sohn Katharinas, einer Tochter von Birger Jarl, Schwedens bedeutendstem Staatsmann im zweiten Drittel des 13. Jahrhunderts († 1266), mochte ihm aber mehr Friedens- denn expandierende Gewaltpolitik nahegelegt worden sein, und so weiß man für 1293 von seiner Beteiligung an der Initiative seines Vetters Bernhard II. von Bernburg und des Abtes Konrad von Nienburg, das Wendische aus anhaltinischen Gerichtsverhandlungen zu verbannen. Dem Abt zahlten die Grafen gar 40 Mark Stendaler Währung zur Wiederbelebung von Dörfern, die wegen der Sprachenfrage wüst geworden seien: Das war ihnen die nun zu erhoffende Rechtssicherheit auch für ihre wendischen Untertanen wert. Und damit diese wegen jener Maßnahme keine Schmälerung ihres Rechtsstands befürchteten, wurde auch der Magdeburger Erzbischof als Lehnsherr des Nienburgers einzubeziehen gesucht.[156]

Angeblich unter Albrecht I. von Anhalt-Köthen,[157] wahrscheinlich aber erst unter seinem gleichnamigen Sohn und Nachfolger wurde für die Zeit seit 1307 mit der Anlage eines Lehnbuchs begonnen, das unter seinen Nachfolgern bis 1470 reichte: anscheinend eine Maßnahme, die der Wahrung überkommener Rechte dienen, anderseits aber auch den Umfang von Neuerwerbungen nicht nur abstekken, sondern auch den Betroffenen, die ihren Herrn wechselten, die Beachtung ihres herkömmlichen gesellschaftlichen Status', natürlich besonders in wirtschaftlicher Beziehung, garantieren mochte. Es paßt zu Albrechts I. Ruf als effizientem Verwaltungsorganisator, daß er 1307 gerade die Stadt Zerbst für seine Linie erworben hatte, indem er die Umklammerung der dortigen Herrschaft der Grafen von Arnstein-Barby durch anhaltinischen Besitz ausspielte,[158] und drei Jahre nach seinem Tod sollte denn auch 1319 die Brandenburger Lehnsoberhoheit zugunsten von Anhalt-Zerbst abgelöst werden.

Die Situation von 1308 schien jedoch bestimmt zu sein durch die Tatsache, daß Albrecht I. seit 1300 Schwager Markgraf Woldemars von Brandenburg war, nachdem seine erste Gattin, Tochter Graf Gerhards von Holstein und Witwe Herzog Johanns I. von Braunschweig-Lüneburg, wohl schon um 1290 gestorben war.[159] Bei Wiederverheiratung war er vielleicht schon ein fünfzigjähriger Mann, und doch weiß man von nur einer Tochter aus erster, aber drei Töchtern und vier Söhnen aus zweiter Ehe: Indizien wohl auch für gutes Zusammenwirken, wenn nicht gar Harmonie zwischen den Ehepartnern.

Von Albrecht I. von Anhalt zu Heinrich VII. von Luxemburg

Zur politischen Einordnung der Kandidatur Albrechts I. von Anhalt für die römisch-deutsche Königswürde wird darauf verwiesen, daß seit 1300 seine zweite Ehefrau Agnes von Brandenburg war, also eine Schwester Markgraf Woldemars. Von ihr weiß man lediglich, daß sie ihren Gatten bis 1329, also um dreizehn Jahre überlebte. Als ihr Vater Markgraf Konrad 1304 gestorben war, war er anscheinend schon dreiundzwanzig Jahre Witwer gewesen. Entsprechend kann Woldemar nicht erst „um 1290“[160] oder Anfang 1291 geboren sein;[161] der spätestmögliche

Ansatz wäre „um 1280".[162] Der brandenburgische Schwager war also höchstens eine Generation jünger als der Anhaltiner, wenn auch immer noch zu jung, um das brandenburgische Askanierhaus vor Otto IV. „mit dem Pfeil" zu repräsentieren. Außerdem sind eigene regionale Interessenvertretungen schon vor dem erfolgreichen Ausgreifen nach Zerbst von 1307 bei den Anhaltinern zu fassen: 1305 bis zu seinem Tod am 9.XI.1307 war anerkannter Erzbischof von Magdeburg der dortige Domherr Heinrich von Anhalt, und dieser war ein weiterer Vetter Albrechts I., nämlich aus der Aschersleben Linie, und hier hatte er bereits seit 1271 als weltlicher Territorialherr regiert und erst 1305 zugunsten seines Vetters Otto II. auf diese Herrschaft verzichtet. Man mag sich fragen, ob Albrecht der I. von Anhalt wesentlich anders einzustufen ist als die anderen Kandidaten aus der Grafenriege römisch-deutscher Könige von Rudolf I. von Habsburg über Adolf von Nassau bis zu Günther von Schwarzburg, auch wenn dieser 1349 nur ein 4-Monate-König sein würde, vor ihrem jeweiligen Erhebungserfolg.

Der diplomatische Vermittler Graf Berthold VII. von Henneberg-Schleusingen verdient insofern Aufmerksamkeit, als aus den Hennebergern 1247 und 1256 päpstlich favorisierte Thronkandidaten gekommen waren. Doch als Nachfolger seines gleichnamigen Vaters schon als Zwölfjähriger seit 1284 im Amt, trat er zwar seit 1305 mehrfach in Königsauftrag hervor – damals als Statthalter in Meißen –, scheint aber eher Anschluß an den jeweils Stärksten gesucht und nicht selber Spitzenpositionen angestrebt zu haben – die Erhebung in den Reichsfürstenstand durch König Heinrich VII. 1310 sollte der Lohn sein, weitere Statthalterschaften 1313 in Böhmen und Polen und 1323 in Brandenburg folgten, und daß „die gefürstete Grafschaft Henneberg-Schleusingen" unter ihm vom Main bis nach Ilmenau am Nordrand des Thüringer Walds reichte, spricht für sich. Als Berthold der Weise ist er in die Geschichte eingegangen.

Noch fehlte unter den Kandidaten, die auch von weltlichen Kurfürsten erwogen wurden, Heinrich VII. von Luxemburg. Das wurde gleichsam nachgeholt, als unter dem 10. November 1308 zu †Brume in der Altmark der Brandenburger, Landsberger und Lausitzer Markgraf Woldemar – auch in Stellvertretung seines Vaterbruders Markgraf Otto IV. „mit dem Pfeil" – das Wahlbündnis mit dem Kurkölner um Kandidaten bereicherte: Erzbischof Heinrich II. wollte mit ihm – Woldemar – „den edlen Mann Graf Albrecht [I.] von Anhalt" zum Römerkönig wählen, wenn Woldemar entweder den Mainzer Erzbischof Peter oder den Trierer Erzbischof Balduin für den Anhaltiner gewönne. Scheitere dies, sei er – Woldemar – verpflichtet, namens Markgraf Ottos IV. und selber zusammen mit dem Kurkölner „den edlen Mann Graf Heinrich von Luxemburg ... und niemand anderen" zu wählen.[163] Wieweit hier der Henneberger im Hintergrund stand, mag offenbleiben; Otto IV. „mit dem Pfeil" war gerade erst in zweiter Ehe mit Bertholds VII. Schwester Jutta verheiratet, die im Dezember 1307 Witwe geworden war, und zwar nach kurzer Ehe mit jenem Markgraf Dietrich-Diezmann von Meißen, der 1303 die Mark Lausitz an die Brandenburger Askanier verkauft hatte. Die Bündnis-Urkunde vom 10. November 1308 ist unter den ehemaligen Reichsarchivalien Heinrichs VII. überliefert; sein Kammernotar Bernhard von Mercato sollte sie 1313 in Pisa als „Auftrag, der durch den Markgrafen von Brandenburg über die Wahl des Herrn [Heinrich VII.] zum König erledigt wurde," bezeichnen.[164]

Grundzüge der Amtszeit Heinrichs VII.

Am 27. November 1308 wurde der Luxemburger durch die sechs anwesenden bzw. vertretenen Kurfürsten – ohne Heinrich von Kärnten und Böhmen – zum „Römerkönig, der zum künftigen Kaiser zu erheben sei, und zum Vogt der hochheiligen römischen und universalen Kirche, zum Verteidiger der Witwen und Waisen" gewählt, wie der Kürspruch Pfalzgraf Rudolfs des Stammlers lautete.[165] Zu den demonstrativen Akten des Öffentlichmachens gehörte auch die Altarsetzung durch zwei geistliche Kurfürsten in der Frankfurter Bartholomäuskirche.[166] Sie fand sehr wahrscheinlich erst nach vollzogener Wahl, deren genaue Verortung in Frankfurt am Main noch aussteht, und nach entsprechender Prozession vom Wahlplatz in das Bartholomäus-Stift statt, während König Adolf anscheinend in dieser Kirche selbst gewählt worden war.[167] Heinrichs VII. Enkel Kaiser Karl IV. hat 1376 anläßlich der Römerkönigserhebung seines Sohnes Wenzel, die gerade in Rhens beschlossen worden war, zu den entscheidenden Erhebungsvorgängen gerechnet *zu Frankenfurt kysen und uff den alter* [!] *setzen, als recht und gewonlich gewesen ist von alter, und dornach zu Achen cronen zu Romschem kunige mit Gots hulfe.*[168] Der weltlich-geistliche Universalanspruch, der hier demonstriert wurde, gilt gelegentlich als hohl,[169] die allenfalls zu beobachtende Hausmachtpolitik gar als Leistung erst der nächsten Generationen.[170] Demgegenüber ist auf die Heilbronner Konzeption der Doppelstrategie Italien-Böhmen schon seit 1309 zu verweisen und auf die Parallelität dynastischer und militärischer Maßnahmen, ganz abgesehen von den selbstverständlichen reichsrechtlichen und diplomatischen Vorbereitungen:

1) Der Böhmenerwerb wurde geradezu durch „Einheirat" in die männlich ausgestorbene Přemysliden-Familie flankiert; König-Bräutigam sollte zunächst nach Heinrichs VII. Wunsch sein Bruder Walram werden; doch schließlich setzte sich der böhmische Mitbestimmungswille zugunsten des 14-jährigen Grafen- und Königssohns Johann als Gatte der zweiten Přemysliden-Schwester Elisabeth durch. Von ihr sollte insofern nicht als Thronerbin[171] gesprochen werden, als es noch weitere Schwestern gab und gar die ältere mit dem böhmischen Konkurrenzkönig Heinrich VI. von Kärnten verheiratet war. Dieser hatte sich nach Königswahlen von 1306 und 1307 nicht nur adliger Unterstützung, sondern auch derjeniger mancher Städte wie Znaim und zeitweise Prag und Kuttenberg versichern können; anderseits galt der böhmische Rechtsanspruch seiner Gattin als so nützlich, daß diese ihm noch 1313 urkundlich *alle di recht und ansprach, die ich han oder haben sul auf daz kunigreich ze Behaim und auf daz marggrafentum ze Maerhen*, abtrat.[172]

Derart allgemeine Formulierungen trugen der Tatsache Rechnung, daß der Übergang zu den Luxemburgern nicht allein durch Zisterzienseräbte betrieben wurde, die sich hochadeligem Druck zu entziehen suchten. Spätestens Ende Januar 1310 hatte Heinrich VII. neben nordwestböhmischen auch süd- und nordostböhmische Herren wie Heinrich von Rosenberg und Albrecht von Seeberg für sich gewonnen;[173] im Juli 1310 war sich der Hochadel gegen Heinrich VI. von Kärnten einig. Dem neuen König sollten gar Kuttenberger Gelder zufallen,[174] wie es denn überhaupt neben Prager auch Kuttenberger Patrizier waren, die 1310 für den Luxemburger agierten und sich damit von dem bislang regierenden Heinrich VI. von Kärnten abwandten. Es ist noch die Zeit deutsch-patrizischen Einflußgewinns bis hin zu adelsähnlicher politischer Mitbestimmung,[175] bis Mitte des 14. Jahrhunderts die Handwerker, die über ihre Zünfte schon die gewerbliche Produktion beherrschten, beispielsweise in der Prager Altstadt das Stadtregiment von den Patriziern übernahmen.[176]

Bei ihrem Eingehen auf den Wunsch nach dem jungen und noch bildsamen Königssohn als Bräutigam nahmen die Luxemburger in Kauf, daß der Ehemann (*1296 VIII 10) gut viereinhalb Jahre jünger war als die angeblich „letzte Přemyslidin" (*1292 I 20) – angesichts des üblichen Entwicklungsstands von zwei Teenagern von gut 14 bzw. knapp 19 Jahren des männlichen bzw. weiblichen Partners sicher eine Verkehrung der sonst verbreiteten Relation und keine gute Startrampe für eheliche Gemeinsamkeit, aber angesichts von seinerzeit gar päpstlich eingefädelter Ehe einer 43jährigen Markgräfin Mathilde von Tuszien mit einem 26 Jahre jüngeren Baiernherzog Welf V. im Jahre 1089[177] oder der 11 1/2 Jahre Altersunterschied zwischen „Kaiserin" Mathilde (*1102 II) und dem Grafensohn Gottfried von Anjou (*1113 VIII 24),[178] die seit 1127/28 verheiratet waren, wohl auch nichts, was größeres Aufsehen erregte. Man mochte beispielsweise am wohl weithin vorbildlichen kapetingischen Hof auch einträgliche und diplomatische Heiraten mit einem Altersgefälle zwischen Mann und Frau bevorzugen, ohne anderes auszuschließen: König Philipp der Schöne (*1268), selber seit 1284 mit der Navarra- und Champagne-Erbin Johanna I. (*um 1270 oder 1271) nur wenig jünger verheiratet, hatte 1299 seine rund 17jährige Schwester Margarete (*um 1282) mit dem rund 60jährigen König Eduard I. von England ehelich verbunden, 1307 seinen zweiten Sohn Philipp den Langen (*1294) mit der wenig älteren Johanna aus der Freigrafschaft Burgund (*1293) und 1308 seine dritte Tochter Isabella (*1292 oder um 1295) mit dem 8–12 Jahre älteren König Eduard II. von England.

2) Das politisch-militärische Bündnis mit dem aragonesischen König Friedrich III. [!] von Sizilien († 1337) sollte durch die Ehe der Kaiser-Tochter Beatrix (*1305) mit dem übrigens gleichaltrigen sizilischen Erstgeborenen Peter II. († 1342) unterfüttert werden; 4.-6. Juli 1312 werden in der Forschung für die diplomatisch vorgenommene Kinder-Verlobung mit der zugehörigen Feier fixiert.[179]

Die Braut reiste im Sommer 1313 unter Leitung der Kaisermutter Beatrix von Avesnes an, gelangte aber auf dem geplanten Weg über den Kaiserhof nach Sizilien nur bis Basel, als schon die Nachricht des Kaisertods von Buonconvento (24.VIII.1313) eintraf.[180] Aber damals wurde auch eine Kaiserbraut herbeigeführt![181]

3) Tatsächlich war Heinrich VII. selber noch einmal zum Bräutigam geworden, und zwar in gewisser Weise zur Absicherung des Böhmenerwerbs von 1310/11: Im Dezember 1311 verwitwete er durch den Seuchentod seiner möglicherweise schwangeren[182] Gattin Margarete von Brabant in Genua: Sie ist angeblich am 4. Oktober 1275/76 geboren, wäre also im Alter von rund 35 Jahren gestorben. Obgleich der künftige Kaiser dadurch anscheinend schwer getroffen wurde, hat er gleichwohl nicht etwa die Kaiserkrone erlangt, um dann schnell wieder nach Deutschland zurückzukehren, sondern – wie bereits angedeutet – in Italien nachhaltig Fuß fassen wollen, ohne dabei die Konsolidierung der luxemburgischen Einflußsphäre nördlich der Alpen außer acht zu lassen: Die Erwerbung Böhmens

für sein Haus war zum guten Teil nicht nur gegen den Widerstand Heinrichs von Kärnten erfolgt, der ja dort bereits 1307 als Gatte der ältesten Přemyslidin, nämlich der Elisabeth-Schwester Anna, und titelmäßig für Böhmen und Polen erhoben worden war, sondern auch gegen das Widerstreben der Habsburger in Österreich vor sich gegangen. Diese hatten dann lediglich Mähren auf fünf Jahre als Pfand erhalten. Nunmehr suchte der kaiserliche Witwer die Habsburger ganz auf seine Seite zu ziehen: Vereinbart wurde sein Ehebündnis mit Katharina, einer 1295 geborenen Tochter König Albrechts I. und damit einer Schwester der derzeitigen österreichischen Herzöge. Doch die Ausführung fiel dem frühen Ableben Heinrichs VII. am 24. August 1313 zu Buonconvento südlich Sienas zum Opfer: Diese „Brautfahrt" unter Leitung von Königin-Witwe Elisabeth erhielt die Todesnachricht in Diessenhofen auf dem rechten Rheinufer, 10 km östlich Schaffhausens[183] – Elisabeth starb am 28. Oktober 1313 im unfernen Königsfelden.

Das Faktum des Eheplans erregte soviel Aufsehen, daß Mathias von Neuenburg es in seiner Chronik bis 1350 – abgesehen von deren verschiedenen Versionen – gleich zweimal miterwähnte: Zum ersten Mal im Zusammenhang mit den luxemburgisch-sizilischen Bündnisverhandlungen, für die dem Kaiser wohl die Bestellung Friedrichs III. zum Reichsvikar Neapels und Apuliens unterstellt wurde,[184] auch wenn nur die Admiralsbestellung beurkundet wurde;[185] zum zweiten Mal anläßlich von Katharinas tatsächlicher „Brautfahrt" zu Roberts des Weisen Sohn Karl von Kalabrien († 1328) 1316.[186] Ein drittes Mal übrigens kann man den entsprechenden Kaiser-Heiratsplan für die Habsburgerin anläßlich der Erwähnung ihrer kalabrischen Brautfahrt von 1316 in den Gesta Bertholdi episcopi Argentinensis des Mathias lesen.[187] Katharina von Habsburg starb übrigens schon 1323 kinderlos, wie aus einem Auctarium zur Mathias-Chronik zu ersehen: hier vom Autor [?] ein viertes Mal erwähnt?[188]

Zum Anfangsitinerar Heinrichs VII.

Von dieser gesamten Politik kann man nicht sagen, daß sie unüberlegt und ohne längere Vorbereitung betrieben wurde. Denn der neue König hat sich keinesfalls sofort in Hausmachterweiterungspläne oder Romzugsvorbereitungen gestürzt; sein Itinerar läßt erkennen, daß er neben Berücksichtigung seiner Ausgangslandschaft durchaus zunächst die Kerngebiete des Reiches nördlich der Alpen an seine Person zu binden trachtete und dies auch mit den zeitüblichen rituellen Feierlichkeiten unterwegs und Versammlungen bei Hofe verband.

Bereits die Wahl zu Frankfurt am Main und die Königsweihe zu Aachen folgten nicht in übertriebener Hast aufeinander: Am 27. November 1308 vielleicht vor dem Frankfurter Dominikanerkloster gewählt, hat er zwar dort als Elekt bereits Diplome ausgestellt, aber sich erst anscheinend nach gebührender Vorbereitung am Epiphanias- oder Dreikönigstag 1309 in Aachen weihen lassen: formgerecht durch den Kölner Erzbischof Heinrich II. von Virneburg. Immerhin ist festzuhalten, daß König Heinrichs VII. Gemahlin Margarete von Brabant damals ebenfalls geweiht wurde.[189] Fünf Tage später – der 11. Januar fiel damals auf einen Samstag – war er in Köln und verkündete allen Getreuen des Reichs, daß er Graf

Robert von Flandern mit Aalst (französisch Alost), den Vier Ämtern (niederländisch „Ambachten") und den Inseln Seelands zwischen Schelde und *Hedine Zê*[190] belehnt habe; Robert solle in das volle Erbe seiner Vorfahren eintreten, habe anderseits aber auch dem neuen König die Huldigung geleistet. Bereits jetzt siegelte Heinrich VII. mit dem Majestätssiegel.[191] Zwischen der Aachener Weihe des Königspaars und der Verehelichung des Königssohnes Johann Ende August/Anfang September 1310 ist dieser Köln-Aufenthalt das einzige, was in der Bilderchronik vor dem Balduineum I abgebildet ist, und zwar als „Anbetung der drei Weisen" durch das Königspaar.[192] Tatsächlich weiß man denn auch aus den Gesta Treverorum, daß Heinrich VII. „den heiligen drei Königen drei kostbare Baldachine darbrachte".[193] Dieser Köln-Aufenthalt mit rund zwei Dutzend Beurkundungen dauerte mindestens bis Mariä Lichtmeß 1309; an diesem Festtag – er fiel in diesem Jahr sogar auf den Sonntag Exurge – hat Heinrich VII. „den Bürgern von Erfurt ihre Privilegien... bestätigt".[194] Ein kurzer Koblenz-Aufenthalt von mindestens 6./7. Februar 1309 schloß sich an; die Itinerarstationen Trier und Luxemburg, vielleicht sogar Metz und Saarbrücken folgten.[195] Erst am 28. Februar ist der König dann in Speyer nachgewiesen; hier wurde bis zum 15. März 1309 geurkundet, und zwar wieder mehrfach für Stadtbürgerschaften und ohne großen Aufwand, wie die kleinformatigen Stücke erkennen lassen:

Oppenheim am 5. März
- Rothenburg ob der Tauber am 6. und 11. März
- das Hospital zu Nördlingen am 8. März
- die Bürger von [Schwäbisch] Hall am 9. März[196]
- die Bürger von Worms am 10. März
- die Bürger von Heilbronn am 12. März.[197]

Aber auch ein einzelner angesehener Städter wurde privilegiert: Unter dem 11. März 1309 verlieh König Heinrich VII. all jene Reichslehen an Wolfram [von Sachsenhausen], die dessen verstorbener Vater Heinrich, Schultheiß von Frankfurt [am Main], „gemäß Herkommen und Vernunft innegehabt" hatte.[198] Die weiteren Itinerarorte, wiederholt nur mit kürzeren und durch wenige Urkunden belegten Aufenthalten, waren

Landau am 17. März 1309
- Colmar vom 25.-27. März, ohne daß man weiß, ob dort auch die Osterfeier vom 30. März stattgefunden hat
- Breisach am 11. April
- Neuenburg am 12. April, übrigens der Herkunftsort des Chronisten Mathias
- Basel vom 15.-26. April – ob auch noch am 27., dem Sonntag Kantate?
- Bern am 30. April
- Peterlingen (Payerne) am 5. Mai
- Freiburg im Üechtland (Fribourg) am 7. Mai
- Laupen am 8. Mai, damals Christi Himmelfahrt
- Zürich vom 15.-21. Mai, also einschließlich dortiger Pfingstfeier am 18. Mai
- Konstanz vom 21. [!] Mai bis zum 5. Juni
- Biberach am 7. Juni
- Ulm vom 8. bis zum 14. Juni.[199]

Klöster und Stadtbürger waren Empfänger von Diplomen, die während dieser Ulmer Woche ausgestellt wurden: Genannt werden das Dominikanerinnen-Kloster Löwental,[200] die Zisterze Salem[201] und die Benediktinerabtei Komburg.[202] Die Stadtbürger, denen Rechte so bestätigt wurden, wie sie Heinrichs VII. Vorgänger Albrecht I. hatte fixieren lassen, wohnten in Überlingen[203] und Kaufbeuren.[204]

So wichtig all diese Urkunden und die zugrundeliegenden Einordnungen in die bisherige Herrschertradition waren, wobei für Salem bis auf Philipp von Schwaben[205] und für die Stadtbürger von Kaufbeuren immerhin bis auf König Rudolf I. zurückgegriffen wurde;[206]so wichtig auch den Überlingern die Bestätigung ihres Zunftwesens sein mußte, um dessen Überlegenheit gegenüber den Patriziern zu wahren:[207] Das eigentliche Ereignis dieser Ulmer Juni-Woche von 1309 war eine Einigung mit dem Mainzer Erzbischof Peter von Aspelt: Laut der entsprechenden Urkunde und im Einklang mit den Rhenser Wahlzusagen vom 28. Oktober 1308 stand dem Mainzer als Erzkanzler für Deutschland der Zehnt von demjenigen Geld zu, das der König von „seinen Juden“ einnahm. Um hier nicht in jedem Einzelfall Berechnungen und Auszahlungen durchführen zu müssen, wurde eine grundsätzliche Ablösung des Mainzer Anspruchs vorgenommen:[208] Der König stellt dem Erzbischof eine Anweisung auf die Münze in [Schwäbisch-] Hall über 600 Pfund aus, die jährlich zu Michaelis (= IX 29) fällig werden sollte, und zwar solange sich beide Partner darüber einig seien.[209] Geichzeitig wurden die königlichen Münzer angewiesen, dem Erzbischof oder seinem Gesandten gegenüber entsprechend zu verfahren. Dies sollte anscheinend keine grundsätzliche Abtretung seiner Rechte an Judeneinkünften durch den Reichserzkanzler sein; deshalb wurde eine Salvierungsklausel sowohl für die königlichen als auch für die Mainzer Rechte angeschlossen.[210] Man mag sich fragen, ob der größere Nutzen nicht beim Mainzer Erzbischof lag; konnte er jetzt doch mit festen Einnahmen zu einem festen Zeitpunkt rechnen. Und die abhängige Lage der Juden mochte angesichts der notorischen Finanznot römisch-deutscher Könige des späteren Mittelalters zu bedrückender Ausnutzung gleichsam freihändig ausgestaltet werden. Auf jeden Fall stimmte die zitierte Vorüberlegung im Urkundentext: Das Verfahren wurde vereinfacht, und zwar besonders für all die Fälle, in denen der König Judeneinkünfte an Dritte verpfändete.

Man wartet auf die Veranstaltung des sogenannten ersten Reichshoftags in Nürnberg, wie er für die Zeit seit Rudolf von Habsburg durch die Forschung erschlossen worden ist.[211] Er wäre an die Stelle des königlichen Erstumritts getreten. Tatsächlich bewegte sich nun auch Heinrich VII. in diese Richtung: Unter dem 18. Juni 1309 urkundete er anscheinend in Lauingen, rund 40 km nordöstlich von Ulm. Nutznießer war der Mainzer Erzbischof Peter von Aspelt: Ihm wurde die Ulmer Vereinbarung vom 8. des Monats bestätigt, mit der der König den Judenzehnt des Erzkanzlers durch Anweisung auf die Münze zu [Schwäbisch] Hall abgelöst hatte.[212] Nunmehr galt der Anteil des Erzbischofs nicht mehr als von ihm zu erbitten,[213] sondern als ihm geschuldet.[214] Auch wurde in der Salvierungsklausel eigentümlicherweise das gleichsam persönliche Recht des Königs „unterdrückt“, indem nur noch auf das Kaiserreich und die Mainzer Kirche abgestellt ward.[215] Tags darauf ging aus Lauingen ein Königsmandat an die Stadt Gmünd – „Schwäbisch“ heißt sie erst wieder seit 1934 – zugunsten einer Arealnutzung durch die dortigen Augustiner-Eremiten beiderseits der Stadtmauer.[216] Vom nächsten Tag datieren Diplome aus Nördlingen, rund 30 km nördlich von Lauingen; Nutznießer waren Propst und Konvent des Prämonstratenserstifts Steingaden in der Augsburger Diözese und die Bürger von Augsburg.[217] Spätestens am Johannestag 1309, also dem 24. Juni, war dann Nürnberg erreicht; der Aufenthalt sollte rund drei Wochen dauern.[218] Hier scheint dann auch die erste Entscheidung in Richtung auf eine baldige aktive Italienpolitik gefallen zu sein; ist doch das – ich greife vor – Beglaubigungsschreiben für eine anscheinend spätestens damals bestellte dreiköpfige Italien-Gesandtschaft erhalten.[219] Oder waren es gar mehrere Gesandtschaften?

Zur Vorbereitung von Heinrichs VII. Romfahrt

Der Brief ist in mindestens den Exemplaren für Mantua und Padua vorhanden;[220] so ist nicht auszuschließen, daß auch noch andere lombardische Städte gleichlautende Schreiben erhielten. Die gleichsam klassische Regestierung des Mantuaner und Paduaner Texts läuft darauf hinaus, daß Heinrich VII. lediglich seinen Wunsch unterstrichen habe, den Empfängern „und anderen Städten und Völkern [!] Italiens die erwünschte Ruhe zu bereiten"; deshalb beglaubige er als seine „Machtboten" seinen Kleriker Magister Heinrich von *Geldonia*, „den Ritter Heinrich von *Beafort* und" den Astenser Bürger Heinrich von *Raluengo*.[221] Da in beiden Exemplaren dieselben Gesandten als des Königs Getreue genannt werden, dürften sie auch die Boten der Schreiben gewesen sein; mit ihnen mochten sie sich auf ihrem Weg durch die Lombardei ausweisen. Die sowohl Mantuaner als auch Paduaner Überlieferung bezeugt, daß die Gesandtschaft tatsächlich in Oberitalien tätig geworden ist. Aber ging es tatsächlich nur um die Ankündigung von Absichten der Friedensstiftung durch eben eine solche Gesandtschaft und nicht auch schon um den Italienzug? Tatsächlich sollte eine andere Gesandtschaft, nämlich an Papst Clemens V., die in der Kaiserfrage zu verhandeln hatte, an den Königshof erst später, nämlich bei dessen Aufenthalt Mitte August 1309 zu Heilbronn, zurückkehren;[222] Heinrich VII. hätte sich somit in seiner Italienpolitik engagiert, aber doch so vorsichtig gezeigt, daß er vor dem päpstlichen Konsens für den zu erwartenden Romzug keine entsprechenden Ankündigungen machen wollte.

Immerhin fordert die Regestenformulierung „und anderen Städten und Völkern Italiens die erwünschte Ruhe zu bereiten" zu einem Blick in den Text selbst heraus, wenn auch bereits die Adresse an Podestà, Anzianen und „Volk von Mantua"/Padua[223] erkennen läßt, daß mit „Volk" lediglich die Bewohnerschaft [?] der jeweiligen Stadt angesprochen wurde. Im übrigen werden in Anschrift und Inscriptio des Briefs, der mit Pergamentstreifen und wohl sogar Majestätssiegel verschlossen und beglaubigt war,[224] die Empfänger noch etwas ausführlicher angeredet: Der Römerkönig wandte sich an die klugen Männer, den [ehrenwerten] Podestà, die Anzianen, die Kommune und das Volk von Mantua/Padua, die ihm und dem Kaiserreich getreu und lieb sind.[225] Laut Quasi-Arenga glaubt König Heinrich die erwünschte Freude der Empfänger zu vermehren, wenn er ihnen Neuigkeiten über den verheißungsvollen Anfang seiner Königszeit – die ganz auf die

Königserhebung zugeschnittene Stilisierung darf wohl nicht zu wörtlich verstanden werden – durch den Bericht zuverlässiger Boten und Briefe zur Kenntnis bringt: hier so formuliert, daß mit Cursus velox spannungsfördernd innegehalten werden kann.[226] Als vor kurzem das römische Kaiserreich vakant geworden sei, sei er durch göttliche Fügung – dies wird, auch mit den vier gebräuchlichsten Cursus, rhetorisch ausgemalt – zum Römerkönig gewählt worden;[227] Heinrich habe sich die Last einer solchen Herrschaft aufgebürdet und das Joch der königlichen Würde übernommen, und zwar in Vertrauen auf Gott als den Höchsten.[228] Dabei habe Heinrich sich vorgenommen, die Teile seines Amtes heilsam und nützlich auszufüllen und wachsam sein Handeln, soweit es – hier wird die Paraphrase etwas schwierig, da eine rechtlich-soziale Grundsatzaussage oder eine fromme Kautele möglich sind –von seiner hohen Warte aus möglich ist, darauf auszurichten, daß er den Briefempfängern und anderen Städten und glücklichen Bewohnern des Kaiserreichs in Italien den Vorteil ersehnter Ruhe vorbereitet, und zwar nachdem (oder indem?) die Schrecken von Rivalitäten und Drangsalen beseitigt – eigentlich: herausgerissen – worden sind.[229] Im Exemplar für Padua ist übrigens von anderen Städten und „Glücklichen des Reichsvolks" die Rede, als werde auch der Landbevölkerung gedacht.[230] Deshalb sollen die Empfänger dankbar die Zuwendung der königlichen Huld empfangen und Heinrichs geliebten Boten – die drei Herren werden namentlich aufgezählt und als des Königs Getreue bezeichnet –, die für sie besonders abgeordnet worden sind, Glauben und Vertrauen schenken hinsichtlich dessen, was sie den Empfängern im Auftrag des Königs vorlegen.[231]

Unter den drei Gesandten befand sich ein ausdrücklich so bezeichneter Bürger von Asti; dieser Heinrich von *Raluengo* ist auch später noch in des Königs Diensten bezeugt, und zwar unter seinen Familiaren.[232] Die beiden anderen Gesandtschaftsmitglieder stammten aus dem luxemburgischen Umkreis: Der Rechtsgelehrte Heinrich von Jodoigne (Arrondissement Nivelles) kam aus Brabant[233] und sollte zum Rat auch noch des Kaisers gehören.[234] Heinrich II. von Befort (im luxemburgischen Kanton Echternach) wird 1291–1329 angesetzt und gehörte mindestens „1303–1318... dem engeren Rat der Grafen von Luxemburg an". Vielleicht schon seit 1303, sicher aber seit 1305 fungierte er wiederholt „als Seneschall der Grafschaft bzw. ihrer deutschsprachigen Gebiete".[235] Das Hauptgewicht bestand in dem, was die Gesandten mündlich würden vorzubringen haben; das getrost nur so zu bezeichnende Beglaubigungsschreiben von Johanni 1309 aus Nürnberg hielt sich da bedeckt, legte aber gleichwohl nahe, daß auch ein persönliches Eingreifen Heinrichs VII. zu erwarten stand. Anderseits vermochte der Wortlaut des Dokuments möglicher guelfischer Kritik wegen papstungehorsamer Eigenmächtigkeit des neuen Königs durchaus standzuhalten, und neben der Besiegelung, wenn auch als Verschluß, bot das Mantuaner Exemplar mit der präzisen Datierungszeile am Schluß – sie fehlt der Ausfertigung für Padua – gar diplomähnliche Verbindlichkeit.

Ungleich deutlicher fiel ein knapp 15 Monate jüngeres Schriftstück des Römerkönigs aus Colmar an die Mantuaner aus, das der kritische Editor „an die Italiener geschickte Enzyklika" überschrieben hat, obgleich diesmal wirklich nur ein Exemplar erhalten ist.[236] Schon auf dem Rücken dieses Mantuaner Stücks, das noch Spuren des aufgedrückten Siegels aufweist, wird eine noch geringfügig ausführlichere Inscriptio geboten, die bis auf eine orthographische Variante mit derjenigen des Briefs selbst übereinstimmt: Römerkönig Heinrich, [natürlich] allzeit Mehrer [des Reichs], richtete diese Ausfertigung an die klugen Männer [und Ehrbaren][237] Kapitan, Podestà, Anzianen, Gemeinde und Volk von Mantua, die er als die Getreuen seiner [Majestät] und des Kaiserreichs einordnete.[238] Neu hinzugekommen gegenüber dem Gesandtschaftsbeglaubigungsschreiben von Johanni 1309 und in Übereinstimmung mit einem zwischenzeitlichen Heinrich-Schreiben ausgerechnet an Mantua vom 1. September 1309 aus Speyer[239] ist der Kapitan: eine Würde, die auf den ersten Blick militärische Zuständigkeiten signalisiert; hieß so doch in Venedig der Flottenadmiral.[240] In Mantua dürfte es sich jedoch um den „Volkskapitän" gehandelt haben, auf den noch einzugehen ist; gilt doch Mantua schon unter Friedrich II. ausgerechnet als diejenige Stadt, in der „Organisationen des ‚popolo' ... den städtischen Faktionen [mit ihren] internen Spannungen ... wenig Widerstand leisteten."[241]

Wie schon knapp 15 Monate zuvor, unterstellt der Römerkönig in gewohnter rhetorischer Manier den Mantuanern erneut, daß sie sich über seine Mitteilungen freuen.[242] Ohnehin habe das, was er jetzt zu verkünden habe, gerade auf den Rat der Kurfürsten und anderer Fürsten sowie der Barone, Grafen, Adligen und Reichsgetreuen stattgefunden, und zwar zugunsten nicht unerheblicher Vermehrung der Menge der königlichen Befehlsgewalt.[243] Es handele sich um die wegen Heimfall an König und Reich vakante Königswürde Böhmens; sie habe Heinrich aus königlicher Vollgewalt – man assoziiert sofort deren päpstliche Version – an den illustren Johannes, seinen höchstgeliebten Erstgeborenen, vergeben.[244] Danach sei unter angemessenen Ehrungen feierlich die Eheschließung des neuen Böhmenkönigs mit der berühmten Elisabeth, Tochter des verstorbenen Böhmenkönigs Wenzel [des II.], als seiner Teilhaberin durchgeführt und vollzogen [!] worden, wie es dem hohen Rang eines Königs zukomme.[245] Erneut sind dann die schon erwähnten Fürsten und Reichsgetreuen beratend und gutheißend tätig geworden, als der neue König für Deutschland und Burgund zum Generalvikar von König und Reich bestellt worden sei.[246] Darüber hinaus habe er es [für richtig] gehalten, ihn mit angemessenem und ansehnlichem Gefolge aus Fürsten, Kriegern und Getreuen sowie – erneut wird dies betont – einer recht großen Menge Bewaffneter ins Böhmenland zu schicken.[247] Wegen dieser zweifellos großen und schwierigen Angelegenheiten sei König Heinrich über die Zeit hinaus, die er in anderen Briefen den Mantuanern angezeigt habe, festgehalten worden; sie mögen den Verzug nicht seinem Eigensinn zuschreiben.[248] Nachdem durch göttliches Fügen alle Angelegenheiten Heinrichs in guten Zustand gebracht seien, befinde er sich jetzt auf dem Weg in Richtung Lausanne.[249] Dort wolle er die Berge übersteigen und auf direktem Wege vorrücken, ohne noch eine Verzögerung zu befürchten.[250] Jetzt endlich, also in Abschnitt 3, kommt das eigentliche Anliegen des Briefs, die Petitio: König Heinrich ermahnt sie nachdrücklich, ihre Freunde zusammenzurufen, wie es der königlichen Ehre und ihrer Ergebenheit entspreche, und ihm bei seiner Ankunft in Italien sofort feierlich entgegenzuziehen.[251] Auf diese Weise sollen sie seine freudige Ankunft als eine ihnen günstige in voller Zuneigung verinnerlichen, und zwar zu gewünschter Mehrung ihres eigenen Vorteils und ihrer Ehre.[252] Das Schreiben schließt mit der präzisen Datierung auf den 13.

September von Heinrichs zweitem Königsjahr in Colmar[253] und gibt sich somit erneut als Quasi-Diplom. Dieses Erscheinungsbild mochte – bei aller Bescheidenheit der äußeren Merkmale – anhaltender Beachtung und somit auch der Aufbewahrung dienlich sein.

Wie genau nun spiegelte die gegenüber Juni 1309 leicht veränderte Inscriptio die Gegebenheiten beim Empfänger? „Neu" war der *capitaneus*: Als *capitaneus populi* oder *capitano del popolo* repräsentierte er in einigen Städten Nord- und Mittelitaliens des 13. bis 15. Jahrhunderts die Zünfte, und zwar zu unterscheiden vom Podestà, der die ganze Kommune vertrat! „In anderen Städten [wie] Mailand [und] zeitweise in Genua stand der [Volkskapitän] – manchmal waren es mehrere – an Stelle des Podestà." Die Herkunft von den Gewerken wird noch deutlich, wenn als Titel des florentinischen Volkskapitäns „seit 1282 *defensore delle arti* [erscheint.] In vielen Fällen bemächtigte sich ein Condottiere oder sonstiger Machthaber dieses Amtes und schuf so in der betreffenden Stadt eine Signori[e]."[254]

Mit Blick auf die innerstädtischen Spannungen signalisiert die Forschung für Mantuas nachstaufische Zeit „eine bedeutende institutionelle Veränderung...: Nachdem Pinamonte Bonacolsi [sowohl] Ludovico Sanbonifacio [als auch] Azzo VII. Este verdrängt hatte, wurde er 1272 zum ‚Capitano del popolo di Mantua' ernannt, [und zwar] anfangs gemeinsam mit dem Grafen von Marcaria und mit Ottonello Zancalli, später allein. [Daraus habe sich] die Signorie der Bonacolsi... entwickelt"; ohnehin „kontrollierten [sie] den Großteil der ›civitas vetus‹ rund um die Kathedrale... und [stützten sich] auf beträchtlichen Grundbesitz im Contado... Nach einigen Jahrzehnten [brachten sie] die blutigen Faktionskämpfe... zum Stillstand... und festigte[n] die Position Mantuas in der Poebene", ablesbar

1) am Titel „Reichsvikar", den „Rinaldo und Butirone Bonacolsi von Heinrich VII." im Frühjahr 1311 anscheinend durch die Zusage von 20 000 Goldgulden[255] erwirkten
2) an Mantuas „ältesten erhaltenen städtischen Statuten: [sie] bezeugen... 1313... die organisatorischen Fähigkeiten und die legalisierte Vorrangstellung der Bonacolsi-Herrschaft". Sie wurde erst 1328 durch Luigi Gonzaga im Bunde mit Cangrande della Scala verdrängt, wobei Ludwig der Baier noch 1328 „durch Verleihung des Reichsvikariats die Gonzaga-Herrschaft... sanktionierte"; sie währte bis zum Anfall der Stadt „an das Reich 1707".[256]

Details mögen umstritten und schärfer zu fassen sein: Als Pinamonte Bonacolsi († 1293) den Markgrafen Azzo VII. von Este und Graf Ludovico di Sanbonifacio sowie die Grafen von Casaloldo aus Mantua verdrängt hatte, scheint sein offizieller Titel nicht sofort „Volkskapitän", sondern *rector* gewesen zu sein, so unglücklich die Formulierung wirken mag, Pinamonte Bonacolsi habe „dann gemeinsam mit dem Grafen Federico di Marcaria das Amt eines rector von Mantua" übernommen: Natürlich gab es zwei *rectores*, die denn auch „nach außen hin in Mantua das kommunale Leben [!] durch die Ernennung eines neuen Podestà wiederbelebten". Erst als Pinamonte Bonacolsi auch den Grafen Federico di Marcaria ausschaltete „und die alleinige Kontrolle über die Stadt" unter Wahrung der städtischen Institutionen behielt, scheint er seine tatsächliche Macht „durch die Annahme des Titels *capataneus* [!] in gewisser Weise hervorgehoben" zu haben.[257] Bei Friedensbündnissen „mit Venedig, Reggio, Cremona, Parma, Padua, Vicenza und 1291 auch mit Ferrara führte Pinamonte Bonacolsi... den Titel *capitaneus generalis* und präsentierte sich als ›Signore‹ der Stadt."[258] Zu den Schwächen der Bonacolsi gehörte, daß sie sich innerhalb ihrer Familie wiederholt um die Macht stritten: Pinamonte Bonacolsi wurde noch 1291 beiseitegeschoben, als sein [jüngerer] Sohn Bardellone seinem Bruder Tagino nicht die geplante „Nachfolge in der Signorie" gönnte; man spricht vom Staatsstreich des Bardellone Bonacolsi, den der Vater aber immerhin noch um zwei Jahre überlebte.[259] Am 1. Juli 1299 führten die Pinamonte-Enkel Guido und Rainaldo Bonacolsi einen Staatsstreich gegen [ihren Onkel] Bardellone Bonacolsi erfolgreich durch, der 1300 in Ferrara starb. Unmittelbar anschließend sicherte Guido sich unter dem *capitano*-Titel „die Signorie von Mantua...; die rechtliche Anerkennung" in Gesetzesform lieferte „das *statutum factum pro capitaneatu domini Guidonis de Bonacolsis*". Guido, genannt Bottesella, hat immerhin die Zusammenarbeit mit seinem Bruder Rainaldo, genannt Passerino, zu schätzen gewußt: Nachdem militärische Kämpfe gegen die Este Januar 1308 zuendegegangen waren, scheint Guido-Bottesella Bonacolsi wegen seiner nachlassenden Gesundheit „seinem Bruder Rainaldo die Macht" übergeben zu haben; das war am 18. November 1308 offiziell; am 24. Januar 1309 ist er gestorben.[260]

Rainaldo-Passerino Bonacolsi starb erst 1328; er war [spätestens] „seit Januar 1309 Signore von Mantua, betrieb [dessen] traditionelle Allianzpolitik mit Verona und folgte dessen kaiserfreundlicher Haltung, als 1310 Heinrich VII. von Luxemburg nach Italien kam:" alles anscheinend noch im Besitz der Capitano-Würde, aber doch gewarnt durch ein auffälliges Zwischenspiel, das ihn diesen Titel gekostet haben mag. Im Januar 1311 ernannte Heinrich VII. den Florentiner Lapo Farinata degli Uberti zum Reichsvikar[261] in Mantua.[262] Rainaldo Bonacolsi scheint erst, nachdem der Florentiner die Stadt Mantua im Gefolge von dortigen Aufständen verlassen und er selber die schon erwähnten 20000 Goldgulden in Aussicht gestellt hatte, in die Position des Reichsvikars eingerückt zu sein. Unter dem 10. September 1311 mahnte Heinrich VII. noch aus dem Lager vor Brescia wohl auf Veranlassung seiner Kammer eben diesen seinen Vikar, über bislang erhaltene 1500 Gulden hinaus die weiteren Gelder schnell folgen zu lassen, damit er Nutzen aus ihnen ziehen könne:[263] Brescia kapitulierte erst am 19. September 1311, nach fast genau vier Monaten Belagerung, mit denen Heinrich VII. das Schicksal Kaiser Friedrichs II. vor Brescia vom Jahr 1238 zu vermeiden suchte. Rainaldo-Passerino verzichtete parallel zur Erlangung des Reichsvikariats anscheinend auf die Capitano-Würde gegenüber den Mantuanern und gab sich – so seit Mitte April 1311 – mit dem Lebenszeit-Titel *Podestà della mercanzia* zufrieden. Auf jeden Fall spiegelt die unscheinbare Veränderung in der Inscriptio der heinrizianischen Mantua-Schreiben von 1309 bzw. 1309/10 die eigentümliche Situation in Mantua schlaglichtartig wider: Die Nürnberger Gesandtschaft von 1309 nahm Schreiben mit, die auf ihrer „Rundreise" für viele Adressaten gedacht waren; 1310 hingegen scheint es um die spezielle Rolle Mantuas im Geflecht der lombardischen Städtepolitik gegangen zu sein, und das würde den Verzicht auf die Einordnung des Textes als „Enzyklika" bedeuten, kennzeichnet aber im größeren Zusammenhang auch ein Risiko, nämlich sich in die lokalen Machtverhältnisse in Oberitalien einzulassen. Allerdings galt später Mantua neben Verona als die einzige sichere Ghibellinen-Stadt der Lombardei bis zu „Kaiser“ Heinrichs VII. Mailand-Einzug kurz vor Weihnachten 1310.[264] Vielleicht ist die anhaltende Aufbewahrung der Briefe und Mandate Heinrichs VII. in Mantua ein weiteres Indiz in Richtung auf eine „kaiserfreundliche“ Grundhaltung in dieser Stadt.

Zur Risikobereitschaft von Heinrichs VII. Unternehmungen und zu deren traditionellen Zügen

Ohnehin größere Risikobereitschaft zeigte der erste luxemburgische König und Kaiser auf militärischem Gebiet. Schon Zeitgenossen wie Peter von Zittau war aufgefallen, daß nicht nur zwei, sondern sogar drei Heeressäulen 1310 präpariert werden mußten: nach Böhmen, nach Italien und im Württembergischen gegen den dortigen Grafen Eberhard I., den die nächste Generation – er war 1265 geboren und starb 1325 – den Erlauchten nennen würde. Derzeit war er vor allem durch rücksichtslose Herrschaftsnutzung und expansive Territorialpolitik in Zusammenarbeit mit Heinrich VI. von Kärnten und Böhmen aufgefallen. Daß er sich von Klagen wegen Übergriffen gegen Reichsleute und -städte nicht beeindrucken ließ, demonstrierte er bei seinem Zusammentreffen mit Heinrich VII. im Rahmen eines Hoftags von 1309 allzudeutlich, wobei Mathias von Neuenburg zu erkennen gibt, wie sehr Eberhard I. dem gerade erhobenen König Paroli zu bieten gedachte: Mit 700 Pferden sei er in Speyer erschienen, ohne im Laufe dortiger Verhandlungen sein hochfahrendes Wesen oder seinen tyrannischen Herrschaftsanspruch abzulegen. Wenn die Oberrheinische Weltchronik und Peter von Zittau berichteten, daß der Kaiser am Ende alle drei Militärunternehmen siegreich zuendegeführt habe, so wird man dies jedenfalls für Württemberg auch der flankierenden Schilderung des Mathias von Neuenburg entnehmen dürfen: Gegen die Kriegführung des Reichs in Zusammenarbeit zwischen Konrad von Weinsberg und Reichsstädten in Schwaben vermochte Eberhard I. von vielen Burgen kaum drei festzuhalten, und als seine Flucht vom belagerten Hohenasperg zum badischen Markgrafen Hesso nach Besigheim seinen völligen Herrschaftsverlust einzuläuten schien, hat ihn davor nur der Kaisertod vom 24. August 1313 bewahrt.

Das hohe Risiko eines Dreifrontenkriegs scheint für Heinrich VII. deshalb kein Glücksspiel gewesen zu sein, weil er Stadtbürger nicht nur als kaufmännische Steuerpflichtige, sondern auch als wehrhafte Adelskonkurrenten einzusetzen verstand. Gleichwohl wurde er nicht zum städtebestimmten Bürgerkönig, wie historiographisch überlieferte Verhaltensweisen und Anekdoten zunächst nahelegen könnten, zumal wenn man das städteorientierte Itinerar nach der Aachener Königsweihe mitberücksichtigt. Soll er doch den Straßburger Stadtbürgern ihre Privilegienbestätigung so lange verweigert haben, bis deren Gesandte ihre Auftraggeber nicht mehr „Herren“ sondern „des Königs Bürger“ nannten: statt *domini... Argentinenses* bloße *cives vestri*. Der Gewährsmann Mathias von Neuenburg kennt darüber hinaus auch das drohende Wort Herzog Friedrichs des Schönen, bei Nichtbelehnung der Habsburger mit Österreich könnte Heinrich VII. der sechste König sein, der für Österreich sein Leben verliere. Daß die dann auch romfahrtwilligen Habsburger 200 Krieger auf eigene Kosten stellen würden, läßt sich urkundlich bestätigen. Anderseits machte großen Eindruck, daß der neue König in zumindest traditionserinnernder Weise seine beiden ungewöhnlich umgekommenen unmittelbaren Vorgänger, die zudem noch gegeneinander im Felde gestanden hatten, nach Speyer überführen und in der salisch-staufischen Königsgrablege des Speyrer Doms bestatten ließ: für die Zeitgenossen so auffällig, daß sich in Erfurt die Erklärung niederschlug, die Speyrer Bürger hätten in ihrem Widerstand gegen König Albrechts dortige Bestattung nur dadurch überwunden werden können, daß Heinrich VII. die gleichzeitige Speyrer Bestattung auch König Adolfs in die Wege leitete.

Bleibender Eindruck dieser Vorgänge läßt sich an der Überarbeitung ablesen, welche die sogenannte Kölner Martinsfortsetzung (MCC) in der nunmehr so genannten Kölner Weltchronik erfahren hat, allerdings erst in der Zeit von 1374/76 – vor 1414![265] Aber auch die sogenannten Annales Osterhovenses von wohl spätestens 1313 vermitteln die entsprechende Perspektive einer pietätvollen und gleichsam vorbildlich präsentierten Königstradition: Nach der Aachener Weihe Heinrichs VII. als des 101. Kaisers nach Augustus und der Belehnung aller Reichsfürsten durch ihn – natürlich verbunden mit deren Huldigung – hat er [angeblich] als erste erwähnenswerte Handlung in seinem ersten Amtsjahr seine Vorgänger König Adolf – angeblich seinen Mutterbruder (*avunculus*) – „und König Albrecht, die anderswo bestattet worden waren, nach Zusammenrufen der geistlichen und weltlichen Fürsten um das Michaelsfest [= Verwechslung des 29. August mit dem hohen Heiligentag 29. September] in der Stadt Speyer in der Königsgrablege 1309 schließlich ehrenvoll bestattet."[266] Die Kölner Weltchronik 1273/88 – 1376[267] ergänzt die zu 1309 bereits zitierte Kölner Martinsfortsetzung (= MCC) um folgende Feststellungen: „Sofort nach seiner Krönung [sei der neue König] von der Ergebenheit königlicher Pietät erfüllt" worden, habe die Leichname besagter Vorgänger an den Orten ihrer jeweiligen Bestattung exhumieren und ihre Gebeine (*ossa*) mit gebührender Feierlichkeit an ein und demselben Tage zur Stadt Speyer überführen lassen sowie in den Königsgräbern mit königlicher Verehrung/königlichem Aufwand bestattet.[268] Aus 20 Wörtern einer konzisen Vorlage waren nun 45 geworden.

Manche Autoren lenkten den Blick jedoch gleich auf den Luxemburger als Kaiser und damit ohne Umschweife nach Italien. Beispiel ist die sogenannte Oberrheinische Weltchronik aus der nördlichen Schweiz. Ein dem Deutschen Ritterorden nahestehender Mann hat sie 1337 „aufgezeichnet"; Zusätze „reichen bis zum Jahr 1349".[269] Er sieht den Römischen König vor allem als Kaiser, der nach seiner Erhebung 1309 gleichsam als erste Handlung „im dritten Regierungsjahr ... übers Gebirge gefahren sei": Für die Zeit davor wird nichts berichtet, wohl aber von vielen hochrangierenden und überhaupt zahlreichen Begleitern aus Deutschland.[270]

Damit stand der Oberrheiner nicht allein. Den Eindruck eines Königs, der Traditionen wahrt, mit den Großen des Reichs und dem Bürgertum umzugehen weiß, politische Herausforderungen annimmt und auch herrscherlich zupacken kann, und zwar für Italien auch mit starkem Heer, vermittelt Mathias von Neuenburg für den Italienzug Heinrichs VII. ebenfalls. Zwar ist die einzige Jahreszahl, die in dem Kapitel über Heinrich VII. steht, nur die seines Todes- und Bestattungsjahrs 1313,[271] im Detail präzisiert durch Todesort und -tag „24. August zu Buonconvento" und plaziert in dem unerschütterlichen Weiterführen des Aufbruchs gegen Robert den Weisen nach dem Süden. Der Kaiser habe die Heerfahrt auch durch die ersten Anzeichen seiner [angeblichen] Vergiftung nach dem Abendmahl nicht unterbrechen lassen, das er nach der Messe am Vorabend von Mariä Himmelfahrt eingenommen und das ihm sein [angeblicher] Giftmörder, ein Predigermönch, gereicht habe: hier nicht mit der Hostie, sondern im nachträglich geleerten Ablutionsbecher, in den das [angebliche] Gift von seinem Versteck unter dem Fingernagel des Dominikaners eingebracht worden war. Unmittelbar nach der Meß-Kommunion sei Heinrich VII. krank geworden.[272] An seinen Hinweis auf die ehrenvolle Bestattung unter unaussprechbaren Klagen schließt Mathias sein letztes Wort über Heinrich VII. an: „Und so, oh Jammer, stürzte die Säule des Großmuts und der Gerechtigkeit und verging die Blüte der Deutschen."[273]

Nach dieser eindrucksvollen Schilderung überrascht um so stärker, wie wenig die vorherige Darstellung des Mathias von diesem Ende überschattet ist: Der Italienzug ist gründlich vorbereitet und beginnt kraftvoll; denn während des letzten Speyeraufenthalts von sechs Wochen – in Wirklichkeit waren es nur gut acht Tage – hat der König mit Kurfürsten und anderen Fürsten und Städtevertretern Verfügungen über den Italienzug und die zu leistenden Dienste getroffen.[274] Man mochte es als gutes Zeichen werten, daß ihn dort die Magnaten Matthäus Visconti aus Mailand und Tebaldus de' Brusati aus Brescia sowie sehr viele Lombarden aufsuchten; und das gute Klima wurde dadurch bestätigt, daß der König den Brescianer noch in Speyer zum Ritter schlug.[275] Danach habe Heinrich VII. sich in seinem Vaterland Luxemburg der Hilfe der dortigen Landherren und seiner Freunde in Verhandlungen versichert, ehe er mannesmutig in die Lombardei gezogen sei.[276] „Mannesmutig" (*viriliter*) könnte man zunächst mit dem Eindruck zusammensehen, es habe sich hier nur um ein kleines Familienunternehmen gehandelt; denn den Zug über die Alpen habe er mit seiner Ehefrau, einer Tochter von Brabants Herzog, und seinen Brüdern, nämlich Erzbischof Balduin von Trier und dem vorzüglichen Ritter Walram von Luxemburg, unternommen, und der Weg habe durch jenes Savoyen geführt, dessen Graf eine Schwester der Königin zur Frau gehabt habe.[277]

Der heutige Historiker würde von Königin Margarete übrigens für 1310 kaum mehr von der Herzogstochter, sondern von der Herzogsschwester sprechen wollen; denn die derzeitigen diplomatischen Zusammenhänge waren natürlich dadurch gekennzeichnet, daß nach dem Barer Turniertod von Heinrichs VII. Schwiegervater Herzog Johann I. von Brabant 1294 immer noch dessen einziger Sohn Herzog Johann II. regierte und dieser trotz dem seinerzeitigen Wahlbündnis von Nivelles 1308 nicht mehr besonders hervorgetreten ist (†1312) und möglicherweise durch seine Plantagenet-Ehe mit Margarete von York († 1318) schon seit 1290 politisch stärker auf das Spannungsfeld Capet-Plantagenet ausgerichtet war. Der Chronist zielte auf die verhältnismäßig hohe Abstammung der Königin, mehr aber noch auf den auch verwandtschaftlich bedingten reibungslosen Alpenübergang. Und doch kam es – vielleicht im Unterschied zu modernen Betrachtern, die den Eindruck militärischer Geringfügigkeit vermitteln – auch auf die machtvolle und sowohl hochrangige, als auch militärisch leistungsfähige Anfangsbesetzung des Italienzugs an: Seien doch in die Lombardei mit dem König die Herzöge Leopold von Österreich und Rudolf [der Stammler] von Bayern, neben dem Trierer Erzbischof viele weitere Bischöfe wie diejenigen von Lüttich und Basel, viele Grafen wie diejenigen Savoyens und Flanderns und „Söldner gleichsam aller Städte Deutschlands“ gezogen.[278]

Entsprechend sei der König denn auch aufgetreten: Als ihm der Empfang in Asti anzudeuten schien, daß es mit der Treue der Astenser nicht weit her sei, habe er führende Männer der Stadt gleichsam als Geiseln mit nach Mailand genommen.[279] Daß Heinrich VII. mit seiner Friedenspolitik überparteilich Erfolg haben wollte, erfahren wir aus dem Bericht über den langen Mailandaufenthalt: Der König habe die führenden Männer ganz Italiens von jeder der beiden Parteien, der Ghibellinen ebenso wie der Guelfen, zu sich nach Mailand entboten, um irgendwie Eintracht zwischen ihnen herzustellen.[280] Nach langer Beratung hätten diese jedoch erklärt, Einvernehmen sei unmöglich; darauf habe der König Abstand genommen und jene unverrichteterdinge zurückgeschickt:[281] eine verblüffend nüchterne Realpolitik, die man später nicht mehr überlieferte, sondern durch die Rückführung vieler Exulanten in ihre Heimatstädte überstrahlt sah.[282]

Die eigentliche Wende in der königlichen Haltung führt Mathias von Neuenburg aber nicht auf den Fehlschlag jener Einigungsbemühungen, sondern auf den anscheinend anschließenden Mailänder Aufstand und letztlich auf die verräterische Haltung des Guelfen-Führers Guido della Torre zurück: Dieser habe als Mailands Beherrscher den König nur deshalb in der Stadt friedlich empfangen, weil er mit dessen baldigem Weiterziehen gerechnet habe.[283] Als nun der König lange und dazu noch mit großer Begleitung in Mailand geblieben sei, habe Guido den König und dessen Leute beseitigen wollen. Entsprechend habe er einen verurteilten Sodomisten zur Verbrennung vor die Stadt führen lassen, um den alleingelassenen König zu töten, wenn hinter den zu dem Schauspiel herausströmenden Deutschen die Stadttore geschlossen würden.[284]

Tatsächlich weiß man aus anderen Zeugnissen, daß der König am 23. Dezember 1310 in Mailand einzog und die dortige Erhebung am 12. Februar 1311 begann.[285] Doch weiter nach Mathias von Neuenburg: Bei ihrem Angriff auf den Königspalast stießen Guido und seine Leute auf Deutschordensbrüder unter Waffen und Ordensbanner, die nicht zu der Verbrennung hinaus gegangen waren, und auf einige andere. Die Angreifer wurden zurückgeschlagen.[286] Nach der Verteidigung des Königspalasts kämpften des Königs Leute sich mühselig zum Stadttor durch, da sie erst Gefäße und andere Hindernisse aus dem Weg räumen mußten, die auf den Weg geworfen waren, und außerdem Speer- und Steinwürfe aus den Häusern auszuhalten hatten. Vor dem Tor lag Herzog Leopold von Österreich mit 200 Behelmten.[287] Sie brachen das Tor auf, holten den Herzog und andere zum Königspalast, griffen auf Geheiß des Königs Guido und seine Leute an und schonten niemanden.[288] Guido floh aus der Stadt, und seine Leute wurden totgeschlagen; der Graf von Savoyen, ein Guelfe, klagte vor dem König, daß die Deutschen jene ohne Mitleid getötet hätten. Daraufhin habe der König geantwortet, daß sie jene nicht mit Geld hätten aufwiegen wollen.[289] Infolge von Sieg und Vertreibung habe der König nach Gutdünken über die Mailänder verfügt, indem er Matthäus Visconti als seinen Amtmann eingesetzt habe.[290] Darüber hinaus weiß man auch von einem neuen Treueid der Mailänder, der anscheinend am 20. Februar 1311 geleistet wurde.[291] Die Bestellung des Visconti gehört allerdings erst in die Mitte des Juli 1311.[292] Auf jeden Fall greift Mathias insofern voraus, als er für die Visconti auch über den Tod Heinrichs VII. hinaus – dieser heißt hier „Cäsar“ – die Herrschaft über Stadt und Umland erwähnt.[293] Die entscheidende Feststellung schließt aber hieran an: Seither habe der König [nur noch] mit den Ghibellinen zusammengearbeitet.[294] Er ging unter – wie referiert – nicht nur als „Säule von Großherzigkeit und Gerechtigkeit“, sondern auch als „Blüte der Deutschen“.[295]

Keineswegs ein Bild ungestörter Harmonie, aber voller Sympathie und mit einem gewissen Deutschen-Bewußtsein, und dieses spricht auch aus dem Ausklang des Heinrich-Kapitels: Wird doch der deutliche Sieg über die Guelfen vor Montecatini vom 29. August 1315 den Pisanern m i t d e n D e u t s c h e n zugeschrieben: und das, obgleich die gesamte Guelfenpartei hier zusammengekommen sei.[296] Entsprechend hätten die Opfer unter den Besiegten in die Tausende gezählt – und es waren auch Prominente darunter, zum Beispiel ein Bruder und ein Neffe König Roberts des Weisen.[297] Die beiden Gefallenen werden zwar durch Mathias zu einer einzigen Person zusammengezogen; aber um so eindrucksvoller wirkt eine auf oder über der Leiche Karls von Achaia, Sohn des Robert-Bruders Fürst Philipp von Tarent, spielende Triumph-Szene: Auf ihr sitzend, sei der Pisaner Neri oder Ranieri, Graf von Donoratico, zum Ritter geschlagen worden.[298] Nach Albertinus Mussatus († 1329), der unter anderem bis 1321 reichende „Italiker-Taten nach Caesar Heinrich VII.“ vorlegte, war Graf Neri ein Enkel eines Grafen Gerhard, der „1268 zusammen mit Konradin“ von Staufen auf dem Marktplatz zu Neapel hingerichtet worden war, und das war ja durch Roberts des Weisen Großvater Karl I. von Anjou befohlen worden.[299] Dem entspricht der Kommentar des Mathias, mit dem er das Heinrich-Kapitel schließt: Seit der Konradin-Zeit habe „keiner der Nachfahren dieser Grafen“ anders Ritter werden wollen als in der Schlacht, in der Rache geübt werde an jenem Geschlecht, das Konradin getötet habe.[300]

Für solche Kreise dürfte Kaiser Heinrich VII. der Inbegriff nicht der Befriedung Italiens, sondern der Bemühungen um stauferähnliche Herrschaftsrestitution gewesen sein. Nachdrücklich angeknüpft an die römisch-deutsche Kaiserzeit mit ihrer Einbeziehung Italiens ins größere Reich seit der Ottonen-, wenn nicht gar der Franken- und besonders Karolingerzeit hatte der erste König und Kaiser aus luxemburgischen Haus auf jeden Fall. Wieviel dabei auch von der Einzelperson eines solchen Herrschers abhing, suggeriert die Überleitung des Mathias zu seinem Kapitel über Kaiser Ludwig den Baiern; sie vermittelt einen „höchst ambivalenten Eindruck von [dessen] Persönlichkeit“ in all ihren Widersprüchen[301] und bedient sich dabei auch rhetorisch wirksam einer gewissen Steigerung rhythmischer Satzschlüsse: „Schärfe, Schreiber, den Geist; dir steht große Arbeit bevor, wenn du zu beschreiben wagst den großen Adler, der zögerlich und lange anfliegt, den törichten Weisen, den müßigen Neugierigen, den faulen Wilden, den traurigen Heiteren, den kleinmütigen Tapferen, den trotz versengten Flügeln Wachsenden und im Unglück Glücklichen.“[302] Der Unterschied zu Heinrich VII. sprang gerade dem Autor der Geschichte beider Kaiser ins Auge! Und doch hatte das risikoreiche und gradlinige Handeln unter Heinrich VII. Eigenwert als Ausgangslage für das, was man schließlich „the calamitous 14th century“ nennen würde – als Untertitel zu „einem fernen Spiegel“ unserer eigenen verheerungsgebeutelten Zeit wohl seit dem Ersten Weltkrieg.[303] Vom „elenden, unglücksreichen“ 14. Jahrhundert[304] brauchte bis zum Malaria-Tod von Buonconvento am 24. August 1313 kaum die Rede zu sein. Aus dieser Sicht traf das Etikett „1300 oder die schlechte Zeit“[305] nicht zu.

Zum Perioden-Charakter der Zeit um 1300

Fraglos herrschte im Anschluß Unsicherheit, wenn nicht gar Katastrophenerleben vor: Von den sieben mageren Ernährungsjahren seit 1315 war einleitend die Rede gewesen, und der verbreitete Mangel an staatlicher Festigkeit kam hinzu. Es wird in der Forschung darauf hingewiesen, daß nach dem Tod Kaiser Heinrichs VII. nicht nur im römisch-deutschen Reich, sondern auch bei dessen Nachbarn stabile Königtümer fehlten.[306] Frankreich erlebte nach dem Tod Philipps IV., der in der Oberrheinischen Weltchronik als *der alte küning* registriert wurde, bis 1328 nur kurze Amtszeiten seiner drei Söhne nacheinander. In Dänemark führten Aufstände von 1312 und 1313 trotz deren Niederwerfung zu letztlich ruinöser Verpfändungspolitik König Erichs VI. Menved, so daß nach dessen Tod von 1319 zwei Jahrzehnte der Reichsauflösung folgten. Die Zusammenführung der polnischen Fürstentümer unter Władysław II. „Ellenlang“ entbehrte bis zur Krakauer Königsweihe von 1320 gar päpstlich-kurialer Anerkennung. In Ungarn kämpfte der Kurien-Favorit Karl Robert noch bis 1321 gegen Große wie Jakob Borsa, die Güssinger und Matthäus III. Csák, der bis dahin nahezu ungefährdet von dreißig Burgen aus westslowakisches Gebiet beherrschte, und das war wegen seiner hohen wirtschaftlichen Entwicklung wichtig. Wie ein festgefügter Organismus stand demgegenüber Venedig da, dessen Führung Kreuzzugsdrohungen wie diejenige Papst Clemens' V. von 1309 und selbst einen so hochrangigen inneren Widerpart wie die Verschwörung des Baiamonte Tiepolo von Mitte Juni 1310 geradezu mühelos wegzustecken vermochte, mit seinem „Dukat“ nach außen zwar zu expandieren suchte, aber keine königlichen Ansprüche anmeldete. Um so schwerer wog, daß durch mehr als zweijährige Vakanz des Papstthrons seit dem Ableben Clemens' V. vom 20. April 1314 auch die Avignoneser Kurie gleichsam gelähmt war.

Im Detail gab es allerdings erhebliche Unterschiede. Tatsächlich betrugen die Amtszeiten von drei Philipp-Söhnen in Frankreich nur gut anderthalb bzw. fast fünf und wenig mehr als sechs Jahre. Dazwischen gab es 1316 gar fünf Monate lang bis zur Geburt von Philipps des Schönen Enkel Johann I. keinen König, und dieser lebte nur vier bis fünf Tage. Allerdings hatte sich dessen Vaterbruder Philipp V., der Lange (1316/17–1322), schon bald nach dem Tod seines Bruders Ludwig X., des Zänkers, vom 5. oder 8. Juni 1316 durch das Pariser Parlament zum Regenten proklamieren lassen, und da auf des Neffen schnellen Tod gleich die Königsproklamation Philipps V. folgte, brauchte dieser seine Herrscherweihe nicht umgehend anzuschließen: Er wartete mit seiner geistlichen Legitimation gut sieben Wochen, um dann allerdings verblüffenderweise am 9. Januar 1317 in Reims geweiht zu werden, nicht etwa festjahresgemäß und heilsbewußt am Epiphaniasfest,[307] wie es von König Heinrich VII. gleich zweimal, nämlich 1309 und 1311, bekannt ist und es auch noch Ruprecht von der Pfalz 1401 arrangieren sollte; in der Nachfolgekrise unter Kaiser Heinrich IV. war 1099 die Weihe seines zweiten Sohns ebenso gelegt worden, und besonders spektakulär hatte im staufisch-welfischen Thronstreit Philipp von Schwaben seine zweite und nunmehr Aachener Weihe zu Epiphanias 1198 gefeiert. Inzwischen war die Epiphanie immer deutlicher zugunsten der Dreikönige-Verehrung am 6. Januar zurückgetreten, und die hatte sich im Gefolge der Reliquientranslation von Mailand nach Köln 1164 immer stärker auf Köln konzentriert und dessen hohen Rang im römisch-deutschen Reich unterstrichen. Es drängt sich somit der Verdacht auf, daß der ansonsten herrschafts- und machtbewußte Philipp der Lange mit seinen Beratern den „Dreikönigstag" als Weihetermin bewußt überging, zumal der 9. Januar 1317 dann mit all seiner aufwendigen Prachtentfaltung, welche das Abnehmen der konstitutiven Kraft zu kompensieren schien[308] und welche die Reimser Stadtbürger damals[309] ihre gesamte Kopfsteuer kostete, immerhin auf einen Sonntag fiel. Ansonsten erweisen sich die Vorgänge seit 1314 in Frankreich weniger als Krise der Zentralgewalt denn als diejenige von deren Erbrecht.

Wo Reiche krankten, gediehen die Städte – signalisiert bereits durch jenes Venedig, das mit seinen rund 100 000 Einwohnern allein in der „Hauptstadt" um 1300 zu den größten Zentren des Abendlands zählte und als Staatswesen für 1338 auf 160 000 Menschen veranschlagt wird. Über die Einzelstadt hinaus blühte ungebrochen das Städtewesen weiter; wenn es während des 11. Jahrhunderts im Gebiet Deutschlands von 1937 ungefähr 140 und bis 1200 rund 250 Städte gegeben hat, waren es zwar bis 1300 gut 2000, bis 1500 aber mindestens 3000 oder gar mehr als 3420. Da der stadtsässige Anteil der Gesamtbevölkerung inzwischen nicht mehr bloß auf 10–15 %, sondern sogar auf 20–25 % geschätzt wird, gilt dies im Vergleich mit gesamteuropäischen Verhältnissen im Mittelalter als verhältnismäßig hoch.[310] In diesem Zusammenhang verdient Beachtung, daß im klassischen Städteland Italien gar von einer durchschnittlichen Vergrößerung der stadtsässigen Bevölkerung „um [!] das fünf- oder sechsfache" gesprochen wird: eine Urbanisierung zu Lasten des flachen Landes,[311] die geradezu mit dem Fehlen von politisch zusammenfassenden Reichen in Italien zusammengesehen werden kann.

Für Deutschlands Städtewesen wird regional gar eine „zweite Gründungsperiode vom 14. Jahrhundert bis zum Ende des Mittelalters" konstatiert.[312] Aber dem entspricht auch eine Blüte der Stadtwirtschaft in Europa schlechthin, und ihr kam denn auch die Entwicklung von Räderuhren um 1300 zugute, die mit ihrer nunmehr gleichen Stunde zeitsparende Absprachen ermöglichten. Angesichts starker Individualität von Einzelstädten und entsprechender Vielfalt von Stadttypen verbieten sich weitergehende Generalisierungen. Aber für die Zeit um 1300 ist instruktiv ein Beispiel von der Peripherie des römisch-deutschen Reichs: Es ist oben[313] bereits darauf hingewiesen worden: Prager und Kuttenberger Patrizier waren es, die „1310... die Wahl der Luxemburger gegen den regierenden Heinrich von Kärnten mitbetrieben", so wie überhaupt in „Zeiten von Thronvakanz und schwach ausgebildeter herrscherlicher Initiative während der ersten beiden Jahrzehnte des Jahrhunderts [gerade] die Prager Patrizier [...] nach adelsgleichen Rechten in der politischen Mitbestimmung [...] griffen".[314] Dahinter stand ein Stadt-Wachstum unter führender deutscher Beteiligung, allerdings nur vorübergehender deutsch-patriziatischer Führung: Prags Altstadt des zweiten Drittels des 13. Jahrhunderts von 3000–3500 Einwohnern war um 1300 auf 8–10 000 gewachsen, und dies geschah parallel zur Ausbildung eines dichten Städtenetzes im 13./14. Jahrhundert, in dem seit der ersten Hälfte des 14. Jahrhunderts die Zünfte die gewerbliche Produktion beherrschten.

Das patrizische Stadtregiment der Altstadt bestand hauptsächlich aus Deutschen, wurde aber um die Jahrhundertmitte durch die Vorherrschaft der handwerklichen Unternehmer regelrecht ersetzt; der Patrizier-Aufstieg auch zu politischer Macht eben in Interregnumszeiten war somit nur vorübergehend und fiel einem Druck aus rapidem Bevölkerungswachstum und einheimischem Anteilsanstieg zum Opfer: Anfang des 15. Jahrhunderts wird mit 30–40 000 und überwiegend einheimischen Einwohnern, allerdings in beiden Prager Städten, gerechnet.

Für das Kerngebiet des römisch-deutschen Reichs ist die städtische Weiterblüte an jenem Frankfurt am Main abzulesen, das sich gerade damals als üblicher Wahlort für die römisch-deutschen Könige etablierte – wohl nicht zuletzt durch das hier verfügbare Steueraufkommen, wie mit Blick auf Reims argumentiert werden darf: War Frankfurt am Main von allen Städten, die im sogenannten Reichssteuerverzeichnis von 1241 verzeichnet waren, mit 250 Mark im Jahr doch der kräftigste Zahler. Anderseits überrascht nicht, daß sich eben um 1300 auch die Indizien für ein eigenes Frankfurter Recht – es wurde 1297 an Weilburg weitergegeben – mehrten und die Ausbildung des Stadtrats aus dem Schöffenkolleg 1311 insofern abgeschlossen war, als sich seither alljährlich zwei Bürgermeister abwechselten, die der Rat bestellte. Das topographische und demographische Wachstum der Zeit ist 1333 zu fassen, als Kaiser Ludwig der Baier einer Verdreifachung der Siedelfläche samt neuer Befestigung zustimmte.

Städtisches Binnenleben ist seit dem 13. Jahrhundert aber wiederholt auch durch inzwischen so genannte Bürgerkämpfe im Sinne von Revolten gegen bestehende Machtausübung gekennzeichnet. Bei Analysen sind Temperamentsausbrüche und Formierungen, schichtenspezifische Anliegen und gruppenübergreifendes Koalieren über die Einordnung als bloße Zunftkämpfe hinaus zu berücksichtigen. Grundsätzlich wird man auch hier kraftvolles städtisches Leben gespiegelt sehen, aber freiheitsmindernde Reglementierungstendenzen nicht in Abrede stellen wollen. Parallel zu den Pariser Frauenzünften[315] drängt sich der Blick auf gegenläufige Tendenzen unter den Medizinern in der Stadt auf. Sogar im chirurgischen Bereich waren spätestens 1258 in Paris auch Frauen tätig. Möglicherweise vermochten sie hier zunächst noch den Tendenzen zur klerikal-universitären Formierung der Schulmediziner zu entgehen. Diese hatten sich in Paris schon seit der ersten Jahrhunderthälfte in einer eigenen Fakultät organisiert, und es waren deren Angehörige und Absolventen, denen seit 1220 das ausschließliche Privileg medizinischer Praxisausübung zukam. Als nun auch Chirurgen eine fakultätsähnliche Gruppe zu bilden begannen und ihr Selbstverständnis auf eigene Ausbildung mit entsprechenden Prüfungen gründeten, wurde die Position von Frauen, denen der

Universitätsbetrieb in seiner streng hierarchischen Gliederung und seiner immer wieder klerikalen Ausgangslage geradezu verschlossen blieb, nicht nur schwierig, sondern auf die Dauer aussichtslos. Die Abdrängung von Medizinerinnen ins nichtautorisierte Heilpersonal ist das negative Ergebnis von Formierungen um 1300, und da verhalfen auch persönliche Tüchtigkeit und das spezielle Eingehen auf weibliche Bedürfnisse von Patientinnen nicht zur Anerkennung, so zahlreich solche Heilerinnen zunächst noch gewesen sein mögen. Negative Beispiele sind Prozesse, die Medizin-Magister der Pariser Universität unter Leitung ihres Dekans spätestens 1312 gegen eine Ärztin aus Rouen[316] und ihren ebenfalls praktizierenden Ehemann sowie 1322 gegen die erfolgreiche Pariser Ärztin oder heute so genannte Heilpraktikerin Jacqueline (lateinisch *Iacoba*) Felicie und fünf weitere Ärzte und Ärztinnen einschließlich einer weiteren (?) Chirurgin und einer Jüdin anstrengten, weil sie trotz zum Teil fehlender Universitätsausbildung praktizierten. Die Behörden gaben den Klägern Recht.[317] Man gehorchte hier einer allgemeinen Reglementierungstendenz; sie mochte ursprünglich mit Qualitätssicherungsansprüchen begründet worden sein, verkam aber zu zunftartigem Monopoldenken, zumal Patienten bezeugten, daß die Beklagte gerade auch da Erfolg hatte, wo männliche Mediziner nicht mehr weiter wußten. Daß Jacqueline Felicie, die auch als Chirurgin verklagt wurde und einmal *de Almania* heißt,[318] gerade auf ihr weibliches Geschlecht abstellte, demzufolge Patientinnen ihr offener begegneten als den männlichen Medizinern, widerstritt erfolglos den Klerikalisierungstendenzen gerade der führenden Universitätsmediziner.

Es war nicht alles Gold, was innerhalb der städtischen und universitären Spätmittelalterblüte glänzte, und nicht alles, was nicht nur Städten mit ihrem relativen Freiheitswillen, sondern auch sogenannten „freien Bauerngemeinschaften" für die Zeit um 1300 zugeschrieben wird,[319] hatte eine solche Grundlage oder hat das Ereignis selbst überdauert. Das zweite Talschaften-Bündnis der später so genannten Schweizer Urkantone von 1291[320] wurde angesichts der Tatsache, daß König Rudolf I. im April 1291 dem verschuldeten Abt von Murbach dessen Anteil an der Stadt Luzern ausgerechnet für seinen Sohn Albrecht I. und seinen Enkel Johann (Parricida) und damit fürs Haus Habsburg und nicht fürs Reich abgekauft hatte,[321] durch das Schwyzer Ortspatriziat betrieben. Auch bei den Bündnispartnern waren wenige einheimische Ministerialen- und sogar Dynastenfamilien mit viel Grundbesitz aktiv: in Uri die Attinghausen und Meier von Silenen, in Unterwalden die Ritter von Malters und die Schrutan von Winkelried. Natürlich fehlten auch reiche Bauernfamilien nicht: in Schwyz die Ab Yberg und die Stauffacher, in Uri die Schüpfer und die Fürst und in Unterwalden die von Wolfenschießen und die Ödisriet. Aber die zahlreichen anderen Freien und nahezu Freien verfügten kaum über Einfluß, und die Totalemanzipation von gestufter Unfreiheit zur Vollfreiheit gelangte hier gar erst um 1400 zum Ziel.[322] Der angeblich so geschichtsmächtige Sieg vor den Stadtmauern von Kortrijk, den 11 000 flämische Handwerker und Bauern [!] einschließlich von nur 500 Reitern gegen 2500 königlich-französische Ritter und 5000 Fußsoldaten erkämpften, wird als mörderischer Triumph der zahlenmäßigen Überlegenheit in einer besonders dicht besiedelten Landschaft gewertet.[323] Man kann sich darunter aber auch eine Schlacht von je rund 8000 Kämpfern vorstellen, unter denen das denkbare französische Übergewicht in 2500–

3000 Rittern gegenüber nur 350 Berittenen auf flämischer Seite bestand. Diese allerdings wurden geführt von den Grafensöhnen Wido von Namen und Wilhelm von Jülich, ohne daß die Führer der Stadtmilizen unterdrückt werden mußten: der charismatische Weber Pieter de Coninc († 1332/33) und der Fleischer, Lebensmittel- und Waffenhändler Jan Breidel († 1328/31) aus Brügge sowie der Patrizier Jan Borluut aus Gent. Nicht einmal, daß König Philipp der Schöne nur auf diplomatischem Feld siegreich blieb,[324] ist die ganze Wahrheit: 1304 folgten in Wochenabstand aufeinander die Niederlage der flämischen Flotte vor Zierikzee und der Landschlachtensieg Philipps des Schönen und Karls von Valois bei Mons-en-Pévèle, hier mit rund 7000 Gefallenen auf flämischer Seite! Ohnehin blieb Flandern auf die Dauer bei Frankreich, wenn im Mittelalter auch nie mehr als direktes Kronland, wie Philipp der Schöne es 1300 vorübergehend durchgesetzt hatte.

Rund 2000 Kavalleristen und 15 000 Infanteristen unter Englands König Eduard II. unterlagen den ungefähr 6000 Infanteristen unter dem Schottenkönig Robert II. Bruce 1314 bei Bannockburn: doch im wesentlichen dadurch, daß Englands Fußsoldaten überhaupt nicht zum Einsatz kamen und deren König schon nach der Reiterniederlage floh! Hier am ehesten noch kann man das Übergewicht der hohen Zahl konstatieren, ohne daraus ein Signum für die Zeit um 1300 machen zu können. Schlachten folgen ihren eigenen Gesetzen und haben viel mit der Fähigkeit koordinierter Führung zu tun – ganz zu schweigen vom Gelände, das beispielsweise 1315 den rund 1000 Schwyzer und Urner Bergbauern den „hinterhältigen" Sieg am Morgarten über ein- bis zweitausend habsburgische Reisige ermöglichte. Die Ritterniederlagen von 1302, 1314 und 1315 hingen sicher auch damit zusammen, daß die Führung der Reiter im fremden Land zu viel riskierte und ihre Gegner in ihnen bekanntem Gelände und ohne ritterliche Vorwarnung für ihre Heimat und aus unverhohlenem Fremdenhaß dreinschlugen.

Das war nicht nur eine Folge drohender Fremdherrschaft, sondern auch fortschreitender Territorialisierung – wobei beispielsweise der Brunner Bund von 1315 nicht nur nach dem Morgarten-Erfolg führender Bündner, sondern auch nach der Anerkennung eben der Bündner als eine politisch zählbare Einheit durch Konkurrenzkönig Ludwig den Baiern abgeschlossen wurde, also auch infolge des wittelsbachisch-habsburgischen Königsschismas von 1314–1325. Es sei festgehalten, daß die Bündner unter dem 17. März 1315 keineswegs zu einem Reichshoftag geladen wurden;[325] Beschickung und Beschlüsse dieses durch Aegidius Tschudi († 1572) so genannten „gemeinen hof und richstag(s)" wurden unmißverständlich den Kurfürsten, Fürsten und Edlen sowie Städte-Vertretern vorbehalten.[326] Eine Verbreiterung politischer Interessentenkreise könnte sich daran ablesen lassen, daß der Brunner Text weitgehend eine wörtliche Übersetzung des mittellateinischen Bundesbriefs von 1291 ins Mittelhochdeutsche bietet. Doch das steht im Einklang mit der Tatsache, daß sich das Deutsche als Urkundensprache erst nach ihrer Entfaltung in den beiden letzten Jahrzehnten des 13. Jahrhunderts weitgehend durchsetzte, und zwar vornehmlich in nicht-geistlichen Kanzleien. Die Statistik, die mit dem Mainzer Reichslandfrieden von 1235 beginnt, weist von den 4190 Stücken bis zum Jahr 1300 allein 3583 für jene 20 Jahre aus, untergliedert in 1101 bis 1290 und 2482 Urkunden bis 1300.[327] Die erhebliche Zunahme in der Zeit um 1300 hat auch etwas mit vermehrter Schriftlichkeit im Rechtsverkehr zu tun, und deshalb wird man mit generellen Rückschlüssen auf stärkere politische Aktivierung breiterer Bevölkerungskreise vorsichtig sein und hierfür weitere Indizien heranzuziehen haben.

An vermehrte Empfänglichkeit breiter Massen für eine auch politisch wirksame Mobilisierung um 1300 könnte man denken, wenn man parallel zu dem gesamtkirchlichen Jubeljahr-Erfolg Papst Bonifaz' VIII. von 1300 einen Straßburger Flagellantenzug von 1296 sowie ein politisch und allgemeinmenschlich desaströses Massenphänomen wie das Abschlachten von Juden unter „König Rindfleisch" in Franken und seiner Nachbarschaft von 1298 ins Auge faßt. Doch der Zustrom zum ersten Kreuzzug war zwei Jahrhunderte älter; zum sogenannten Kinderkreuzzug unter Führung eines Knaben Nikolaus aus Köln brach man 1212 auf; Flagellantenbewegungen über die anachoretische Selbstgeißelungsbuße des 11. Jahrhunderts hinaus gab es seit 1259. All dies gehört in Zusammenhänge intensiver, besonders städtischer Frömmigkeitsübungen samt sozial-religiös geprägter Judenfeindschaft im Mittelalter, was dann nicht auf Städte beschränkt blieb und erneut mit allgemeiner Fremdenphobie etwas zu tun hat.

Geißler und Pogrome haben dann im Zusammenhang mit der Pestwelle in der chronologischen Mitte des 14. Jahrhunderts das Gesicht ihrer Zeit entstellt. Betont man parallel dazu die Katastrophen-Elemente von Konkurrenz- und Kurzkönigtümern über Hunger-, Erdbeben und weiteren Seuchenkatastrophen bis zu Dauerkriegsszenarien mit Massenaufständen gerade auch ländlicher Bevölkerungen, dann tritt ein gleichsam kurzes 14. Jahrhundert bis zu den Königsstürzen und Papstschismen an seinem kalendarischen Ende entgegen, das vom 15. Jahrhundert als typischer Reformzeit abgelöst wurde. Deren Notwendigkeit stand gebieterisch vor Augen, als seit 1409 drei Konkurrenzpäpste nebeneinander von Rom, Pisa und Avignon aus die Kirchengeschicke – und oft nicht nur sie – der westlichen Christenheit lenken wollten. All dem war bis 1313 ein vielleicht nicht selbstzufriedenes, aber doch noch nicht zukunftsbanges Eigenbewußtsein vorausgegangen – wohl nicht zuletzt deshalb, weil man im allgemeinen trotz neuen Booten noch zu alten Ufern strebte.

Anmerkungen

1 *Nos Heinricus, Dei gracia comes de Luzzelenborg* oder ähnlich steht erstmals MGH Const. 4 I (1906) S. 223 Nr. 259 von 1308 X 28, dann WAMPACH, UQB 7 (1949) S. 295 Nr. 1222 von 1308 XI 12. – Nachweise erfolgen nur, wenn Belege oder Fakten nicht in den Regesta Imperii oder gängigen Nachschlagewerken stehen oder dort schwierig zu finden sind; vgl. unten Schrifttumsverzeichnis B.

2 1303 IX 1–9 für die Festsetzung in: LThK 2 (^{3}1994) Sp. 580 ist Druckfehler für IX 7–9. Vgl. auch unten nach Anm. 102.

3 Vgl. JÄSCHKE, Reichskonzeptionen (...1982) S. 415f.

4 Codex Iustinianus V 59:5, 2 – hier zitiert nach Corpus iuris civilis 2 (1900) S. 231.

5 BLOCKMANS, Macht in Europa (1998) S. 58 Sp. 2.

6 *Karolus, serenissimus augustus, a Deo coronatus magnus pacificus imperator, Romanum gubernans imperium, qui et per misericordiam Dei rex Francorum atque Langobardorum*; MGH DD Kar. 197 von 801 V 29.

7 [...] *Romanorum imperator* [...]; zusammenhängend seit MGH DD F.I.111 von 1155 [VI 18/19].

8 [...] *regem Romanorum in imperatorem futurum promovendum* hatten Albrechts I. Wähler erhoben laut MGH Const. 4 I (1906) S. 7 Nr. 8 von 1298 VII 28 aus Frankurt a.M., § 2.

9 Die Daten sind *1218 V 1, gewählt 1273 X 1, † 1291 VII 15.

10 Winfried WEBER in: Das neue Bischöfliche Museum (1988) S. 40 – hiernach die Umzeichnungen von Raimund Zimmermann (Historisches Institut der Universität Saarbrücken) auf den Umschlagseiten dieses Buchs.

11 [...] *universi homines, distincti regnis et provinciis separati, uni principi monarche subessent, quatinus eo consurgeret machina mundi preclarior, quo ab uno deo, suo factore, progrediens, sub uno pricipe moderata, et in se pacis ac unitatis augmenta susciperet et in unum deum et dominum per amoris gressum et devote fidei stabilimenta rediret*; MGH Const. 4 II (1909–11) S. 802 Nr. 801 von 1312 VI 29 aus Rom, § 1.

12 [...] *qui ad videndum mundo nova exorta gaudia et congaudendum Romano imperio iam renato, sicut flagranti desiderio videre dudum optaverant, convenerunt*; ebd. S. 804 § 4.

13 Ebd. S. 814 Nr. 812 von 1313 IV 30 aus Westminster.

14 Ebd. S. 812ff. Nr. 811, ohne Datum und Ort, aber erschlossen für Ende Juli/Anfang August 1312; §§ 2 und 1, das Folgende § 3.

15 So jedoch BLOCKMANS, Macht in Europa (1998) S. 51 Sp. 1.

16 Das Fehlen auch nur des mindesten Protests durch den „deutschen und römischen König [!] Heinrich VII." konstatiert dagegen René FÉDOU in: Lex. des MA. 6 I (1992) Sp. 44.

17 PETRY, Aspekte des Geldumlaufs (...1998) S. 274.

18 Franz-Josef HEYEN in: LThK 1 (^{3}1993) Sp. 1368.

19 Vgl. Gerd HEINRICH, Burg und Grafen von Arnstein (in: Lex. des MA. 1 V, 1979) Sp. 1012.

20 Dazu vgl. unten nach Anm. 327.

21 PARAVICINI, Preußenreisen 1 (1989) S. 154–56 bzw. 93–104 und 115–35.

22 So Gerd W. WEBER, Eufemiavisor [!] (in: Lex. des MA. 4 I, 1987) Sp. 77. – Sverre BAGGE, Hákon V. Magnússon (ebd. 4 IX, 1989) Sp. 1869.

23 HEINRICH, Grafen von Arnstein (1961) S. 71.

24 Die einschlägige Kritik an THOMAS, Ludwig der Bayer (1993) S. 54 steht in HZ 262 (1996) S. 873.

25 CURSCHMANN, Hungersnöte (1900) S. 208, 211 u. 215 [Zitat].
26 JORDAN, Great Famine (1996) S. 7.
27 PARAVICINI, Preußenreisen 1 (1989) S. 25 zu 1315/16.
28 MGH SS 19 (1866) S. 706.
29 Ebd. S. 705.
30 Ebd. S. 704: [...] *matres filiis vescebantur.* – Zum Folgenden MGH SS 16 (1859) S. 424 zu 1315.
31 *Notum igitur facimus universis, tam regi quam ipsius principibus simulque praesentibus et successoribus nostris, quod nihil pertinet ad regem Franciae de electione vel positione comitis Flandriae, sive sine herede aut cum herede obiit, sed terrae compares et cives proximum comitatus heredem elegendi habent potestatem et in ipso comitatu sublimandi possident libertatem*; RIDER, Galbertus (1994) S. 151 § 106. – Vgl. die historiographische Analyse bei ALTHOFF/COUÉ, Pragmatische Geschichtsschreibung II (...1992) S. 108 f. u. 122.
32 Wim P. BLOCKMANS in: Lex. des MA. 8 I (1996) Sp. 49. – Vgl. DENS., Macht in Europa (1998) S. 18 Sp. 1.
33 ZERNACK, Veče (1967) S. 120.
34 ZERNACK, Veče (1967) S. 120 [Zitat] – 123.
35 NICHOLSON, Later Middle Ages (1974) S. 115 f.
36 So jedoch BLOCKMANS, Macht in Europa (1998) S. 46 Sp. 1.
37 So jedoch Michael Charles PRESTWICH in: Lex. des MA. 3 VIII (1985) Sp. 1585.
38 So Robin L. STOREY in: Lex. des MA. 3 (1986) Sp. 1943. – Richtig DERS., Chronology (1973) S. 344 zu 1272 XI 16 bzw. 20.
39 Neuenglische Auszüge bei AMT, Women's Lives (1993) S. 201 f. in Nr. 54.
40 Seid*en*spinner (Bombicidae) sind eine Schmetterlingsfamilie; der Echte Seidenspinner (Bombyx mori) erzeugt als Seidenraupe den Rohstoff für Seide.
41 Gegen Philippe CONTAMINE in: Lex. des MA. 4 IV (1988) Sp. 758 siehe MGH SS rer. Merov. 3 (1896) S. 297 Z. 1 ff. § 15.
42 So jedoch KELLY, Oxford Dictionary of Popes (1987) S. 203 f.
43 1285 X 6 bei GROTEFEND/ASCH (1982) S. 116, hier noch = GROTEFEND/GROTEFEND (1941) S. 115, dürfte Druckfehler sein.
44 1285 XI 10/11.
45 ABULAFIA, Bad Rulership (...1999) S. 115 und 131.
46 Anders ABULAFIA, Bad Rulership (...1999), der S. 115 wiederholt 1503 betont.
47 Arnold ESCH in: Gr. Ploetz (²⁹1980/81) S. 531 f.
48 Giovanni VITOLI in: Lex. des MA. 7 IV (1994) Sp. 888.
49 Vgl. unten nach Anm. 98.
50 Max Pfister (Saarbrücken), dem ich Einsicht in die Saarbrücker LEI-Materialien zu danken habe, hat gegen die leicht abschätzige Ausgangsbedeutung Bedenken.
51 Aldo A. SETTIA, Mon(t)ferrat (in: Lex. des MA. 6 IV, 1992) Sp. 799.
52 André GUILLOU, Byzantinisches Reich B (in: Lex. des MA. 2 VII, 1982) Sp. 1263.
53 So Klaus-Peter TODT in: Lex. des MA. 5 V (1990) Sp. 1055.
54 TREITINGER, Oströmische Kaiseridee (1938) S. 47.
55 CMH 4 I (1966) S. 1132 Sp. 1, hier S. 624.
56 Im Lex. des MA. 2 VI (1982) Sp. 1289 verzeichnet als „Uroš I. (1243–72)"; doch vgl. Sima ĆIRKOVIĆ ebd. 8 I (1996) Sp. 88.
57 Vgl. FÜGEDI, Kings, Nobles, Bishops and Burghers (1984).
58 Anders VAN DÜLMEN, Kultur und Alltag 2 (1992) S. 73.
59 SAMSONOWICZ (1995, dt. 1997) S. 52 f.
60 Duden-Wörterbuch geographischer Namen (1966) S. 503 zu „Pomerellen" [!].
61 Vgl. NIEß, Karl von Trier (1992) S. 28–31.
62 BOOCKMANN, Frühe ständische Vertretungen (...1992) S. 41.
63 WEINRICH, Verfassungsquellen 1 (1977) S. 438–52 Nr. 115.
64 Ebd. S. 454 unten, Ergänzung zu Nr. 115.
65 MARKSCHIES, Zwischen den Welten (1997) S. 44 zu Arkadios († 408) und Gaza.
66 PATSCHOVSKY/ZIMMERMANN, Toleranz im Mittelalter (1998) S. 14 f., 31 f., 35, 37 f., 43 f., 51, 121 f., 132 ff., 139 u. 142, 152, 174 f. u. 184, 205 f., 219, 224, 263 f., 272, 282 ff. – Litauen: S. 285.

67 Ebd. S. 402.
68 Manfred HELLMANN, Gedimin (in: Lex. des MA. 4 VI, 1988) Sp. 1167. – Liste bei PARAVICINI, Preußenreisen 2 (1995) S. 20–41.
69 Alfred HAVERKAMP in: HAVERKAMP/MÜLLER-LUCKNER (1998) S. XIII. – Vgl. dagegen die Herleitung nicht nur von *campana*, sondern auch [umstrittener] von *Glocke* aus dem Altslawischen durch André LEHR in: MGG² Sachteil 3 (1995) Sp. 1420. Hier ist üblicher die Rückführung auf lautmalendes altirisches *cloc(c)*.
70 Vgl. Christian HANNICK in: HAVERKAMP/MÜLLER-LUCKNER (1998) S. 21.
71 ZERNACK, Veče (1967) S. 125 A. 498.
72 Vgl. ZERNACK, Veče (1967)-S. 86f., 119 u. 124, 125 sowie S. 87.
73 Heinz VON ZUR MÜHLEN in: VON PISTOHLKORS, Baltische Länder (1994) S. 69.
74 Thomas RIIS, Johannes Grand (in: Lex. des MA. 5 III, 1990) Sp. 552. – Vgl. dagegen HAUCK 5 II (1920) S. 1172 und MÖHLMANN (1953) S. X.
75 BLOCKMANS, Macht in Europa (1998) S. 54, 75 und 77.
76 So versehentlich in: Lex. des MA. 5 V (1990) Sp. 984 s.v. „Karl I. von Anjou".
77 So jedoch BLOCKMANS, Macht in Europa (1998) S. 166 Sp. 1.
78 Armin WOLF (1993, ²1995).
79 GÖTZ, Herzog Konrad von Teck (... 1994).
80 Peter MORAW, Reichstag (in: Lex. des MA. 7 III, 1994) Sp. 641 f., das folgende Zitat Sp. 642.
81 Vgl. SAMANEK in den Adolf-Regesten von 1948.
82 MGH Const. 3 (1904ff.) S. 466f. Nr. 479, vgl. BÖHMER/SAMANEK (1948) 26 von 1292 V 29 aus Boppard.
83 BÖHMER/SAMANEK (1948) 1002 – Tag und Monat fehlen bei Alois GERLICH, Schlacht bei Göllheim (in: Lex. des MA. 4 VII, 1988) Sp. 1554.
84 BF 5484 – 5528d von 1256 III 18 (= Wahl durch Pisaner!) bzw. 1275 X (= Reichsverzichtserklärung).
85 Dagegen datiert BLOCKMANS, Macht in Europa (1998) S. 92 Sp. 2 die von ihm so genannten „deutschen Kaiser der ottonischen Dynastie 936–1002".
86 So GRUNDMANN, Wahlkönigtum (... 1970) S. 496.
87 Zu HEYEN, Bilderchronik (1978) S. 16 vgl. JÄSCHKE, Reichsgrenzen (... 1996) S. 115f. u.ö.
88 MGH SS 17 (1861) S. 135.
89 JÄSCHKE, Gesta Adolfi regis (... 1988) S. 237 § 4.
90 SCHUBERT, Erzkanzler (... 1997) S. 81 bzw. 85.
91 Jean-Marie CAUCHIES, Johann II. von Avesnes (in: Lex. des MA. 5 III, 1990) Sp. 509.
92 MGH SS 25 (1880) S. 715.
93 BAETHGEN, Deutschland und Europa (1968) S. 54.
94 MGH SS 30 I (1896) S. 673 – natürlich heißt *mugire* eigentlich „muhen, brüllen, dröhnen".
95 So allerdings Hermann TÜCHLE, Ausculta fili (in: LThK 1, ²1957) Sp. 1111; ebenso Paul MIKAT, Bonifatius VIII. (ebd. 2, ²1958) Sp. 590.
96 P 25096f. aus dem Lateran.
97 ROSCHECK, Französische Kandidaturen (1984) S. 50f.
98 *Nam quum dicat Apostolus „Non est * potestas nisi a Deo; quae autem sunt, a Deo ordiantae sunt," non autem* [...]; MIRBT/ALAND 1 (1967) S. 459 Nr. 746.
99 Jacques KRYNEN, L'empire du roi (1993) S. 85.
100 [...] *quod in ecclesia est tanta potestatis plenitudo, quod eius posse est sine pondere, numero et mensura* – alles gemünzt *de potestate ecclesiastica sive de potestate summi pontificis*; SCHOLZ (1929) S. 3 bzw. 209 in III 12.
101 Die Einordnung als „I." in: Lex. des MA. 9 (1998), Genealogische Tafel „Habsburger", ist Druckfehler.
102 BLOCKMANS, Macht in Europa (1998) S. 54 Sp. 1.
103 [...] *natione Vasco* [...]; BALUZE/MOLLAT 1 (1914) S. 54, 59, 81 und 89.
104 So mißverständlich JÜRGENSMEIER, Bistum Mainz (1989) S. 118. – Vgl. auch oben vor Anm. 2.
105 Die „nur" 160 Tage Avignon-Aufenthalte bei MENACHE (1998) S. 23 stimmen bedenklich angesichts der vierfachen Zahl, die sich aus den Tables des Registres de Clément V [1] (1948) S. 3f. ermitteln läßt.
106 JÄSCHKE, Trennungen (...1997) S. 420–23.

107 [...] *procurante fratre et rege ac regina Francie intervenientibus* bzw. *pro eo poscentibus*; Iohannis Victoriensis Liber IV 4 bzw. IV 1 bei Fedor SCHNEIDER 2 (1910) S. 7 bzw. 32.
108 So Heinz DOPSCH in: Lex. des MA. 5 III (1990) Sp. 519.
109 Fedor SCHNEIDER, Studien 1 (...1903) S. 181 Nr. 18 aus St. Veith, rund 20 km nord-nordöstlich von Viktring.
110 Vgl. Walter FRESACHER, St. Veit an der Glan (in: Handbuch historischer Stätten Österreich 2, 1966) S. 285.
111 Clm 22107.
112 [...] *annum vicesimum secundum etatis sue solummodo peragendo*; MÖTSCH, Balduineen (1980) S. 76.
113 [...] *pro ecclesia beati Petri Coloniensi in bello Worunc occubuit*; ebd.
114 [...] *nostre tres chier frere, a quelcunque estat que celui Baudoin viegne*; WAMPACH, UQB 7 (1949) S. 98 Nr. 1050 von 1306 I 2 aus Lyon, zu vgl. mit ebd. S. 228 ff. Nr. 1170 von 1308 IV ohne Tag aus Paris.
115 [...] *sauve l'obligacion, en la quelle nous poons estre destrainz a la sainte esglise de Romme et au roi d'Alemaigne*[...]; ebd. S. 230.
116 Vgl. SCHULZE/PAUL, Europäische Geschichte (1994) S. 319 mit ebd. S. 323 f. § 12 (Textübersetzung).
117 Jakob SCHWALM (Ed.) in: MGH Const. 4 I (1906) S. 208 ff. Nr. 245.
118 *Expediret etiam, dominum regem a papa capere et habere totum patrimonium ecclesie, exceptis maneriis, utilibus ad habitandum.*
119 So jedoch SCHULZE/PAUL, Europäische Geschichte (1994) S. 989 zu Kap. 8 Nr. 11.
120 ROSCHECK, Französische Kandidaturen (1984) S. 62.
121 LINDNER, Dt. Geschichte 1 (1890) S. 169. – Vgl. unten vor Anm. 152.
122 MGH Const. 4 I (1906) Nr. 238 § 4 S. 203.
123 § 5 S. 203 Z. 32 f. [...] *nous avons ces lettres saielees de nos proprez saialz et delivrees au dit conte Guilliaume.*
124 BÖHMER, Regesten Albrechts I. (1844–57) Nrn. 596 f. zu 1308 III 5–20.
125 *Sicut fame discurrentis preloquium nos docuit et fidelis nunciorum assercio propalavit*; MGH Const. 4 I (1906) S. 204 Nr. 239 § 1.
126 HIESTAND, Kingship and Crusade (...1996) S. 242–47.
127 [...] *ad partes Alemannie pro quibusdam nostris negociis* [...]; MGH Const. 4 I (1906) S. 206 Nr. 242 von 1308 VI 15 aus Poitiers.
128 Gegen „erst" den 19.VI.1308, den Jakob SCHWALM seinem Druck in: MGH Const. 4 I (1906) S. 210 f. Nr. 246 überschrieb, vgl. den breiter fundierten Druck bei STENGEL, Nova Alamanniae 1 (1921) S. 20 f. Nr. 62.
129 *Venerabilis frater* ohne Name und *fraternitas tua* für Trier; für Kurpfalz *dilectus filius nobilis vir Rudolfus* und *nobilitas tua.*
130 [...] (*regni*) *ac tuus et aliorum principum ipsius regni* (*status*) sowie *et magnificis honoribus attollatur* stehen nur im Schreiben an den „Baiern", aber zusätzlich zum Reichsnutzen; STENGEL, Nova Alamanniae 1 (1921) S. 21 § 2, zu vgl. mit MGH Const. 4 I (1902) S. 210 Z. 39 ff. Nr. 246 § 1.
131 [...] *tibi nichilominus per apostolica scripta mandantes* steht zusätzlich nur bei STENGEL, Nova Alamanniae 1 (1921) S. 21 Nr. 62 § 4.
132 Alberti de Bezanis Cronica [irrig] zu 1298 S. 68 Z. 14–18.
133 So Theodor LINDNER 1 (1890) S. 170.
134 [...] *nominando specialiter ipsum comitem*; MGH Const. 4 I (1906) S. 213 Nr. 248 § 3.
135 *Datum in Laureo Monte prope Burdegalas* [...]; MGH Const. 4 I (1906) S. 214 Nr. 249 v. 1308 X 22. – Lormont liegt gut 5 km nordöstlich von Bordeaux-Mitte.
136 Das *negotium electionis futuri regis Romanorum* wird ausdrücklich genannt; ebd. § 3.
137 So wohl – gegen Jakob SCHWALM, der *rex Francie* einsetzt – *rex Franc(orum)* zu lesen, des weiteren *Romanus imperator* sowie *imperator et rex Romanorum* in MGH Const. 4 II (1909 ff.) S. 1251 Nr. 1202 von 1305 XII 19.
138 MGH Const. 4 I (1906) S. 204 f. Nr. 240 bzw. S. 205 f. Nrn. 241 f.
139 Dies übersichtlich in: MGH Const. 4 I (1906) S. 208 A. 1 §§ 13 und 116 bzw S. 209 §§ 2 f. in Nr. 245. – Zu 1294, 1305 und 1308 JÄSCHKE, Reichsgrenzen (...1996) S. 115 f. u. 127–32 bzw. 121 f. u. 121.

140 [...] *ad culmen Romani imperii fuerimus sublimati* [...]; Const. 4 I (1906) S. 215 Z. 15 in Nr. 250 § 4, die Titulatur-Zitate ebd. S. 214 f. in § 1 bzw. 2.

141 So jedoch Felix ESCHER in: Lex. des MA. 6 (1993) Sp. 1574 s.v. „Otto IV. mit dem Pfeil".

142 [...] *votum nostrum* [= der Lauenburger] *in eum, quem ipse in regem Romanorum eligendum duxerit, et non alium irrevocabiliter dirigendo*; MGH Const. 4 I (1916) S. 216 Nr. 252.

143 Nur so und ohne weiteren Inhalt die entschuldigende Regestierung bei BÖHMER, Regesten Heinrichs VII. (1844–57) 445 S. 425, wo Inhaltliches aus Arbeitszeitgründen zurückgestellt wurde.

144 MGH Const. 4 I (1906) S. 217 f. Nr. 255, heute im LandesA. Schleswig-Holstein in Schleswig, Prinzenpalais, Urk. Abt. 210 Nr. 32; freundliche Auskunft von Professor Dr. Wolfgang Prange unter dem 12.II.1999.

145 Nicht 22.X., wie verdruckt ist bei THOMAS, Deutsche Geschichte des SpätMA. (1983) S. 133.

146 So MORAW, Von offener Verfassung (1985) S. 226.

147 [...] *in terra vel dyocesi Coloniensi*; MGH Const. 4 I (1906) S. 220 § 7 = § 5 der etwas einleuchtenderen Zählung bei KISKY, Regesten EB Köln 1304–32 (1915) S. 75 f. Nr. 380.

148 [...] *observari facere ecclesiis, clero et populo, nobilibus, vassallis* [!], *ministerialibus, civibus, opidis* [!] *et villis dyocesis Coloniensis*: MGH Const. 4 I (1906) S. 220 Nr. 257 § 8, bei KISKY, Regesten EB Köln 1304–32 (1915) Nr. 380 § 6 [mit „Ochtendunk"], dessen Zählung ich folge.

149 Heutige Gemeinde Reichshof [!] im Oberbergischen Kreis, gut 50 km östlich Kölns.

150 BÖHMER/OPLL 2 (1991) 1691 v. 1167 VIII 1 aus Rom – übrigens am Tag und Ort von Festkrönung Barbarossas und Kaiserinweihe seiner Ehefrau Beatrix.

151 [...] *of demo dinge*; GOERZ, Mittelrheinische Regesten 1 (1876) 988 von 962/63 VI 10 – „973" in: Hdb. hist. Stätten 5 (1959) S. 245 = (^{3}1988) S. 276 könnte Druckfehler sein.

152 [...] *rex Karolus Sine-terra* bzw. *cognominis ›Sine-terra‹, frater regis Frantie* [...]; Alberti de Bezanis Cronica S. 68, formal beidemale zu 1298. – Vgl. oben bei Anm. 121.

153 [...] *necnon nomine illustris principis Rud., ducis Saxonie, qui suum votum in eleccione Romanorum regis sibi competens in predictum Ottonem marchionem ista vice noscitur transtulisse, datis* [...]; MGH Const. 4 I (1906) S. 225 Nr. 260 § 1.

154 SEIBT, Luxemburger und hussitische Revolution (...1967) S. 359.

155 KÖBLER, Historisches Lex. der dt. Länder (1992) S. 14 Sp. 2.

156 WÄSCHKE, Anhaltische Geschichte 1 (1912) S. 270 f. nennt gegen das Nienburger Regest bei VON HEINEMANN, Codex diplomaticus Anhaltinus 2 (1875) S. 528 Nr. 747 den Abt als Zahler.

157 So SIEBERT, Lehnbuch 1307–1470 (... 1904).

158 Vgl. HEINRICH, Arnstein (1961) S. 321 A. 1528 sowie S. 325 u. 333.

159 Nach 1298 II 28; ISENBURG/FREYTAG VON LORINGHOVEN 1 (1953) Taf. 129. – Berent SCHWINEKÖPER, Graf Albrecht I. von Anhalt (in: NDB 1, 1953) S. 155 Sp. 1.

160 So ISENBURG/FREYTAG VON LORINGHOVEN 1 (1953) Taf. 59.

161 VON SOMMERFELD, Waldemar 1308–19 (in: ADB 40, 1896) S. 677.

162 So Lex. des MA. 9 (1998), Genealogische Taf. „Brandenburg".

163 [...] *nobilem virum Henricum, comitem Lutzelburgensem, in Romanorum regem* [...] *et non in alium dirigendo votum nostrum*; MGH Const. 4 I (1906) S. 227 Nr. 261 § 3.

164 *Commissio facta per marchionem Brandenburgensem de electione domini in regem*; MGH Const. 4 I (1906) S. 226, Vorbemerkung zu Nr. 261.

165 [...] *in Romanorum regem, in imperatorem futurum promovendum, in advocatum sacrosancte Romane et universalis ecclesie ac defensorem viduarum et orphanorum*; MGH Const. 4 I (1906) S. 230 Nr. 262 § 4.

166 HEYEN, Bilderchronik (1978) Abb. 4a mit S. 78 – übrigens informativer als TOSTI-CROCE, Viaggio (1993) S. 78 zu Abb. 4a.

167 Dt. Königspfalzen 1 IV (1996) S. 369.

168 RTA 1 (1868) S. 71 Nr. 44 von 1376 VI 3 aus Bacharach an die Stadt Frankfurt am Main.

169 FOSSIER, Le Moyen Âge 3 (1983) S. 110.

170 KOENIGSBERGER/BRIGGS 1 (1988) S. 315.

171 So jedoch beispielsweise Michel PARISSE (in: VAUCHEZ/VINCENT, Dictionnaire encyclopédique 1997) S. 718.

172 SEIBT, Luxemburger und hussitische Revolution (... 1967) S. 356 nach SCHÖNACH, Königin Anna von Böhmen (... 1907).

173 MGH Const. 4 I (1906) S. 294 f. Nrn. 344 ff. – vgl. SEIBT, Luxemburger und hussitische Revolution (. . . 1967) S. 359 f., auch zum Folgenden.
174 MGH Const. 4 I (1906) S. 351 f. Nr. 403 des Johannes v. *Wartemberg* von 1310 VII 26.
175 SEIBT, Luxemburger und hussitische Revolution (. . . 1967) S. 426.
176 Vgl. unten nach Anm. 313.
177 Elke GOEZ in: LThK 6 (³1997) Sp. 1473.
178 JÄSCHKE, Notwendige Gefährtinnen (1991) S. 177. – Anders CHIBNALL, Empress Matilda (1991) S. 55: Fast 10 Jahre Altersunterschied.
179 HOFMEISTERS Sachapp. zur Mathias-Ed. 1 (1924) S. 92 A. 4 nach Const. 4 II (1908–11) S. 820 f. Nr. 818 aus Rom.
180 *Venerat eciam mater imperatoris cum filia Siculo danda usque Basillam, ad cesarem profectura. Ducebatur*. . .; Mathiae de Nuwenburg Chronica 37 S. 92.
181 *Ducebatur eciam* [!] *domina Katherina, soror ducum Austrie, quondam Alberti Romanorum regis filia, imperatori nupsura. Premiserat* [. . .]; ebd. S. 92 f.
182 JÄSCHKE, Imperator Heinricus (1988) S. 122 § 11 [Text] und S. 16 [Regest].
183 Joh. Victor. IV 11 S. 26 (= Version A) = IV 8 S. 57 (= Version BDA2)
184 Vgl. Mathiae de Nuwenburg Chronica 37 S. 92.
185 MGH Const. 4 II (1909 ff.) S. 822 Nr. 819 von 1312 VII 4 aus Rom.
186 Mathiae de Nuwenburg Chronica 40 S. 104.
187 3, ebd. S. 504.
188 Ebd. S. 295.
189 Alles bei BÖHMER, Regesten Heinrichs (1844–57) S. 252–258 samt den Nrn. 1–5.
190 Ob die See vor *Helinium* gemeint ist, also vor den Mündungen von Maas und Waal, westlich des modernen Hoek van Holland?
191 BÖHMER, Regesten Heinrichs (1844–57) Nr. 6, gedruckt in: MGH Const. 4 I (1906) S. 234 Nr. 264 aus dem Original.
192 Abb. 5a, bei HEYEN, Bilderchronik (1978) S. 61 oben.
193 So BÖHMER, Regesten Heinrichs (1844–57) S. 258 zu Nr. 6.
194 BÖHMER, Regesten Heinrichs 28 von 1309 II 2.
195 Vgl. WAMPACH, UQB 7 (1949) S. 318 f. Nr. 1241 mit FRANKE, Unterschiedlicher Jahresbeginn (. . . 1991) S. 108 f. und 111.
196 BÖHMER, Regesten Heinrichs 45 spricht von „den Bürgern von Halle". Das inserierte Gerichtsstandsprivileg ist BÖHMER/REDLICH (1898/1969) 504.
197 BÖHMER, Regesten Heinrichs 37, 42 und 48, 47 und 51: dies = 7 Druckzeilen bei KNUPFER, UB Heilbronn 1 (1904) S. 32 Nr. 74.
198 BÖHMER, Regesten Heinrichs 50, vorsichtig ergänzt aus FISCHER, Frankensteinische Lehenurkunden (1992) S. 17 Nr. 10, wo *quondam* auf *scultetus* bezogen wird. – Druck bei BÖHMER/LAU 1 (1901) S. 474 Nr. 915: [. . .] *rite et racionabiliter ab imperio tenuit.*
199 BÖHMER, Regesten Heinrichs 56–102.
200 BÖHMER, Regesten Heinrichs 96 von 1309 VI 8 aus Ulm.
201 BÖHMER, Regesten Heinrichs 98 von 1309 VI 10 aus Ulm und Nr. 100 von 1309 VI 13, ebenfalls aus Ulm.
202 BÖHMER, Regesten Heinrichs 101 von 1309 VI 13 aus Ulm.
203 BÖHMER, Regesten Heinrichs 99 von 1309 VI 12 aus Ulm.
204 BÖHMER, Regesten Heinrichs 102 von 1309 VI 14 aus Ulm; vgl. bei der übernächsten Anm.
205 Ulm [1207] III 29; siehe ZINSMAIER, Nachträge (1983) zu BF 44.
206 BÖHMER/REDLICH (1898/1969) 1989 von 1286 II 3.
207 Vgl. Dt. Städtebuch 4 II (1959) S. 395 § 9c.
208 [. . .] *considerantes, quod particularis solucio non minima habet incomoda* [. . .]; MGH Const. 4 I (1906) S. 238 Nr. 272 von 1309 VI 8 aus Ulm = BÖHMER, Regesten Heinrichs (1844–57) 97.
209 [. . .] *quam diu nobis vel sibi placuerit, annis singulis deputavimus. Monetariis*. . .; MGH Const. 4 I (1906) S. 238 Nr. 272.
210 *Monetariis nostris ibidem pro tempore existentibus presentibus firmiter iniungentes, quatinus prefatum archiepiscopum vel eius certum nuncium iuxta tenorum huius scripti de pecunia expediant memorata: Salvo in premissis omnibus nostro et imperii iure et ecclesie Maguntine* – folgt Ankündigung des Majestätssiegels; ebd.

211 Oben nach Anm. 81.
212 BÖHMER, Regesten Heinrichs (1844–57) 103, für *Lauginge* zu verbessern mit VOGT, Regesten EB Mainz (1913) 1274.
213 [...] *decima racione officii archicancellarie ab eo petita*; MGH Const. 4 I (1906) S. 238 Nr. 272.
214 [...] *decima r. o. a. sibi debita*; StA. Würzburg, Mainzer Urkunden verschiedenen Inhalts Nr. 18, fol. 268b.
215 Aus der oben Anm. 210 zitierten Formel fehlt jetzt *omnibus nostro et*, was nicht durch Haplographie zu erklären ist, zumal auch zu *iure imperii* umgestellt wurde.
216 Regest bei NITSCH, Urkunden Schwäbisch Gmünd 1 (1966) S. 19 Nr. 92, versehentlich schon zu 1308.
217 BÖHMER, Regesten Heinrichs (1844–57) 104f. von 1309 VI 20.
218 BÖHMER, Regesten Heinrichs 106–122.
219 Vgl. die Überschrift „Legatio ad Italicos missa" für MGH Const. 4 I (1906) S. 271 Nr. 306 = BÖHMER, Regesten Heinrichs 106.
220 Zusammengefaßt unter Nr. 106 bei BÖHMER, Regesten Heinrichs (1844–57); das Mantuaner Original in Kollation mit dem Paduaner Text ediert in: MGH Const. 4 I (1906) S. 271 Nr. 306; Photo bei TAMBA, Viaggio nei documenti (...1993) S. 223.
221 BÖHMER, Regesten Heinrichs 106 mit „Rulvengo", hier korrigiert nach MGH Const. 4 I (1906) S. 271 Z. 26 in Nr. 306.
222 BÖHMER, Regesten Heinrichs S. 266 zu 1309 VIII 14 zwischen den Nrn. 137 und 138. Zu der hier sichtbar werdenden „Heilbronner Konzeption" vgl. JÄSCHKE, 1250 Jahre Heilbronn? (...1992) S. 90–99.
223 BÖHMER, Regesten Heinrichs 106, retuschiert nach MGH Const. 4 I (1906) S. 271 Z. 13 mit N.c – hiernach gleich noch zu ergänzen!
224 So die Vorbemerkung von Jakob SCHWALM in: MGH Const. 4 I (1906) S. 271 zu Nr. 306.
225 *Heinricus, Dei gratia Romanorum rex semper augustus prudentibus viris .. potestati, ancianis, communi et populo de Mantua, suis et imperii fidelibus dilectis, gratiam suam et omne bonum*; MGH Const. 4 I (1906) S. 271 Z. 12ff. Nr. 306 – im Ex. für Padua natürlich mit *populo Paduano* sowie der Namensform *Henricus* und mit Reverenzpunkten auch vor *ancianis*, wie sie für Mantua auch in der Rückaufschrift stehen; ebd. mit N. a-c.
226 *In augmentum votive iocunditatis vobis venire credimus, si nova de nostre sublimacionis auspiciis nunciorum et litterarum relacione fidelium vestre notície declarámus. Nuper enim...*; ebd. S. 271 Z. 15ff. Nr. 306.
227 *Nuper enim Romano vacánte império, eo disponénte sic ésse, qui dispensat prout vult múnera graciárum, in Romanorum regem elécti divínitus, dorsum...*; ebd. Z. 17f. – hinter all diesen Cursus steht im Original je ein Punkt.
228 *... dorsum oneri tanti regiminis subiugavimus et iugum regie dignitátis suscépimus, sub Altissimi fidúcia deferéndum, disponentes...*; ebd. Z. 18ff., allerdings mit Punkt zwischen *deferendum* und *disponentes*, wohl infolge des unmittelbar vorangehenden Cursus velox.
229 *... disponentes, nostri partes officii salubriter et utiliter exponere et manus vigilantes per opera, quantum ex alto* [!] *permittitur, ad hoc extendere, qualiter, evulsis simultatum et tribulacionum horroribus, vobis et aliis civitatibus et felicibus imperii populis in partibus Italie desiderate quietis cómodum* [!] *preparémus. Quare...*; ebd. Z. 20–23 – mit Cursus velox und Punkt vor *Quare*.
230 [...] *vobis ac aliis civitatibus et felicibus populi imperii in partibus Italie desiderate quietis cómodum preparémus*; ebd. Z. 22f. mit N.e und f.
231 *Quare gratanter suscipientes regie benignitatis affectum, dilectis nunciis nostris honorabili viro magistro Heinrico de Geldonia clerico nostro, strennuo* [!] *viro Heinrico de Beafort militi nostro ac provido viro Heinrico de Raluengo civi Astensi, fidelibus nostris, quos ad vos specialiter dúximus destinándos, super hiis, que vobis ex parte nostra proposuerint, fidem curetis plenam et crédulam adhibére. Dat. in* [...]; ebd. Z. 23–29 – wieder mit Cursus veloces, gefolgt von je einem Punkt im Original.
232 Belege im Register zu MGH Const. 4 II (1909ff.) S. 1491 Sp. 2, auch mit den Namensformen *Ralbiengo* oder *Ralvenicho*.
233 REICHERT, Landesherrschaft zwischen Reich und Frankreich (1993) S. 679 und S. 803 A. 466.
234 Belege im Register zu MGH Const. 4 II (1909ff.) S. 1481 Sp. 1 s.v. Henricus de Geldonia.
235 REICHERT, Landesherrschaft zwischen Reich und Frankreich (1993) S. 772ff., Zitat S. 763.

236 „Encyclica Italicis missa"; MGH Const. 4 I (1906) S. 389 zu Nr. 444, des weiteren die dortige Vorbemerkung. – Photo bei TAMBA, Viaggio nei documenti (... 1993) S. 227 zu Nr. 5. – BÖHMER, Regesten Heinrichs (1844–57) 314 von 1310 IX 13.

237 Hiermit umschreibe ich die Reverenzpunkte, die vor jedem der Aufzählungsglieder in der Außenadresse stehen, im Brief selbst aber vor „Volk" fehlen – bei TAMBA, Viaggio nei documenti (...1993) S. 226 Nr. 5 allerdings auch vor *communi* und *populo* der Außenadresse.

238 *Heinricus, Dei gracia Romanorum rex semper augustus, prudentibus viris .. capitaneo, .. potestati, .. ancianis, .. conmuni* [!] *et populo de Mantua, suis et imperii fidelibus dilectis, graciam suam et omne bonum.* Die Anschrift auf der Briefrückseite bietet *ancyanis* sowie *et .. populo* und *nostris et imperii fidelibus dilectis*; MGH Const. 4 I (1906) S. 389 Z. 20 ff. bzw. Z. 15 f. in Nr. 444.

239 BÖHMER, Regesten Heinrichs (1844–57) 154 = MGH Const. 4 I (1906) S. 275 Nr. 312.

240 HABERKERN/WALLACH (^{2}1964) S. 96 Sp. 1 s.v. „Capitaneus 3" – insgesamt neun Bedeutungen!

241 Isabella LAZZARINI, Mantua (in: Lex. des MA. 6 I, 1992) Sp. 207.

242 ... *omne bonum.* (1) *Devocioni vestre ad incentivum singularis gáudii nunciámus, quod diebus istis* ...; MGH Const. 4 I (1906) S. 389 Z. 22 f. in Nr. 444 – im Or. steht hinter dem Cursus velox ein Interpunktionszeichen.

243 ... *quod diebus istis de consilio electorum et aliorum principum, baronum, comitum, nobilium ac fidelium imperii ad ampliandum non mediocriter nostre fortitudinis* [!] *molem, illustri Iohanni* ...; ebd. Z. 23 ff. – „fortitudo" kann neben klassisch „Stärke, Tapferkeit, Unerschrockenheit, Tatkraft" im Mittellatein auch „Kern des Heeres" und „Befehlsgewalt" bedeuten; Taschen-HEINICHEN (1976) S. 185.

244 ... *illustri Johanni, primogenito nostro karissimo, de regno Bohemie, quod nobis vacabat et imperio, providimus de regie plenitúdine potestátis, peractis* ...; ebd. Z. 25 ff. – wieder Interpunktionszeichen nach Cursus velox im Or., und dies gilt auch für die weiteren akzentuierten Zitate.

245 ... *peractis et consumatis honoribus congruis cum ipso et inclita Elizabet, nata quondam W. regis Bohemie, consorte sua, nupciarum sollempniis, prout regie celsitudini compétere videbátur, memoratum regem* ...; ebd. Z. 27 ff.

246 ... *memoratum regem de consilio et beneplacito predictorum principum ac fidelium imperii per Germaniam et regnum Arlatense vicarium nostrum et imperii preféćimus generálem, ipsumque* ...; ebd. Z. 29 ff.

247 ... *ipsumque cum decenti et laudabili comitiva principum, militum et fidelium nostrorum ac copiosa armatorum multitudine in terram Bohemie dúximus transmitténdum.* (2) *Quibus causis* ...; ebd. Z. 31 ff.

248 (2) *Quibus causis magnis et arduis procul dubio cum sic retenti simus aliquamdiu ultra tempus, quod aliis nostris litteris vobis designavimus* (= ebd. S. 323 f. Nr. 376 von 1310 VII 20) *hoc nostre morositati non imputet vestre discrécio puritátis. Nunc* ...; ebd. Z. 33 ff.

249 *Nunc enim, divina disposicione omnibus nostris negociis in bono statu collocatis, in itinere constituti sumus versus Lausannam, ubi* ...; ebd. Z. 35 ff.

250 ... *ubi montes transire disponimus directis progressibus potenter et felíciter processúri, nullius dilacionis médium expectándo.* (3) *Unde* ...; ebd. Z. 37 f.

251 (3) *Unde fidelitatis vestre constanciam monemus et hortamur attente, quatinus collectis et convocatis amicis vestris, prout honori regio vestreque devocioni congruit, statim, cum in Italia constituti fuerimus, nobis sollempniter ocúrrere studeátis, iocundum* ...; ebd. S. 389 Z. 38 bis S. 390 Z. 2 – der Punkt vor *iocundum* ist am Zeilenende kaum zu erkennen.

252 ... *iocundum adventum nostrum vobis propicium pronis affectibus amplexántes: in augmentum votivum vestri commodi et honoris. Dat.* ...; ebd. S. 390 Z. 2 ff.

253 *Dat. Columbarie, Idus Septembr., regni nostri anno secundo*; ebd. Z. 5, lt. N.b für *Sept.* bis *secundo* nach Federwechsel: So jedenfalls läßt sich „mutato stilo scripta or." verstehen – was aber auf dem Photo bei TAMBA, Viaggio nei documenti (... 1993) kaum zu erkennen ist.

254 HABERKERN/WALLACH (^{2}1964) S. 96 Sp. 1 s.v. „Capitaneus populi".

255 So TAMBA, Viaggio nei documenti (... 1993) S. 258 zu Nr. 22.

256 Alles nach Isabella LAZZARINI, Mantua (in: Lex. des MA. 6 I, 1992) Sp. 207.

257 Raoul MANSELLI, Bonacolsi (in: Lex des MA. 2 II, 1981) Sp. 394 und 396.

258 Ebd. Sp. 397.

259 Vgl. ebd. Sp. 397 mit 395 f.

260 Ebd. Sp. 396, 397 und 395.

261 „Vicario imperiale" bei TAMBA, Viaggio nei documenti (... 1993) S. 258 zu Nr. 22 könnte irreführen.

262 MGH Const. 4 I (1906) S. 534 Z. 30 = Nr. 579 § 13.

263 MGH Const. 4 I (1906) S. 647 Nr. 677.

264 Alberti de Bezanis Cronica S. 67, formal noch zu 1298, aber mit Vorgriff auf 1303 und 1307+7; wiederholt ebd. S. 74 zu 1310.

265 SPRANDEL, Edition (1991) S. 10f.; die Quellenverhältnisse werden hier S. 12ff. anders verstanden als bei der Textkommentierung ebd. S. 67 A. 74, S. 69 A. 84f., S. 71 A. 95 und S. 75 A. 109.

266 [...] *in regem ungitur et coronatur ab Augusto CI*[us]*, a quo omnes principes regni infeodati sunt. Hic primo anno regni sui predecessores suos domnum Adolfum regem, avunculum suum* [!], *necnon domnum Albertum regem, qui alias sepulti fuerant, convocatis principibus ecclesiasticis et secularibus circa festum beati Michahelis in civitate Spirensi, eosdem in regum sepultura honorifice denuo sepelivit anno Domini MCCCIX. Deinde* [...]; MGH SS 17 (1861) S. 555.

267 MGH SS rer. Germ. N.S. 15 (1991).

268 Hic *statim post suam coronacionem, regie pietatis devocione affectus, corpora*... in locis *sue sepulture, ubi uterque sepultus fuerat,* effodi iussit et *eorundem ossa cum solempnitate decenti una eademque die ad civitatem* Spyrensem *adducta in* sepulcris *regiis cultu regio tumulavit*; ebd. S. 67, der Kursivdruck zeigt die Hinzufügungen zu MCC S. 364 an.

269 MASCHEK, Dt. Chroniken (1936) S. 10.

270 Ebd. S. 56 Z. 7–10.

271 Zweimaliges „1314" bei SCHULZE/PAUL, Europäische Geschichte (1994) S. 1246 führt irre.

272 *Et in vigilia assumpcionis Beate Virginis, decantata coram eo missa eoque per quendam Predicatorem communicato, post missam cepit illico infirmari. Dicebatur enim, quod ipse Predicator venenum, sub unque digiti tenens absconsum, post communionem potui cesaris immisisset et illico recessisset. Cum autem consuleretur cesari, quod Pisas reverteretur, ipse se in servicio Domini esse et non retrocessurum respondit, et procedens, cum venisset ad villam, que dicitur Bonconvent, progredi ultra nequivit, set in die beati Bartholomei decessit. Quem exercitus*...; Mathiae de Nuwenburg Chronica 37, bei HOFMEISTER (1924) S. 93. – Das Giftmord-Gerücht ist oben vor Anm. 30 bereits erwähnt worden.

273 *Quem exercitus Pisas reduxit, ubi cum ineffabili lamentacione honorifice est sepultus anno Domini MCCC XIII. Sicque – heu! – periit columpna magnanimitatis et iusticie ac flos germinis Germanorum!* Ebd. S. 93f.

274 *Mansit autem ibi rex sex ebdomadis, cum principibus electoribus et aliis principibus et civitatum nunciis de suo transitu et de prestandis serviciis in Ytaliam disponendo. Ubi eciam*...; Mathiae de Nuwenburg Chronica 37, bei HOFMEISTER (1924) S. 81 Z. 1–4.

275 *Ubi eciam ad eum venerant Matheus Mediolani et Theobaldus Prixie magnates et plurimi Lombardorum; predictum quoque Theobaldum Prixiensem inibi militavit. Post hec*...; ebd. Z. 4–7.

276 *Post hec, rex patriam suam Lútzelnburg accedens et cum dominis terre illius et amicis de auxilio tractans,* [...] *Lombardiam viriliter est ingressus. Ingressi*...; ebd. S. 81 Z. 7ff. bis S. 82 Z. 1.

277 ...*tractans, cum uxore sua, filia ducis Brabancie, ac fratribus suis, Baldewino videlicet archiepiscopo Treverensi ac Walramo de Lútzelnburg milite egregio, ascendens, per terram comitis Sabaudie, qui sororem regine habuit in uxorem, Lombardiam viriliter est ingressus*; ebd. S. 81f.

278 *Ingressi sunt autem cum eo Lúpoldus Austrie, Růdolfus Bawarie duces, archiepiscopus Treverensis, Leodiensis, Basiliensis et plures alii episcopi, Sabaudie, Flandrie multique alii comites et omnium quasi Alamannie stipendiarii civitatum. Et veniens*...; Mathiae de Nuwenburg Chronica 37, bei HOFMEISTER S. 82 Z. 1–5. – „[...] die Söldner fast aller deutschen Städte": GRANDAUR/WEILAND (1912) S. 55.

279 *Et veniens Aste, post recepcionem suam de eis dubitans, meliores ex eis secum Mediolanum perduxit. Receptus* [...]; ebd. Z. 5–8.

280 *Misit autem rex pro melioribus de tota Italia de utraque parte, Gibelinorum et Gelforum, temptans, si quo modo posset inter eos concordiam ordinare. At illis*...; ebd. S. 82 Z. 11ff. GRANDAUR/WEILAND (1912) S. 55 bieten für *meliores* „die Angesehensten".

281 *At illis post magnam deliberacionem dicentibus, hoc impossibile esse, rex desistens, illos negocio infecto remisit. Videns autem*...; Mathiae de Nuwenburg Chronica 37, bei HOFMEISTER S. 82 Z. 13ff. und S. 83. Die Wiedergabe von *magnus* mit „lang" schon bei GRANDAUR/WEILAND (1912) S. 55.

282 Alberti de Bezanis Cronica zu 1310 S. 74.

283 *Receptus est autem pacifice Mediolani per Guidonem de Turri, Gelfum, dominium civitatis habentem, credidit enim, eum cito transiturum. Misit autem rex* [...]; Mathiae de Nuwenburg Chronica 37 S. 82 Z. 8–11.

284 *Videns autem Guido, regem diu et potenter in Mediolano morari, et de tradicione et nece regis et suorum per se et suos cogitans, quendam de sodomia dampnatum educere decreverant ad cremandum, ut, Alamannis egredientibus ad videndum, clausis portis regem occiderent desolatum. Et irruentibus...*; ebd. S. 83 Z. 1–6 – *potenter* wird bei GRANDAUR/WEILAND (1912) S. 55 in ähnlicher Weise wiedergegeben: „mit viel Volk".

285 So die Marginaldatierung bei HOFMEISTER, Mathias-Edition 1 (1924) S. 82f.

286 *Et irruentibus illis cum populo ad palacium regis, primi fratres Theutonici sancte Marie, signati armis et vexillo ordinis, qui decreverant, non exire cum cremando, cum quibusdam aliis irruentem populum viriliter invaserunt, / defensoque...*; ebd. Z. 6–10. GRANDAUR/WEILAND (1912) S. 56 übersetzen „Aber den mit dem Pöbel in den Palast Eindringenden...".

287 *... defensoque palacio regis, ad portam, ubi iacuit Lúpoldus dux Austrie cum ducentis galeatis, cum magno labore properantes, proiecta in vicum vasorum et alia obstacula removerunt, ictus lancearum et lapidum de domibus sustinentes, et violenter...*; ebd. Z. 10–14.

288 *... et violenter aperta porta, cum dux et alii ad regis palacium advenissent, ad mandatum regis Guidonem et suos invadentes, nemini pepercerunt. Illoque extra...*; ebd. Z. 14ff.

289 *Illoque extra civitatem fugato suisque occisis, cum comes Sabaudie Gelfus conquestus esset regi, quod Theutonici illos sine misericordia occidissent, rex, quod ipsos noluerint in pecuni talliare, respondit. Quibus victis...*; ebd. Z. 16–20. – GRANDAUR/WEILAND (1912) S. 56: „[...] sie hätten sie nicht für Geld loskaufen wollen."

290 *Quibus victis et eiectis, rex de Mediolanensibus pro sua disposuit voluntate, Matheum Vice comitem ponendo ministrum; qui et liberi ...*; ebd. S. 83 Z. 20 bis S. 84 Z. 1.

291 HOFMEISTER, Mathias-Edition 1 (1924) S. 83 A. 7 z. St. unter Verweis auf MGH Const. 4 I (1906) S. 535ff. Nr. 580.

292 HOFMEISTERS Mathias-Edition 1 (1924) S. 84 A. 1 mit Verweis auf MGH Const. 4 I (1906) S. 628f. Nr. 660 von 1311 VII 13 und auf Nicolaus von Butrinto bei HEYCK (1888) S. 32, bei BALUZE/MOLLAT 3 (1921) S. 517. Dagegen stehen aber Ferretus Vicentinus IV, bei Carlo CIPOLLA I (1908) S. 318 und Alberti de Bezanis Cronica zu 1311 S. 75 sowie Dino Compagni III 27, bei Isidoro DEL LUNGO (= MURATORI, SS rer. It.[2] 9 II, 1916) S. 231.

293 ...; *qui et liberi sui eciam post mortem cesaris illius terre dominium tenuerunt. Rexque...*; Mathiae de Nuwenburg Chronica 37 S. 84 Z. 1f.

294 *Rexque postea Gibelinis adhesit. Wernherus autem comes* [...]; ebd. Z. 2f.

295 [...] *flos germinis Germanorum!* Ebd. S. 94 Z. 3f. – vgl. oben vor Anm. 244.

296 [...] *ante Montem Catinum, ubi omnis pars Gelfa convenerat, Pisani cum Alamannis vicerunt, et occisa sunt...*; Mathiae de Nuwenburg Chronica 37 S. 94 Z. 9ff.

297 *... occisa sunt in die illa* [multa] *milia Gelforum, et cecidit* [Petrus de Ebulo] *princeps, frater regis Roberti. Super quem...*; ebd. S. 94 Z. 10ff. mit HOFMEISTERS Kommentar.

298 *Super quem sedens, comes Niger Pisanus miles factus est super eum. A tempore...*; ebd. Z. 12ff.

299 Nach Ranieri Sardo, Cron. Pis. 61 wäre Neri gar ein Gerhard-Sohn gewesen; alles nach HOFMEISTER, Mathias-Edition 1 (1924) S. 94 A. 6 z. St.

300 *A tempore enim Conradini nullus de progenie eorundem comitum militari voluit nisi in bello, ubi fieret vindicta in stirpe illa, que Conradinum occidit*; Mathiae de Nuwenburg Chronica 37 S. 94, Schlußsatz.

301 Vgl. THOMAS, Ludwig der Bayer (1993) S. 385 – von der ebd. S. 11f. gebotenen schwungvollen Wiedergabe der Mathias-Passage weicht meine nunmehr folgende geringfügig ab.

302 *Acue, scriba, ingenium, grandis tibi restat labor, si presúmis descríbere aquilam grandem, tarde, diúque volántem et stultum sapientem, désidem curiósum, pígrum ferócem, trístem iocúndum, in pusillanimitate fortem, adustis ális crescéntem et in infortúniis fortunátum!* Mathiae de Nuwenburg Chronica 37a S. 95. – GRANDAUR/WEILAND (1912) S. 63 und THOMAS, Ludwig der Bayer (1993) S. 12 geben *crescens* eindrucksvoll mit „sich aufschwingend" wieder.

303 Barbara TUCHMAN, A Distant Mirror – the calamitous 14th century (New York 1978).

304 Barbara TUCHMAN, Der ferne Spiegel. Das dramatische 14. Jh. Aus dem Amerikanischen von Ulrich LESCHAK und Malte FRIEDRICH (Hildesheim 1980) leidet unter bösem Präzisionsmangel in manchen Übersetzungen – der weiten Verbreitung hat das nicht geschadet: 1. dtv-Aufl. (= Nr. 10 060) 1982, 12. (= Nr. 30 081) 1994 = 165.-170. Tausend.

305 So LE GOFF/METKEN, HochMA. (1965 = 1998) S. 277.

306 Dies und das Folgende angestoßen durch SEIBT, Luxemburger und hussitische Revolution (... 1967) S. 371.

307 So jedoch GROTEFEND/ASCH (1982) S. 116, wie z. B. bereits bei GROTEFEND/GROTEFEND (1941) S. 115.
308 Vgl. RIGAUDIÈRE, Des temps féodaux (1999) S. 42.
309 EHLERS, Geschichte Frankreichs (1987) S. 190 hat allerdings „1318".
310 Zahlen bei BUCHHOLZ, Bevölkerungs-Ploetz 3 (1966) S. 51 f., verglichen mit denjenigen bei Franz IRSIGLER in: Lex. des MA. 3 V (1985) Sp. 900.
311 Michele LUZZATI in: Lex. des MA. 5 IV (1990) Sp. 734.
312 Beispielsweise bei WÄSCHKE, Anhaltische Geschichte 1 (1912) S. 266.
313 Nach Anm. 174.
314 SEIBT, Luxemburger und hussitische Revolution (... 1967) S. 426.
315 Vgl. oben vor Anm. 40.
316 DENIFLE/CHÂTELAIN 2 (1891) S. 149–153 Nrn. 693–693c.
317 Neuenglische Auswahlübersetzung bei AMT, Women's Lives (1993) S. 108–112 Nr. 25 aus DENIFLE/CHÂTELAIN 2 (1891) S. 257–264 Nrn. 813 f., zu ergänzen um ebd. S. 267 Nr. 816.
318 DENIFLE/CHÂTELAIN 2 (1891) S. 255 Nr. 811 bzw. S. 256 Nr. 812.
319 Beispielsweise bei BLOCKMANS, Macht in Europa (1998) S. 166 Sp. 1.
320 Vgl. oben bei Anm. 77.
321 BÖHMER/REDLICH (1898/1969) 2442 von 1291 IV 24 – Fritz GLAUSER in: Lexikon des MA. 6 I (1992) Sp. 37 datiert auf IV 16.
322 Hans Conrad PEYER in: Handbuch der Schweizer Geschichte 1 (1972) S. 183.
323 So BLOCKMANS, Macht in Europa (1998) S. 166 Sp. 1.
324 Dies suggeriert Marc BOONE in: Lex. des MA. 5 (1991) Sp. 1435 s.v. „Kortrijk".
325 So jedoch STOREY, Chronology (1973) S. 392.
326 MGH Const. 5 (1909–13) S. 204 Nr. 232.
327 Ursula SCHULZE in: Wörterbuch der mittelhochdeutschen Urkundensprache 1 (1994) S. 3.

Abkürzungen und verkürzt zitiertes Schrifttum

A) Zeichen

* = geboren
† = gestorben; vor Ortsnamen = wüst
⚔ = gefallen; auf Karte = Ort eines Gefechts oder einer Schlacht
... verweisen auf Fehlendes: In runden Klammern vor einer Jahreszahl machen sie auf das Vorliegen eines Beitrags aus einem Aufsätze-Band oder einer Zeitschrift anderen Titels aufmerksam; in eckigen Klammern halten sie fest, daß an dieser Stelle durch mich etwas ausgelassen worden ist.

B) Alphabetisch oder zeitlich geordnete Nachschlagewerke [siehe oben Anm. 1]

ADB
[The Concise] Dictionary of National Biography, from earliest times to 1985 (Oxford 1992)
Diccionario de Historia de España desde sus orígines hasta el fin del reinado de Alfonso XIII, 1–2 (Madrid 1952)
Dictionnaire de Biographie Française (Paris 1933 – ?)
Dictionnaire d'histoire et de géographie ecclésiastiques (Paris 1912 – ?)
Peter Dinzelbacher (Hg.), Sachwörterbuch der Mediävistik = Króners Taschen-Ausgabe 477 (1992)
Dizionario Biografico degli Italiani (Rom 1960 – ?)
Dt. Königspfalzen
Duden Wörterbuch Europa
Jean Favier (Bearb.), Dictionnaire de la France médiévale (Paris 1993)
Ernst Götzinger (Bearb.), Reallexicon der Deutschen Altertümer. Ein Hand- und Nachschlagebuch der Kulturgeschichte des deutschen Volkes (^{2}1885, Nachdruck 1982)
Handbuch Österreich
Hdb. hist. Stätten
Kelly, Oxford Popes
William W. Kibler/Grover A. Zinn (Hg.), Medieval France – an Encyclopedia = Garland Encyclopedias of the Middle Ages 2 = Garland Reference Library of the Humanities 932 (New York/ London 1995)
Walther Killy (Hg.), Deutsche Biographische Enzyklopädie 1–10 (1995 – 99)
Köbler, Historische Länder
Ludovic Lalanne (Bearb.), Dictionnaire historique de la France (Paris 1872–77)
LEI
Lex. des MA.
LThK
NDB
Nouvelle Biographie Nationale de Belgique 2 (Brüssel 1990)
Regesta Imperii
Scribner's Dictionary of the Middle Ages, hg. von Joseph Reese Strayer (New York 1982 -?)
Storey, Chronology
Torke
Vauchez/Vincent

C) Verkürzt zitiertes Schrifttum

David ABULAFIA, Bad Rulership in Angevin Italy – the Sicilian Vespers and their Ramifications, in: The Haskins Society Journal 8 (1996, ersch. 1999) S. 115–135

ADB = Allgemeine Deutsche Biographie

Albertus → Bezanis, de

Gerd ALTHOFF/Stephanie COUÉ, Pragmatische Geschichtsschreibung und Krisen, in: Pragmatische Schriftlichkeit im Mittelalter. Erscheinungsformen und Entwicklungsstufen, hg. von Hagen KELLER, Klaus GRUBMÜLLER und Nikolaus STAUBACH (= Münstersche Mittelalter-Schriften 65, 1992) S. 95–129

Emilie AMT (Hg.), Women's Lives in Medieval Europe. A sourcebook (London 1993)

Friedrich BAETHGEN, Deutschland und Europa im Spätmittelalter = Deutsche Geschichte. Ereignisse und Probleme, hg. von Walther HUBATSCH [1 II] = Ullstein-Buch Nr. 3849 (1968)

BALUZE/MOLLAT = Vitae paparum Avenionensium [...], ed. von Stephanus BALUZIUS, Neuausgabe von G. MOLLAT 1–4 (Paris 1914–27)

Ottavio BANTI (Ed.), Cronaca di Pisa di Ranieri Sardo = Fonti per la storia d' Italia 99 (Rom 1963)

Alberti de Bezanis, abbatis S. Laurentii Cremonensis, Cronica pontificum et imperatorum primum edidit Oswaldus HOLDER-EGGER = MGH SS rer. Germ.-Schulausgabe [3] (1908)

BF = BÖHMER/FICKER = Regesta Imperii 5 I-II (1881 f.)

Wim BLOCKMANS, Geschichte der Macht in Europa. Völker, Staaten, Märkte. Aus dem Niederländischen von Rolf ERDORF, Susanne GEORGE und Sabine HOLTHAUS. Vorwort von Jacques SANTER, Epilog von Marcelino OREJA AGUIRRE (1998)

BÖHMER, Regesten Albrechts I. = Albrecht, in: Regesta Imperii inde ab anno MCCXLVI usque ad annum MCCCXIII. Die Regesten des Kaiserreichs unter Heinrich Raspe, Wilhelm, Richard, Rudolf, Adolf, Albrecht und Heinrich VII. 1246–1313, neu bearbeitet von Johann Friedrich BÖHMER (1844) S. 193–252 und zwei Ergänzungshefte (1849) S. XXf. und 393 ff. bzw. (1857) S. 412–415

BÖHMER, Regesten Heinrichs VII. = Heinrich VII., in: Ebd. (1844) S. 252–312 bzw. (1849) S. 395 ff. und (1857) S. 415–418

Johann Friedrich BÖHMER (Ed.), Codex diplomaticus Moenofrancofurtanus. Urkundenbuch der Reichsstadt Frankfurt, neubearbeitet durch Friedrich LAU 1–2 (1901 bzw. 1905)

BÖHMER/OPLL = Regesta Imperii 4 II 1 f. (1980 bzw. 1991)

BÖHMER/REDLICH = Regesta Imperii 6 I (1898)

BÖHMER/SAMANEK = Regesta Imperii 6 II (1948)

Hartmut BOOCKMANN, Bemerkungen zur frühen Geschichte ständischer Vertretungen in Preußen, in: DERS. (Hg.), Die Anfänge der ständischen Vertretungen in Preußen und seinen Nachbarländern. Unter Mitarbeit von Elisabeth MÜLLER-LUCKNER (= Schriften des Historischen Kollegs. Kolloquien 16, 1992) S. 39–51

Ernst Wolfgang BUCHHOLZ, Vom Mittelalter zur Neuzeit = Raum und Bevölkerung in der Weltgeschichte. Bevölkerungs-Ploetz 3 (^{3}1966)

Marjorie CHIBNALL, The Empress Matilda. Queen, Consort, Queen Mother and Lady of the English (Oxford 1991)

Carlo CIPOLLA (Ed.), Le opere di Ferreto de' Ferreti Vicentino 1–3 = Fonti per la storia d' Italia [42 – 43bis]. Scrittori, secolo XIV (Rom 1908, 1914 und 1920)

Clm = Codex latinus monacensis = lateinisch-sprachige Handschrift der Bayerischen Staatsbibliothek, München

CMH = Cambridge Medieval History

Corpus iuris civilis, ed. von Paul KRUEGER und Theodor MOMMSEN sowie Rudolf SCHOELL und Wilhelm KROLL 1–3 (1872–1895; wiederholt nachgedruckt)

Isidoro DEL LUNGO (Ed.), La cronica di Dino Compagni delle cose occorenti ne' tempi suoi = MURATORI, Rerum Italicarum Scriptores 9 II (^{2}1907–1916)

Heinrich DENIFLE (Ed.), Chartularium Universitatis Parisiensis; [...] auxiliante Aemilio CHÂTELAIN 1–4 (Paris 1891–99, Nachdruck Brüssel 1964)

Dt. Königspfalzen = Die deutschen Königspfalzen. Repertorium der Pfalzen, Königshöfe und übrigen Aufenthaltsorte der Könige im deutschen Reich des Mittelalters, hg. vom Max-Planck-Institut für Geschichte

Deutsches Städtebuch. Handbuch städtischer Geschichte, hg. von Erich KEYSER
Duden Wörterbuch geographischer Namen. Europa, ohne Sowjetunion, bearb. [...] unter dem Vorsitz von Emil MEYNEN = Duden Wörterbücher (1966)
Richard VAN DÜLMEN, Kultur und Alltag in der Frühen Neuzeit 1–3 (1990–1994; Paperback 1999)
Joachim EHLERS, Geschichte Frankreichs im Mittelalter (1987)
Roman FISCHER (Bearb.), Findbuch zum Bestand Frankensteinische Lehenurkunden 1251–1812. Mit einem Bildanhang = Mitteilungen aus dem Frankfurter Stadtarchiv 12 (1992)
Robert FOSSIER (Hg.), Le Moyen Age 1–3 (Paris 1982f.)
Maria Elisabeth FRANKE, Unterschiedlicher Jahresbeginn in Reichskanzlei und Territorien. Zur Auswertung von Historiographie für das Itinerar König Heinrichs VII. im Jahr 1309, in: Diplomatische und chronologische Studien aus der Arbeit an den Regesta Imperii, hg. von Paul-Joachim HEINIG (= Forschungen zur Kaiser- und Papstgeschichte des Mittelalters. Beiheft 8 zu J.F. BÖHMER, Regesta Imperii; 1991) S. 97–112
Erik FÜGEDI, Kings, Nobles, Bishops and Burghers in Medieval Hungary, hg. von Janos M. BAK = Collected Studies (London 1986)
Adam GOERZ (Bearb.), Mittelrheinische Regesten [von 509 – 1300] 1–4 (1876–1886)
Rolf GÖTZ, Herzog Konrad [II.] von Teck und die Königswahl von 1292. Bemerkungen zu Armin Wolffs Arbeit »König für einen Tag: Konrad von Teck. Gewählt, ermordet (?) und vergessen«, in: Zeitschrift für Württembergische Landesgeschichte 53 (1994) S. 27–40
Georg GRANDAUR (Übers.), Die Chronik des Mathias von Neuenburg. Mit einer Einleitung von Ludwig WEILAND = Geschichtschreiber der deutschen Vorzeit, 2. Gesamtausgabe 84 (Leipzig 1892; Neudruck 1912)
Der Große Ploetz. Auszug aus der Geschichte, [...] 29., von 65 Fachwissenschaftlern völlig neu bearbeitete Auflage (1980)
Hermann GROTEFEND, Taschenbuch der Zeitrechnung des deutschen Mittelalters und der Neuzeit, 12. Auflage 1982 durchgesehen von Jürgen ASCH (1982)
H[ermann] GROTEFEND, Taschenbuch der Zeitrechnung des deutschen Mittelalters und der Neuzeit. 8., verbesserte Auflage hg. von O[tto] GROTEFEND (1941)
Herbert GRUNDMANN, Wahlkönigtum, Territorialpolitik und Ostbewegung im 13. und 14. Jahrhundert, 1198–1378, in: [Bruno] GEBHARDT, Handbuch der deutschen Geschichte. 9., neu bearbeitete Auflage, hg. von Herbert GRUNDMANN 1 (1970) S. 426–606; auch separat unter dem Abschnittstitel = dtv. WR. 4205 (1973, mehrfach nachgedruckt)
Eugen HABERKERN/Joseph Friedrich WALLACH, Hilfswörterbuch für Historiker. Mittelalter und Neuzeit (^{2}1964; oft nachgedruckt)
Handbuch der historischen Stätten Österreichs
Hdb. hist. Stätten = Handbuch der historischen Stätten Deutschlands
Albert HAUCK, Kirchengeschichte Deutschlands 1–5 (verschiedene Auflagen)
Alfred HAVERKAMP/Elisabeth MÜLLER-LUCKNER (Hg.), Information, Kommunikation und Selbstdarstellung in mittelalterlichen Gemeinden = Schriften des Historischen Kollegs, Kolloquien 40 (1998)
Otto VON HEINEMANN (Ed.), Codex diplomaticus Anhaltinus 1–6 (1867–1883)
Gerd HEINRICH, Die Grafen von Arnstein = Mitteldeutsche Forschungen 21 (1961)
Eduard HEYCK (Ed.), Nicolai episcopi Botrontinensis Relatio de Heinrici VII. imperatoris itinere Italico. Als Quellenschrift und für academische Übungen (1888)
Franz-Josef HEYEN (Ed.), Kaiser Heinrichs Romfahrt. Die Bilderchronik von Kaiser Heinrich VII. und Kurfürst Balduin von Luxemburg 1308–1313 (1965); leicht ergänzt = dtv. 1358 (1978)
Rudolf HIESTAND, Kingship and Crusade in Twelfth-Century Germany, in: England and Germany in the High Middle Ages, hg. von Alfred HAVERKAMP und Hanna VOLLRATH »in Honour of Karl J. Leyser« = Studies of the German Historical Institute London (Oxford 1996) S. 235–265
Adolf HOFMEISTER (Ed.), Chronica Mathiae de Nuwenburg. Die Chronik des Mathias von Neuenburg, in: MGH SS rer. Germ. N.S. 4 (1924–40; Nachdruck 1955) S. 1–501
Iohannis Victoriensis Liber → Fedor SCHNEIDER (1909f.)
Wilhelm Karl Prinz VON ISENBURG, Stammtafeln zur Geschichte der europäischen Staaten 1–2, 2., verbesserte Auflage hg. von Frank Baron FREYTAG VON LORINGHOVEN (1953)
Kurt-Ulrich JÄSCHKE, Zu universalen und regionalen Reichskonzeptionen beim Tode Kaiser Hein-

richs VII., in: Festschrift für Berent Schwineköper zu seinem 70. Geburtstag, hg. von Helmut MAURER und Hans PATZE (1982) S. 415–435
–, Imperator Heinricus. Ein spätmittelalterlicher Text über Kaiser Heinrich VII. in kritischer Beleuchtung = Beiheft zu Hémecht (Luxemburg 1988)
–, Zu den Gesta Adolfi regis von 1299/1316, in: Historiographia mediaevalis. Studien zur Geschichtsschreibung und Quellenkunde des Mittelalters, Festschrift für Franz-Josef Schmale zum 65. Geburtstag (1988) S. 221–245
–, Notwendige Gefährtinnen. Königinnen der Salierzeit als Herrscherinnen und Ehefrauen im römisch-deutschen Reich des 11. und beginnenden 12. Jahrhunderts = Historie & Politik 1 (1991)
–, 1250 Jahre Heilbronn? Grenzgebiet – Durchgangslandschaft – Eigenbereich. Zur Beurteilung von Grenzregionen und Interferenzräumen in Europa, besonders während des Mittelalters, in: Region und Reich. Zur Einbeziehung des Neckar-Raumes in das Karolinger-Reich und zu ihren Parallelen und Folgen (= Quellen und Forschungen zur Geschichte der Stadt Heilbronn 1, hg. von Christhard SCHRENK, 1992) S. 9–147
–, Reichsgrenzen und Vasallitäten. Zur Einordnung des französisch-deutschen Grenzraums im Mittelalter, in: Jahrbuch für westdeutsche Landesgeschichte 22 (1996) S. 113–178
–, Trennungen. Über das Verhältnis König Johanns von Böhmen zu seinen Eltern: Römerkönigin Margarete und Römerkaiser Heinrich VII., in: Michel PAULY (Hg. und Mitautor), Johann der Blinde, Graf von Luxemburg und König von Böhmen 1296–1346 (= Publications du CLUDEM 14 = Publications de la Section historique de l'Institut grand-ducal 115, Luxemburg 1997) S. 419–444
Friedhelm JÜRGENSMEIER, Das Bistum Mainz von der Römerzeit bis zum II. Vatikanischen Konzil = Beiträge zur Mainzer Kirchengeschichte 2 (^{2}1989)
John Norman Davidson KELLY (Bearb.), The Oxford Dictionary of Popes (Oxford 1986)
Wilhelm KISKY (Bearb.), Die Regesten der Erzbischöfe von Köln [...] 1304–1332 = Die Regesten der Erzbischöfe von Köln im Mittelalter 4 = Publikationen der Gesellschaft für Rheinische Geschichtskunde 21 IV (1915)
Eugen KNUPFER → Urkundenbuch der Stadt Heilbronn
Gerhard KÖBLER, Historisches Lexikon der deutschen Länder. Die deutschen Territorien vom Mittelalter bis zur Gegenwart (1988; mehrere Neuauflagen)
Helmut Georg KOENIGSBERGER/Asa BRIGGS (Hg. und Autoren), A History of Europe 1–3 (1987–1996)
Jacques KRYNEN, L'empire du roi. Idées et croyances politiques en France, XIIIe – XVe siècle = Bibliothèque des Histoires ([Paris] 1993)
Jacques LE GOFF, Das Hochmittelalter. Aus dem Französischen von Sigrid METKEN = Fischer Weltgeschichte 11 (1965; Reprint als Weltbild Weltgeschichte 11, 1998)
LEI = Lessico etimologico italiano, hg. von Max PFISTER (1979-?)
Lex. des MA. = Lexikon des Mittelalters 1–9 (1977–1998)
Theodor LINDNER, Deutsche Geschichte unter den Habsburgern und Luxemburgern 1273–1437, 1–2 = Bibliothek Deutscher Geschichte (1890–1893; Reprint 1970)
LThK = Lexikon für Theologie und Kirche [zumeist benutzt in der seit 1993 erscheinenden 3. Auflage]
Christoph MARKSCHIES, Zwischen den Welten wandern. Strukturen des antiken Christentums = Europäische Geschichte, hg. von Wolfgang BENZ = Fischer-Taschenbuch 60101 (1997)
Hermann MASCHEK (Ed.), Deutsche Chroniken = Deutsche Literatur. Sammlung literarischer Kunst- und Kulturdenkmäler in Entwicklungsreihen. Reihe »Realistik des Spätmittelalters« 5 (1936)
Mathiae de Nuwenburg Chronica → Adolf HOFMEISTER
MCC = Martini Continuatio Coloniensis, ed. von [Hermann] CARDAUNS, in: Georg WAITZ (Ed.), Chronica regia Coloniensis cum continuationibus [...] = MGH SS rer. Germ.-Schulausgabe [18] (1880) S. XXIVf. und 354–369
Sophia MENACHE, Clement V = Cambridge Studies in Medieval Life and Thought, Fourth Series (Cambridge 1998)
MGH = Monumenta Germaniae Historica
Const. = Constitutiones et acta publica imperatorum et regum
DD F.I. = Friderici I. Diplomata 1–5 (1975–1990)

DD Kar. = Diplomata Karolinorum 1 (1906)
SS = Scriptores in 2°
SS rer. Merov. = Scriptores rerum Merovingicarum
Carl MIRBT (Hg.), Quellen zur Geschichte des Papsttums und des römischen Katholizismus, 6. Auflage hg. von Kurt ALAND (1967)
Günther MÖHLMANN (Bearb.), Regesten der Erzbischöfe von Bremen 2 Lieferung 1. 1306–1327 = Veröffentlichungen der historischen Kommission für Niedersachsen 11 II 1 (1953)
Peter MORAW, Von offener Verfassung zu gestalteter Verdichtung. Das Reich im späten Mittelalter, 1250–1490 = Propyläen Geschichte Deutschlands 3 (1985)
Johannes MÖTSCH, Die Balduineen. Aufbau, Entstehung und Inhalt der Urkundensammlung des Erzbischofs Balduin von Trier = Veröffentlichungen der Landesarchivverwaltung Rheinland-Pfalz 33 (1980)
NDB = Neue Deutsche Biographie
Ranald NICHOLSON, Scotland. The Later Middle Ages = The Edinburgh History of Scotland 2 (Edinburg 1974)
Ulrich NIEß, Hochmeister Karl von Trier 1311–1324. Stationen einer Karriere im Deutschen Orden = Quellen und Studien zur Geschichte des Deutschen Ordens 47 (1992)
Alfons NITSCH (Bearb.), Urkunden und Akten der ehemaligen Reichsstadt Schwäbisch Gmünd 777 bis 1500, 1–2 = Inventare der nichtstaatlichen Archive in Baden-Württemberg 11 f. (1966–1967)
P = August POTTHAST (Bearb.), Regesta pontificum Romanorum inde ab a. post Christum natum MCXCVIII ad a. MCCCIV, 1–2 (1874–1875; Reprint 1957)
Werner PARAVICINI, Die Preußenreisen des europäischen Adels, 1–2 = Francia-Beihefte 17 I-II (1989–95)
Alexander PATSCHOVSKY/Harald ZIMMERMANN (Hg.), Toleranz im Mittelalter = Vorträge und Forschungen 45 (1998)
Klaus PETRY, Aspekte des Geldumlaufs in Trier und St. Goar während der letzten Hälfte des 13. Jahrhunderts – Zwei Schatzfunde im Vergleich, in: Trierer Zeitschrift für Geschichte und Kunst [...] 61 (1998) S. 249–278
Gert VON PISTOHLKORS (Hg. und Mitautor), Baltische Länder = Deutsche Geschichte im Osten Europas [3] (1994)
Regesta Imperii → BF; BÖHMER, Regesten Albrechts I.; DERS., Regesten Heinrichs VII.; BÖHMER/OPLL; BÖHMER/REDLICH; BÖHMER/SAMANEK; ZINSMAIER
Winfried REICHERT, Landesherrschaft zwischen Reich und Frankreich. Verfassung, Wirtschaft und Territorialpolitik in der Grafschaft Luxemburg von der Mitte des 13. bis zur Mitte des 14. Jahrhunderts = Trierer Historische Forschungen 24 I und II (1993)
Jeff RIDER (Ed.), Galbertus notarius Brugensis: De multro, traditione, et occisione gloriosi Karoli comitis Flandriarum = Corpus Christianorum. Continuatio Mediaevalis 131 (Turnhout 1994)
Albert RIGAUDIÈRE, Des temps féodaux aux temps de l'État = Olivier GUILLOT/Albert RIGAUDIÈRE/Yves SASSIER, Pouvoirs et institutions dans la France médiévale 2 (Paris 1994, ²1998)
Petra ROSCHECK, Französische Kandidaturen für den römischen Kaiserthron in Spätmittelalter und Frühneuzeit 1272/73 – 1519 (1984)
RTA = Die deutschen Reichstagsakten, Ältere Reihe
Vincenz SAMANEK → BÖHMER/SAMANEK
Henryk SAMSONOWICZ, Polens Platz in Europa. Aus dem Polnischen von Michael G. ESCH = Deutsches Historisches Institut Warschau. Klio in Polen 4 (1997)
Sardo, Ranieri → Ottavio BANTI
Fedor SCHNEIDER, Studien zu Johannes von Victring, 1–2, in: Neues Archiv der Gesellschaft für ältere deutsche Geschichtskunde 28 (1903) S. 137–191 und 29 (1904) S. 395–442
– (Ed.), Iohannis abbatis Victoriensis Liber certarum historiarum 1–2 = MGH SS rer. Germ.-Schulausgabe [36] (1909 f.)
Richard SCHOLZ (Ed.), Aegidius Romanus, De ecclesiastica potestate (1929; Nachdruck 1961)
Ludwig SCHÖNACH, Beiträge zur Geschichte der Königin Anna von Böhmen, † 1313, in: Mitteilungen des Vereins für die Geschichte der Deutschen in Böhmen 45 (1907) S. 121–133
Ernst SCHUBERT, Der Mainzer Kurfürst als Erzkanzler im Spätmittelalter, in: Der Mainzer Kurfürst als Reichserzkanzler. Funktionen, Aktivitäten, Ansprüche und Bedeutung des zweiten Mannes im alten Reich, hg. von Peter Claus HARTMANN (= Geschichtliche Landeskunde 45, 1997) S. 77–97

Hagen SCHULZE/Ina Ulrike PAUL (Hg.), Europäische Geschichte. Quellen und Materialien. Unter Mitwirkung von Ulrich MARCH und Traute PETERSEN (1994)
Ferdinand SEIBT, Die Zeit der Luxemburger und der hussitischen Revolution, in: Karl BOSL (Hg.), Handbuch der Geschichte der böhmischen Länder 1 (1967) S. 349–568
Richard SIEBERT (Ed.), Lehnbuch Graf Albrechts I. von Anhalt und seiner Nachfolger, 1307–1470, in: Mitteilungen des Vereins für Anhaltische Geschichte und Altertumskunde 9 (Dessau 1904) S. 49–93
Rolf SPRANDEL (Ed.), Die Kölner Weltchronik 1273/88 – 1376 = MGH SS rer. Germ. N.S. 15 (1991)
StA. = Staatsarchiv
Edmund Ernst STENGEL (Ed.), Nova Alamanniae. Urkunden, Briefe und andere Quellen besonders zur deutschen Geschichte des 14. Jahrhunderts, vornehmlich aus den Sammlungen des Trierer Notars und Offizials, Domdekans von Mainz Rudolf Losse aus Eisenach in der Ständischen Landesbibliothek zu Kassel und im Staatsarchiv zu Darmstadt, 1–2 II (1921–1976)
R[obin] L. STOREY, Chronology of the Medieval World 800 to 1491 (London 1973; Nachdruck 1994)
Tables des Registres de Clément V, publiés par les Bénédictins, établies par Yvonne LANHERS, Robert FAWTIER, Guy MOLLAT et Cyrille VOGEL, 1–2 = Bibliothèque des Écoles françaises d' Athènes et de Rome, 3e série (1948 bzw. 1957)
Giorgio TAMBA u.v.a., Il viaggio di Enrico VII nei documenti italiani, in: Mauro TOSTI-CROCE (Hg. und Übers.), Il viaggio di Enrico VII in Italia (= Le Grandi Opere, Rom/Città di Castello 1993) S. 217–309
Der Taschen-HEINICHEN. Lateinisch-Deutsches [!] Taschenwörterbuch zu den klassischen und ausgewählten mittelalterlichen Autoren (1953; oft nachgedruckt, z. B. [5]1976)
Heinz THOMAS, Deutsche Geschichte des Spätmittelalters 1250–1500 (1983)
–, Ludwig der Bayer 1282 – 1347. Kaiser und Ketzer (1993)
Hans-Joachim TORKE (Hg. und Mitautor), Lexikon der Geschichte Rußlands. Von den Anfängen bis zur Oktober-Revolution (1985)
Mauro TOSTI-CROCE → TAMBA
Otto TREITINGER, Die oströmische Kaiser- und Reichsidee nach ihrer Gestaltung im höfischen Zeremoniell. – Vom oströmischen Staats- und Reichsgedanken (ursprünglich 1938 bzw. 1940; zusammen 1956; mehrfach nachgedruckt)
Urkundenbuch der Stadt Heilbronn von den Anfängen der Stadt bis 1532, bearb. von Eugen KNUPFER und Moritz VON RAUCH, 1–4 (1904–1922)
André VAUCHEZ (Hg.), Dictionnaire encyclopédique du Moyen Age. Avec la collaboration de Catherine VINCENT, 1–2 [durchpaginiert] (Paris 1997)
Ernst VOGT (Bearb.), Regesten der Erzbischöfe von Mainz [...] 1289–1328 = DERS./Fritz VIGENER (Bearb.), Regesten der Erzbischöfe von Mainz 1289–1374, 1 I (1913)
Cam. WAMPACH (Ed.), Urkunden- und Quellenbuch zur Geschichte der altluxemburgischen Territorien bis zur burgundischen Zeit 1–10 (Luxemburg 1935–1955)
Hermann WÄSCHKE, Anhaltische Geschichte 1–3 (1912 f.)
Winfried WEBER u. a., Das neue Bischöfliche Dom- und Diözesanmuseum [Trier]. Bildband zur Wiedereröffnung (1988)
Lorenz WEINRICH (Übers.), Quellen zur deutschen Verfassungs-, Wirtschafts- und Sozialgeschichte bis 1250 = Ausgewählte Quellen zur deutschen Geschichte des Mittelalters. Freiherr-vom-Stein-Gedächtnisausgabe A 32 (1977)
Armin WOLF, König für einen Tag – Konrad von Teck. Gewählt, ermordet [?] und vergessen = Schriftenreihe des Stadtarchivs Kirchheim unter Teck 17 (1993, [2]1995)
Klaus ZERNACK, Die burgstädtischen Volksversammlungen bei den Ost- und Westslaven. Studien zur verfassungsgeschichtlichen Bedeutung des Veče = Osteuropastudien der Hochschulen des Landes Hessen I 33 (1967)
Paul ZINSMAIER (Bearb.), Nachträge und Ergänzungen = Regesta Imperii 5 IV (1983)*

* Die Rechner-Eingabe besorgte Hiltraud Preuß (Historisches Institut Saarbrücken). – Letzte Lieferung des Manuskripts: 15. Juli 1999.

Auswahlregister

A. = Anmerkung K. = Karte → = siehe; vgl
( ) = Stichwort auf der eingeklammerten Seite nicht verwandt, aber inhaltlich angesprochen